Basiswissen Sozialwirtschaft und Sozialmanagement

Reihe herausgegeben von

Klaus Grunwald, Duale Hochschule BW Stuttgart Stuttgart, Deutschland

Ludger Kolhoff, Fakultät Soziale Arbeit Ostfalia Hochschule Wolfenbüttel, Deutschland

Die Lehrbuchreihe „Basiswissen Sozialwirtschaft und Sozialmanagement" vermittelt zentrale Inhalte zum Themenfeld Sozialwirtschaft und Sozialmanagement in verständlicher, didaktisch sorgfältig aufbereiteter und kompakter Form. In sich abgeschlossene, thematisch fokussierte Lehrbücher stellen die verschiedenen Themen theoretisch fundiert und kritisch reflektiert dar. Vermittelt werden sowohl Grundlagen aus relevanten wissenschaftlichen (Teil-)Disziplinen als auch methodische Zugänge zu Herausforderungen der Sozialwirtschaft im Allgemeinen und sozialwirtschaftlicher Unternehmen im Besonderen. Die Bände richten sich an Studierende und Fachkräfte der Sozialen Arbeit, der Sozialwirtschaft und des Sozialmanagements. Sie sollen nicht nur in der Lehre (insbesondere der Vor- und Nachbereitung von Seminarveranstaltungen), sondern auch in der individuellen bzw. selbstständigen Beschäftigung mit relevanten sozialwirtschaftlichen Fragestellungen eine gute Unterstützung im Lernprozess von Studierenden sowie in der Weiterbildung von Fach- und Führungskräften bieten.

Ludger Kolhoff

Organisation der Sozialwirtschaft

Eine Einführung

Ludger Kolhoff
- Hochschule Braunschweig/Wolfenbüttel
Ostfalia Hochschule für angewandte Wissenschaften
Wolfenbüttel, Deutschland

ISSN 2569-6009   ISSN 2569-6017 (electronic)
Basiswissen Sozialwirtschaft und Sozialmanagement
ISBN 978-3-658-27890-8   ISBN 978-3-658-27891-5 (eBook)
https://doi.org/10.1007/978-3-658-27891-5

Die Deutsche Nationalbibliothek verzeichnet diese Publikation in der Deutschen Nationalbibliografie; detaillierte bibliografische Daten sind im Internet über https://portal.dnb.de abrufbar.

© Springer Fachmedien Wiesbaden GmbH, ein Teil von Springer Nature 2026

Das Werk einschließlich aller seiner Teile ist urheberrechtlich geschützt. Jede Verwertung, die nicht ausdrücklich vom Urheberrechtsgesetz zugelassen ist, bedarf der vorherigen Zustimmung des Verlags. Das gilt insbesondere für Vervielfältigungen, Bearbeitungen, Übersetzungen, Mikroverfilmungen und die Einspeicherung und Verarbeitung in elektronischen Systemen.
Die Wiedergabe von allgemein beschreibenden Bezeichnungen, Marken, Unternehmensnamen etc. in diesem Werk bedeutet nicht, dass diese frei durch jede Person benutzt werden dürfen. Die Berechtigung zur Benutzung unterliegt, auch ohne gesonderten Hinweis hierzu, den Regeln des Markenrechts. Die Rechte des/der jeweiligen Zeicheninhaber*in sind zu beachten.
Der Verlag, die Autor*innen und die Herausgeber*innen gehen davon aus, dass die Angaben und Informationen in diesem Werk zum Zeitpunkt der Veröffentlichung vollständig und korrekt sind. Weder der Verlag noch die Autor*innen oder die Herausgeber*innen übernehmen, ausdrücklich oder implizit, Gewähr für den Inhalt des Werkes, etwaige Fehler oder Äußerungen. Der Verlag bleibt im Hinblick auf geografische Zuordnungen und Gebietsbezeichnungen in veröffentlichten Karten und Institutionsadressen neutral.

Planung/Lektorat: Katrin Emmerich
Springer VS ist ein Imprint der eingetragenen Gesellschaft Springer Fachmedien Wiesbaden GmbH und ist ein Teil von Springer Nature.
Die Anschrift der Gesellschaft ist: Abraham-Lincoln-Str. 46, 65189 Wiesbaden, Germany

Wenn Sie dieses Produkt entsorgen, geben Sie das Papier bitte zum Recycling.

Inhaltsverzeichnis

Einleitung 1

Teil I Strukturen und Akteure der Sozialwirtschaft

1 Strukturen und Steuerung sozialer Dienstleistungen 9
1.1   Grundlagen der sozialen Sicherung 9
1.2   Kollusive Strukturen 16
1.3   Veränderung der Steuerungsmechanismen 19
    1.3.1   Vom Wohlfahrtsmonopol zum Sozialmarkt 19
    1.3.2   Von der Sach- zur Geldleistung 20

2 Träger sozialer Dienstleistungen 21
2.1   Öffentliche Träger 21
    2.1.1   Jugendamt 23
    2.1.2   Sozialamt 28
    2.1.3   Exkurs: Allgemeiner Sozialer Dienst (ASD) 30
2.2   Freie Träger 32
    2.2.1   Gemeinnützige Wohlfahrtspflege 33
    2.2.2   Gewinnorientierte Anbieter 37
    2.2.3   Rechtsformen freier Träger 39
        2.2.3.1   Rechtsformen für gemeinnützigen Träger 40
        2.2.3.2   Rechtsformen für gewinnorientierte Träger 46
2.3   Verhältnis von öffentlichen und freien Trägern 50

Teil II Organisationsanalyse und -entwicklung

3 Organisationen im Spannungsfeld von Wandel und Theorie 55
3.1   Organisationen im Umbruch 55
3.2   Organisationstheorien.. 58
    3.2.1   Technostruktur 60
        3.2.1.1   Scientific-Management 60
        3.2.1.2   Administrative Management 62
        3.2.1.3   Bürokratiemodell 63
    3.2.2   Soziostruktur 64
        3.2.2.1   Human Relations 65
        3.2.2.2   Human Resources 66
    3.2.3   Systemstruktur 67

4 Schritte der Organisationsanalyse 71
4.1   Auftragserteilung 73
4.2   Beteiligtenanalyse mit dem Ziel der Bildung einer Steuerungsgruppe ... 78
4.3   Analyse der Aufbau- und Ablauforganisation 79
    4.3.1   Aufbauorganisation 80
        4.3.1.1   Einlinienorganisation 80
        4.3.1.2   Stablinienorganisation 82
        4.3.1.3   Matrixorganisation.......................... 84
        4.3.1.4   Produktgruppenorganisation 86
        4.3.1.5   Stellenbeschreibungen 87
    4.3.2   Ablauforganisation 88
4.4   Analyse formeller und informeller Verhaltensstrukturen 99
    4.4.1   Spiele in Organisationen 101
    4.4.2   Analyse der Verhaltensstrukturen der Führungskräfte 109
    4.4.3   Analyse der Verhaltensstrukturen der Mitarbeiter 115
4.5   Kostenanalyse.. 120
4.6   Wettbewerbsanalyse 121
    4.6.1   Potenzialanalyse 122
    4.6.2   Konkurrenzanalyse 126
    4.6.3   Stärken-Schwächen-Analyse 127
    4.6.4   Portfolio-Analyse 129
4.7   Zielerstellung für Handlungsfeldveränderungen 133
    4.7.1   Ziele aus der Organisationsanalyse ableiten 133
    4.7.2   Ziele differenzieren 135
    4.7.3   Fördernde und hemmende Bedingungen auflisten 137
    4.7.4   Realisierbarkeit der Ziele prüfen 139

5 Methoden der Organisationsanalyse 141
5.1 Quantitative Analysemethoden 143
    5.1.1 Frequenzanalyse 143
    5.1.2 Valenzsanalyse 143
    5.1.3 Kontingenzanalyse 145
5.2 Qualitative Analysemethoden 147
    5.2.1 Mündliche Befragung (Interview) 148
    5.2.2 Schriftliche Befragung 148
    5.2.3 Beobachtung 150

6 Organisationsentwicklung in der Sozialwirtschaft 153

7 Das klassische Modell der Organisationsentwicklung 157
7.1 Feldtheorie 159
7.2 Aktionsforschung 161
    7.2.1 Survey-Feedback-Methode 161
    7.2.2 Phasen- und Planungsmethoden 163

8 Neuere Modelle der Organisationsentwicklung 169
8.1 „Lernende Organisationen" 169
    8.1.1 Disziplinen und Methoden der lernenden Organisation 174
    8.1.2 Stärkung der individuellen Handlungskompetenz 178
    8.1.3 Veränderung der Organisationskultur hin zur lernenden Organisation 179
8.2 „Lebensfähige Organisationen" 187
    8.2.1 Gestaltungsprinzipien lebensfähiger Systeme 190
    8.2.2 Systemisches Handeln in lebensfähigen Organisationen 196

9 Schlussbetrachtung 207

Anlage: Interview-Leitfaden zur Organisationsanalyse (Becker und Langosch *2002*, S. 234) 211

Literatur 215

Über den Autor

Prof. Dr. Ludger Kolhoff war von 1993 bis 2025 Professor für Soziales Management an der Ostfalia Hochschule Braunschweig/Wolfenbüttel und leitete dort von 2001 bis 2024 den Masterstudiengang Sozialmanagement. Er ist Mitbegründer und Vorsitzender der Bundesarbeitsgemeinschaft Sozialmanagement/Sozialwirtschaft an Hochschulen und gibt zusammen mit Prof. Dr. Klaus Grunwald die Schriftenreihen „Basiswissen Sozialwirtschaft und Sozialmanagement" und „Perspektiven Sozialwirtschaft und Sozialmanagement" bei Springer VS heraus.

Einleitung

Welche zentralen Faktoren sind entscheidend, um soziale Organisationen in Struktur, Steuerung und Wandel zu verstehen und mitzugestalten?

> **Zusammenfassung**
>
> Die Sozialwirtschaft ist geprägt von einem komplexen Zusammenspiel staatlicher und freier Akteure. Um den stetig wachsenden Anforderungen und dem fortlaufenden Wandel gerecht zu werden, sind analytische Kompetenzen sowie die Fähigkeit zur strategischen Organisationsgestaltung unerlässlich.

Die Sozialwirtschaft ist ein zentrales Element des modernen Wohlfahrtsstaates und bildet das organisatorische Fundament für die Bereitstellung sozialer Dienstleistungen in Deutschland. Sie umfasst ein dynamisches Zusammenspiel verschiedener Akteure – staatlicher, freier und zunehmend auch gewinnorientierter Natur – und bewegt sich im Spannungsfeld zwischen gesetzlicher Verantwortung, gesellschaftlicher Teilhabe und ökonomischem Druck. Für Studierende der Sozialen Arbeit und des Sozialmanagements ist es erforderlich, die Strukturen, Funktionen und Steuerungsmechanismen dieses Systems zu verstehen, um professionelles Handeln kompetent, reflektiert und zukunftsorientiert zu gestalten.

- Abschnitte dieses Buches basieren in überarbeiteter Form auf der Publikation: Kolhoff, L.: Analyse und Entwicklung von Organisationen im sozialen Sektor, Augsburg: Ziel Verlag, 2003.
- Zur besseren Lesbarkeit wird in diesem Text die männliche oder eine geschlechtsneutrale Form verwendet. Diese Formulierungen gelten für Personen jeglichen Geschlechts gleichermaßen.
- Frau Lena Schönberg hat für dieses Buch Recherchen durchgeführt.

Diese Einführung richtet sich daher gezielt an angehende Fachkräfte, die die Organisation sozialer Dienstleistungen aktiv mitgestalten möchten. Sie vermittelt ein fundiertes Verständnis der rechtlichen und institutionellen Grundlagen, analysiert die funktionale Logik der verschiedenen Trägerformen und beleuchtet die Entwicklung zentraler Steuerungsmodelle. Ziel ist es, theoretisches Wissen mit praktischen Anforderungen zu verknüpfen und so eine Brücke zwischen wissenschaftlicher Analyse und beruflicher Praxis zu schlagen.

Der erste Teil des Buches vermittelt einen umfassenden Überblick über die Grundlagen der sozialen Sicherung sowie über die zentralen Akteure der Sozialwirtschaft und ihr Zusammenwirken innerhalb des deutschen Systems sozialer Sicherung.

Ein erster Schwerpunkt liegt auf der Darstellung der sozialen Sicherungssysteme als Basis der Sozialwirtschaft. Anhand historischer Entwicklungen, wie der Sozialgesetzgebung des 19. Jahrhunderts und der Verankerung des Sozialstaatsprinzips im Grundgesetz, wird die institutionelle Genese des heutigen Systems nachvollziehbar gemacht. Ergänzt wird dies durch eine aktuelle Übersicht über das Sozialbudget, die Beitragssätze und die Verteilung der Mittel. Die Differenzierung zwischen sozialer Vorsorge, Entschädigung, Förderung und Hilfe eröffnet ein Verständnis für die vielfältigen gesetzlich geregelten Anspruchsgrundlagen sowie deren organisatorische Umsetzung.

Ein besonderes analytisches Instrument stellt der Begriff der „kollusiven Strukturen" dar. Er verweist auf die wechselseitigen Abhängigkeiten und abgestimmten Rollenverteilungen zwischen Staat, Wirtschaft und Wohlfahrt. Diese Strukturen verdeutlichen, dass soziale Dienstleistungen nicht nur rechtlich reguliert, sondern auch machtpolitisch und funktional eingebettet sind. So übernehmen etwa staatliche Akteure die Steuerungsverantwortung, während freie Träger die operative Leistungserbringung absichern, ein Zusammenspiel, das sowohl produktive Synergien als auch strukturelle Spannungen mit sich bringt.

Ein weiterer inhaltlicher Schwerpunkt liegt auf der Entwicklung sozialwirtschaftlicher Steuerungsmodelle. Es wird der Wandel hin zu wettbewerbsorientierten Steuerungsformen nachgezeichnet. Die Einführung von Leistungsentgelten, die Veränderungen von Sach- zu Geldleistungen sowie die zunehmende Bedeutung von Ausschreibungen zeigen, wie sich die Bedingungen für soziale Dienstleistungen verändert haben. Diese Entwicklungen stellen die Sozialwirtschaft vor Herausforderungen: Die Vereinbarkeit von Qualität, Wirtschaftlichkeit und sozialer Verantwortung wird zur zentralen Steuerungsfrage.

Im Anschluss werden die verschiedenen Trägerformen sozialer Dienstleistungen erläutert. Öffentliche Träger wie Jugend- und Sozialämter werden hinsichtlich ihrer Organisationsstruktur und Zuständigkeiten vorgestellt. So wird das Jugendamt behandelt, das durch seine doppelte Struktur aus Verwaltung und Jugendhilfeausschuss eine besondere Rolle einnimmt. Auch das Sozialamt wird als verwaltungsorientierter Träger existenzsichernder Leistungen dargestellt, wobei auf Unterschiede in Aufgabenprofil und institutioneller Einbindung eingegangen wird. Freie Träger unterteilt in gemeinnützige und gewinnorientierte Organisationen werden hinsichtlich ihrer Rechtsformen, Entstehungslogik und Bedeutung auf dem Sozialmarkt beleuchtet.

Der zweite Teil dieses Buches widmet sich der methodisch-systematischen Analyse und strategischen Weiterentwicklung sozialwirtschaftlicher Organisationen. Zentrale theoretische Bezugspunkte bilden dabei die Konzepte der Technostruktur, Soziostruktur und Systemstruktur, die unterschiedliche Perspektiven auf Organisationen eröffnen und damit ein differenziertes Verständnis organisationaler Abläufe, Entscheidungsprozesse sowie struktureller Spannungsfelder ermöglichen.

Auf dieser theoretischen Grundlage wird die Organisationsanalyse als ein mehrdimensionaler Diagnoseprozess verstanden, der strukturelle, prozessuale und kulturelle Merkmale in ihrer Wechselwirkung untersucht. Ausgangspunkt bildet die präzise Klärung des Analyseauftrags sowie die frühzeitige Einbindung relevanter Akteursgruppen, beispielsweise durch Steuerungsgremien oder partizipative Beteiligungsformate. Im Rahmen der Analyse erfolgt eine umfassende Betrachtung sowohl der Aufbauorganisation als auch der Ablauforganisation. Ein besonderes Augenmerk gilt der Analyse formeller und informeller Verhaltensstrukturen. Während formale Regelwerke in Organigrammen, Stellenbeschreibungen oder Verfahrensanweisungen dokumentiert sind, entfalten informelle Strukturen, etwa Machtverhältnisse, implizite Normen, informelle Führungsrollen oder Kommunikationsmuster, eine nicht zu unterschätzende Wirkung auf das tatsächliche Organisationshandeln. Die Sichtbarmachung dieser Dynamiken ist entscheidend für ein realistisches Verständnis der Organisationspraxis. Ergänzend werden Kosten- und Wettbewerbsanalysen durchgeführt, um die Verwendung ökonomischer Ressourcen, die Marktpositionierung sowie strategische Entwicklungsoptionen zu erfassen. Diese Analysen bilden eine zentrale Grundlage für zielgerichtete Entscheidungen im Rahmen geplanter Veränderungsprozesse.

Im Anschluss an die Diagnose rücken Modelle der Organisationsentwicklung in den Fokus, die sich mit der Gestaltung gezielter Veränderungsprozesse in sozialen Organisationen befassen. Ausgangspunkt ist die Annahme, dass Organisationen der Sozialwirtschaft zunehmend einem volatilen, unsicheren, komplexen und mehrdeutigen Umfeld ausgesetzt sind. Vor diesem Hintergrund wird Organisationsentwicklung als ein strategischer, langfristig angelegter Prozess begriffen, der auf die nachhaltige Verbesserung organisationaler Strukturen, Prozesse und Kulturen abzielt.

Zunächst wird das klassische Modell der Organisationsentwicklung vorgestellt, das unter anderem auf Aktionsforschung und zyklische Veränderungsprozesse (Unfreezing – Moving – Freezing) setzt. Im Mittelpunkt steht dabei die kontinuierliche Reflexion des organisationalen Handelns sowie die gemeinsame Entwicklung von Zielen und Maßnahmen.

Darauf aufbauend werden die neueren systemischen Modelle der lernenden Organisation und der lebensfähigen Organisation vorgestellt. Die lernende Organisation basiert auf der Idee eines kontinuierlichen organisationalen Lernens, das durch systemisches Denken, Teamlernen und eine lernfördernde Organisationskultur getragen wird. Die lebensfähige Organisation hingegen betont strukturelle Merkmale wie Autonomie, Selbststeuerung und rekursive Kommunikation, die es Organisationen ermöglichen, auch unter instabilen Bedingungen handlungs- und entwicklungsfähig zu bleiben. Beide Modelle liefern wertvolle Impulse für die Organisationspraxis, da sie auf eine ganzheitliche, adaptive und reflexive Gestaltung von Veränderungsprozessen abzielen. Sie fördern nicht nur die Effektivität und Effizienz organisationalen Handelns, sondern tragen auch zur Stärkung der Humanität und Partizipation innerhalb von Organisationen bei.

Diese Einführung in die Organisation der Sozialwirtschaft schließt mit einer kurzen Schlussbetrachtung, die zentrale Erkenntnisse zusammenführt.

Lernziele
Nach der Bearbeitung dieses Buches sollen Sie:

- Die zentralen Akteure und Träger der Sozialwirtschaft in Deutschland benennen und deren Rollen differenzieren können.
- Die Grundlagen der sozialen Sicherungssysteme erklären und deren Strukturprinzipien erläutern können.
- Öffentliche, gemeinnützige und gewinnorientierte Träger anhand ihrer Rechtsformen, Aufgaben und Organisationsstrukturen beschreiben können.
- Kollusive Strukturen in der Sozialwirtschaft benennen können.
- Transformationen der Steuerungslogiken nachzeichnen können.
- Organisationstheorien (Technostruktur, Soziostruktur, Systemstruktur) erläutern können.
- Die Schritte einer Organisationsanalyse (z. B. Beteiligtenanalyse, Aufbau-/Ablauforganisation, Kostenanalyse) beschreiben können.

- Zwischen formeller und informeller Organisation unterscheiden und beide Ebenen in der Analyse berücksichtigen können.
- Erfolgsfaktoren und Herausforderungen in organisationalen Veränderungsprozessen identifizieren können.
- Modelle der Organisationsentwicklung unterscheiden und reflektieren können.
- Erfolgsfaktoren für gelingende Organisationsentwicklung identifizieren können.

Teil I

Strukturen und Akteure der Sozialwirtschaft

In diesem Teil des Buches erhalten Sie einen Überblick über die Grundlagen der sozialen Sicherung, die Akteure der Sozialwirtschaft und das Zusammenspiel der Träger sozialer Sicherung in Deutschland.

1 Strukturen und Steuerung sozialer Dienstleistungen

Welche grundlegenden Strukturprinzipien prägen die soziale Sicherung in Deutschland und wie haben sich die Steuerungsmodelle verändert?

> **Zusammenfassung**
>
> Das soziale Sicherungssystem in Deutschland bildete sich im 19. Jahrhundert im Zuge der Industrialisierung heraus. Zentral ist das wechselseitig abhängige und funktional verflochtene Zusammenspiel von Staat, Sozialwirtschaft und Erwerbswirtschaft. Infolge marktorientierter Reformen hat sich die Steuerung sozialer Organisationen verändert: Wettbewerb, Leistungsnachweise und Qualitätskontrollen prägen zunehmend die Soziale Arbeit.

1.1 Grundlagen der sozialen Sicherung

Das System der sozialen Sicherung in Deutschland bildete sich im Zuge der Industrialisierung heraus, die im 19. Jahrhundert zu einer Verelendung ganzer Bevölkerungskreise führte. Dieser Prozess führte zu sozialen Verwerfungen und zu einer Bedrohung der politischen Verhältnisse. Bismarck veranlasste als Reaktion auf die Arbeiterbewegung Anfang der achtziger Jahre des 19. Jahrhunderts die Sozialgesetzgebung. Das damals begründete gesetzliche Sozialversicherungssystem hat Bestand bis heute und ist der Kern des bundesdeutschen Sozialstaates.

Das im Grundgesetz verankerte Sozialstaatsprinzip „Die Bundesrepublik Deutschland ist ein demokratischer und sozialer Bundesstaat" (Art. 20 Abs. 1 GG) und die im Grundgesetz garantierten Grundrechte: „Die Würde des Menschen ist unantastbar" (Art 1 Abs. 1 GG), „Jeder hat das Recht auf Leben und körperliche Unversehrtheit" (Art 2 Abs. 2 GG) oder „Niemand darf wegen seines Geschlechtes, seiner Abstammung, seiner Rasse, seiner Sprache, seiner Heimat und Herkunft, seines Glaubens, seiner religiösen oder politischen Anschauungen benachteiligt oder bevorzugt werden. Niemand darf wegen seiner Behinderung benachteiligt werden" (Art 3 Abs. 3 GG), um nur Einige zu nennen, verpflichten die staatlichen Organe dazu, ein menschenwürdiges Dasein zu gewährleisten, für soziale Gerechtigkeit sorgen und denen Hilfe zukommen zu lassen, die sie benötigen. In der Folge ist das System der sozialen Sicherung in der Bundesrepublik Deutschland, anders als z. B. in den USA, nicht an der privaten Initiative des Einzelnen orientiert, sondern wird in weiten Bereichen gesetzlich geregelt und im Wesentlichen öffentlich finanziert (Kolhoff 2025).

Im Jahr 2023 beliefen sich die Ausgaben für Sozialleistungen in Deutschland auf insgesamt 1249,0 Mrd. €, was einem Anteil von 30,3 % des Bruttoinlandsprodukts (BIP) entspricht. Im Vergleich zum Vorjahr verzeichneten nahezu alle Bereiche der Sozialausgaben einen deutlichen Anstieg, was auf verschiedene gesellschaftliche und wirtschaftliche Entwicklungen zurückzuführen ist.

Der größte Anteil entfiel auf die Alters- und Hinterbliebenenversorgung mit 495,0 Mrd. €, was einem Anstieg von 4,0 % entspricht. Mit 485,5 Mrd. € lagen die Ausgaben für Krankheit und Invalidität nur knapp darunter. Dieser Bereich verzeichnete einen Anstieg um 5,2 % gegenüber dem Vorjahr. Die Ausgaben für Kinder, Ehegatten und Mutterschaft beliefen sich auf 143,1 Mrd. €, was einem Wachstum von 6,5 % entspricht. Im Bereich der Arbeitslosigkeit wurden 39,5 Mrd. € ausgegeben, ein Plus von 5,6 %. Besonders stark war der Zuwachs bei den sonstigen Sozialleistungen, die auf 34,4 Mrd. € anstiegen – eine erhebliche Zunahme um 22,0 % im Vergleich zum Vorjahr (Bundesministerium für Arbeit und Soziales 2024a).

Die Ausgaben des Sozialbudgets verteilen sich auf verschiedene Sicherungszweige. Der größte Anteil entfiel auf die Rentenversicherung mit 29,6 %, gefolgt von den Krankenversicherungen, die 25,4 % der Ausgaben ausmachten. Die Systeme des öffentlichen Dienstes trugen mit 7,5 % zur Sicherung der sozialen Leistungen bei, während die Pflegeversicherung einen Anteil von 4,9 % hatte. Der Bereich Arbeitslosenversicherung schlug mit 2,6 % zu Buche. Weitere wichtige Bereiche waren die Kinder- und Jugendhilfe mit 4,9 %, die soziale Entschädigung sowie der Bürgergeldbereich, der ebenfalls einen Anteil von 4,9 % verzeichnete. Der Familienlastenausgleich machte 4,5 % der Ausgaben aus und unterstützte Familien durch gezielte Leistungen wie Kindergeld und steuerliche Entlastungen. „Die betriebliche Altersversorgung sowie besondere Altersversorgungssysteme trugen mit 3,9 % beziehungsweise 4,1 % zu den Gesamtausgaben bei. Kleinere Anteile entfielen auf Bereiche wie die Unfallversicherung mit 1,1 % und die Unterstützungssysteme für besondere Gruppen. Die sonstigen Systeme kamen auf 9,6 %, was individuelle Bedarfe und spezielle soziale Hilfen einschließt" (Bundesministerium für Arbeit und Soziales 2024a, S. 5, Abb. 1.1).

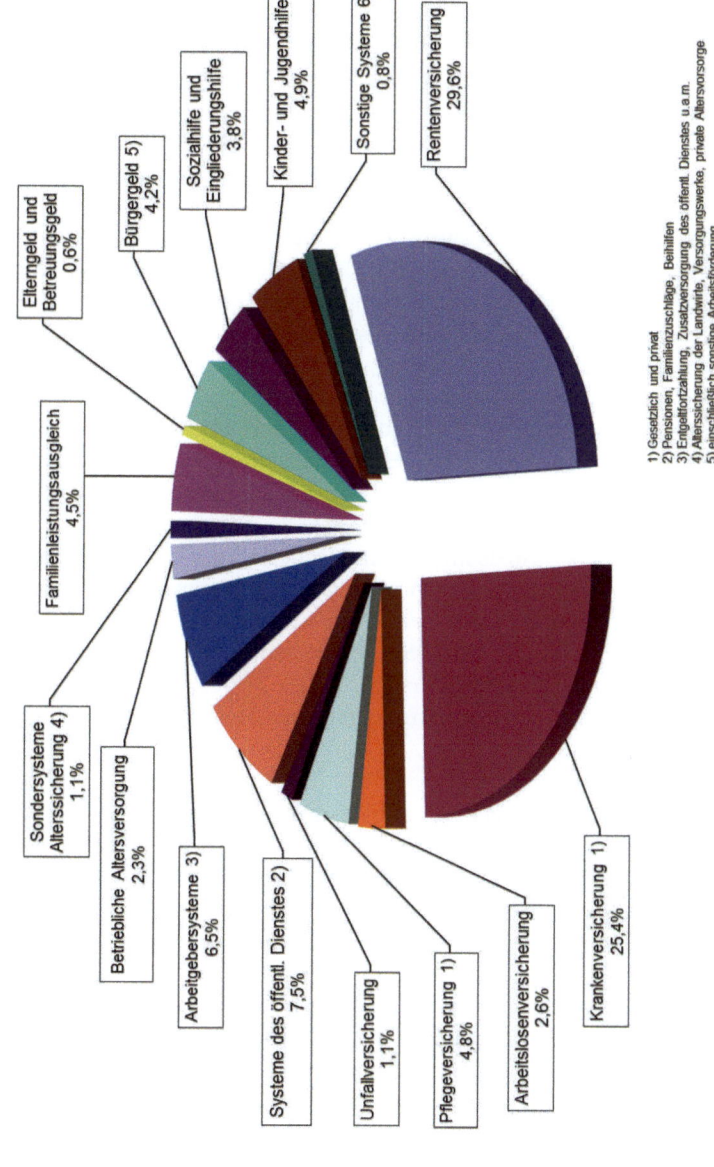

Abb. 1.1 Sozialbudget nach Sicherungszweigen. (Bundesministerium für Arbeit und Soziales 2024a)

Das Sozialbudget in Deutschland wird durch Sozialbeiträge der Arbeitgeber und Arbeitnehmer sowie durch Zuschüsse des Staates finanziert. Die Verteilung der Mittel zeigt deutlich, dass die Arbeitgeberbeiträge mit 34 % und die Sozialbeiträge der Versicherten mit 30,7 % wesentliche Finanzierungsquellen darstellen. Die übrigen 33,6 % stammen aus staatlichen Zuschüssen (Bundesministerium für Arbeit und Soziales 2024b, Abb. 1.2).

Die Beitragssätze zur Sozialversicherung in Deutschland haben sich zwischen 1970 und 2024 kontinuierlich verändert und spiegeln die gesellschaftlichen, wirtschaftlichen und demografischen Entwicklungen wider. Im Jahr 1970 lagen die Beitragssätze noch vergleichsweise niedrig. Die gesetzliche Rentenversicherung hatte einen Satz von 17 %, während die gesetzliche Krankenversicherung bei 8,2 % lag. Die Arbeitslosenversicherung war mit 1,3 % deutlich niedriger als heute. Über die Jahrzehnte hinweg stiegen diese Sätze kontinuierlich an, um die wachsenden Anforderungen der sozialen Sicherung zu finanzieren. Ein markanter Anstieg war in den 1980er- und 1990er-Jahren zu verzeichnen. Mit der Einführung der sozialen Pflegeversicherung im Jahr 1995 wurde ein weiterer Bereich der sozialen Absicherung geschaffen. Der anfängliche Beitragssatz betrug 1,7 % und wurde in den folgenden Jahren schrittweise angepasst, um den steigenden Pflegebedarf in der alternden Gesellschaft zu decken. Im Jahr 2024 liegt der Beitragssatz zur Pflegeversicherung bei 3,4 % – ein deutlicher Anstieg, der die wachsende Bedeutung dieses Sicherungszweigs unterstreicht (IAQ Uni Duisburg-Essen 2024, Abb. 1.3).

Die Sozialversicherungsbeiträge wären weitaus höher, wenn sie nicht durch ständige steigende Zuschüsse des Staates unterstützt würden. Der größte Bundeszuschuss entfällt auf die Rentenversicherung (Sell 2023, Abb. 1.4).

Die Vergabe der Leistungen wird durch Sozialgesetzte geregelt, die sich grob wie folgt gliedern lassen:

a) Gesetze zur Regelung der sozialen Vorsorge
   Hierzu gehören die Regelungen des Sozialversicherungssystems: Gesetzliche Unfallversicherung (RVO), Arbeitsförderung (SGB III), Gesetzliche Krankenversicherung (SGB V), Gesetzliche Rentenversicherung, (SGB VI) und Soziale Pflegeversicherung (SGB XI). Sie dienen der Absicherung zentraler Lebensrisiken.
b) Gesetze zur Regelung sozialer Entschädigungen
   Hierzu gehören die Regelungen zur Entschädigung für Kriegsfolgen (BVG), für Opfer des SED-Unrechts (StrRehaG) oder für Kriminalopfer (OEG). Dieser Bereich der sozialen Sicherung spielt für die Finanzierung sozialer Einrichtungen und Dienste nur eine untergeordnete Rolle.

1.1 Grundlagen der sozialen Sicherung

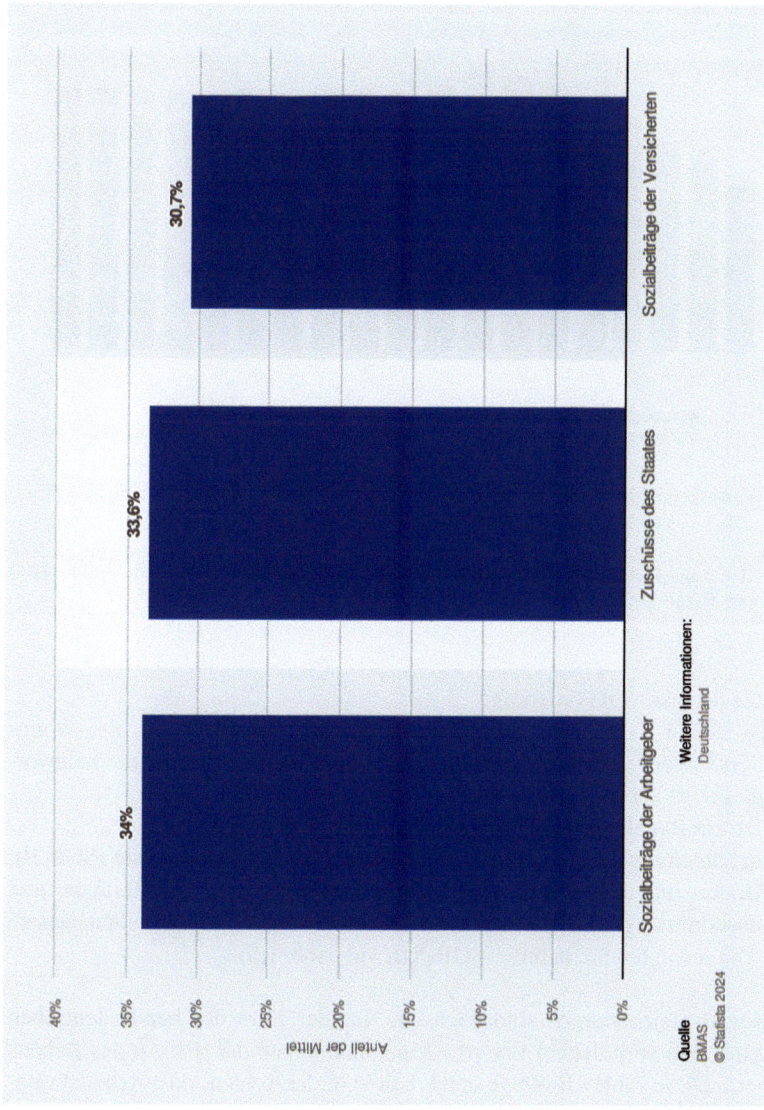

Abb. 1.2 Verteilung der Sozialleistungen in Deutschland nach Mittelherkunft im Jahr 2023. (Bundesministerium für Arbeit und Soziales 2024b)

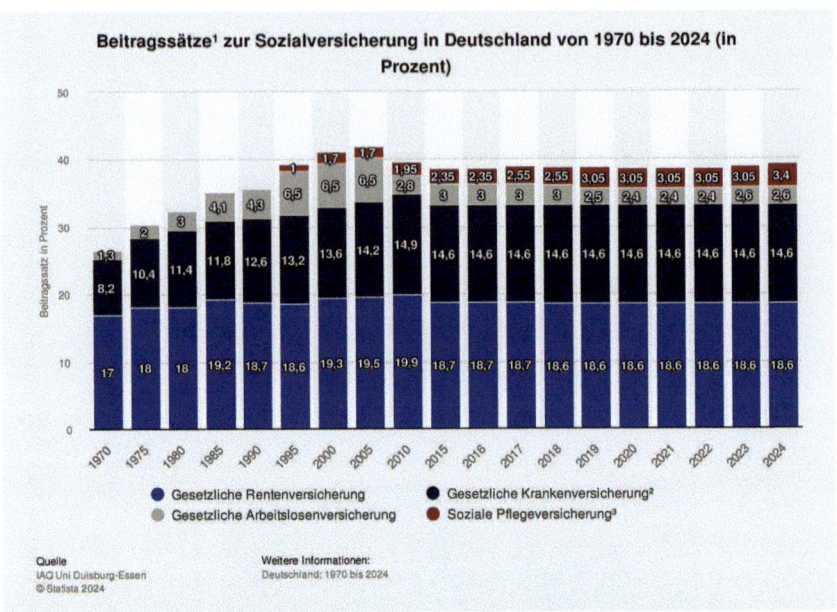

Abb. 1.3 Beitragssätze zur Sozialversicherung in Deutschland von 1970 bis 2024. (IAQ Uni Duisburg-Essen 2024)

c) Gesetze der sozialen Förderung
   Hierzu zählen Regelungen der Ausbildungsförderung (BAFöG), des Wohn- (WoGG) oder Erziehungsgeldes (BErzGG) oder des Unterhaltsvorschusses (UhVG).
d) Gesetze zur Regelung sozialer Hilfe
   Hierzu zählen das Bürgergeld, Grundsicherung für Arbeitssuchende (SGB II), die Kinder- und Jugendhilfe (SGB VIII), die Regelungen zur Teilhabe und Selbstbestimmung von Menschen mit Behinderungen (Bundesteilhabegesetz SGB IX) sowie die Sozialhilfe (SGB XII: vgl. Abb. 1.5).

Die Sozialversicherungen sind nach wie vor der Kern des bundesdeutschen Sozialstaates. Sie verpflichten Erwerbstätige, sich gegen die Risiken des Lebens abzusichern. Diese zahlen Beiträge und erhalten in der Renten- oder Arbeitslosen-

1.1 Grundlagen der sozialen Sicherung

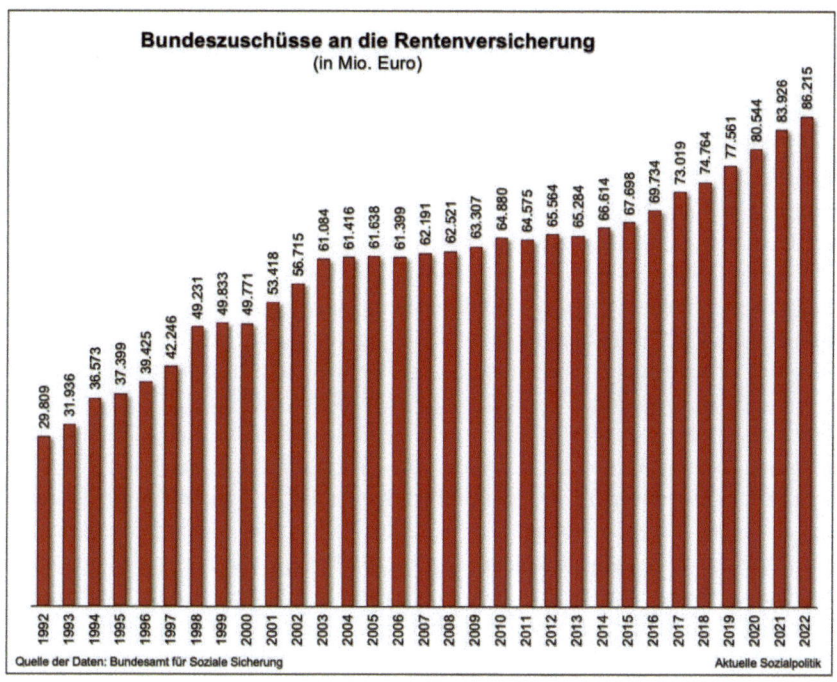

Abb. 1.4 Entwicklung der Bundeszuschüsse an die Rentenversicherung. (Sell 2023)

Soziale Vorsorge (gesetzliche Sozialversicherungen)					Soziale Entschädigung	Soziale Förderung	Soziale Hilfe
Finanzierung über Versicherungsbeiträge der Arbeitnehmer und Arbeitgeber					Steuerfinanziert	Steuerfinanziert	Steuerfinanziert
Anspruchsberechtigt sind diejenigen, die Versicherungsbeiträge gezahlt haben.					Anspruchsberechtigt sind diejenigen, die besondere Lasten zu tragen haben.	Anspruchsberechtigt sind diejenigen, die besondere Leistungen für die Gemeinschaft erbringen.	Anspruchsberechtigt sind alle, die sich nicht selbst helfen können.
Gesetzliche Unfallversicherung (RVO)	Arbeitsförderung (SGB III)	Gesetzliche Krankenversicherung (SGB V, RVO, KVLG)	Gesetzliche Rentenversicherung (SGB VI)	Soziale Pflegeversicherung (SGB XI)	Opfer von Kriegen, (BVG, SVG) Verbrechen (OEG), SED-Unrecht (StrRehaG) etc.	Kindergeld (BKGG) Ausbildungsförderung, (BAföG) Erziehungsgeld, (BErzGG) Unterhaltsvorschuss (UhVorschG) etc.	Bürgergeld, Grundsicherung für Arbeitsuchende (SGB II) Kinder- und Jugendhilfe (SGB VIII) Gesetz zur Stärkung der Teilhabe und Selbstbestimmung von Menschen mit Behinderungen, Bundesteilhabegesetz (SGB IX) Sozialhilfe (SGB XII)

Abb. 1.5 Gesetzlich geregelte soziale Sicherung. (Eigene Darstellung)

versicherung ein Äquivalent beim Eintritt des Versicherungsfalls, bzw. bei der Kranken-, Unfall- oder Pflegeversicherung die notwendigen Leistungen, die von der Gruppe der Versicherten übernommen werden.

Das den Sozialversicherungen in weiten Teilen zugrunde liegende Äquivalenzprinzip (man bekommt ein Äquivalent zu den geleisteten Beiträgen), ist für die Stabilität des deutschen Sozialstaates von entscheidender Bedeutung. Während in steuerfinanzierten Sicherungssystemen Menschen, die keine Beiträge gezahlt haben, Leistungen in Anspruch nehmen können, bekommen bei den Versicherungssystemen nur diejenigen, die Beiträge eingezahlt haben, auch Leistungen. Steuerfinanzierten Systemen liegt das Solidarprinzip zugrunde, d. h. es wird denjenigen Hilfe gewährt, die Hilfe benötigen, unabhängig von vorher geleisteten Beiträgen. Da dieses Prinzip von Einzelnen strapaziert werden kann (vor einigen Jahren gab es in der Bundesrepublik Deutschland beispielsweise eine heftige Diskussion zu einer Person, die als „Florida-Rolf" bezeichnet in Miami-Florida lebte und sich die Lebenshaltungskosten über ein deutsches Sozialamt finanzieren ließ (Verwaltungsgericht Hannover o.J., Rieger 2022)), haben die steuerfinanzierten Systeme eine geringere Akzeptanz in der Bevölkerung, als Systeme, die auf Beiträgen beruhen und denen das Äquivalenzprinzip zugrunde liegt. So sind viele Menschen bereit, in die Sozialversicherungen einzuzahlen und Leistungen für Menschen zu finanzieren, die vorher auch in die Versicherung eingezahlt haben. Doch sie sind weniger dazu bereit, Leistungen für Menschen zu finanzieren, die keinen Beitrag geleistet haben. Die Akzeptanz der steuerfinanzierten sozialen Hilfesysteme, in denen die Anspruchsberechtigung nicht mit der Zahlung von Beiträgen gekoppelt ist, ist deshalb geringer.

Die historische Entwicklung und institutionelle Verankerung der sozialen Sicherung zeigt, wie stark der Sozialstaat in Deutschland durch gesetzliche Regelungen getragen wird. Doch neben den formalen Strukturen prägen auch Abhängigkeiten und Machtverhältnisse das Feld.

1.2 Kollusive Strukturen

Der Begriff Kollusion wurde in der systemischen Paar- und Familientherapie geprägt. Eine Kollusion liegt dann vor, wenn ein Partner gesucht wird, der „… entweder die Befriedigung regressiver Tendenzen anbietet – Verwöhnung, Schutz, Sicherheit, sozialer Status, Verschmelzung – oder der einen narzisstischen Gewinn in Aussicht stellt und ermöglicht, sich progressiv zu betätigen als überlegen stark, als Helfer, Führer oder glanzvolles Statussymbol" (Willi 1994, S. 170). Der Transfer dieses Begriffes wurde von Maaz auch auf das Zusammenspiel von politischen Systemen, z. B. zwischen der Bundesrepublik Deutschland und der ehemaligen DDR geleistet. Maaz geht davon aus, dass eine Kollusion „… auf verschiedenen, meist gegensätzlichen Positionen ausgetragen oder abgewehrt wird und eine Zusammengehörigkeit wie Schloss und Schlüssel konstituiert" (Maaz 2010, S. 176).

Kollusive Strukturen prägen auch die Produktion sozialer Dienstleistungen. So ist die Sozialwirtschaft beispielsweise auf den erwerbswirtschaftlichen Sektor angewiesen, insbesondere im Hinblick auf die Bereitstellung von Ressourcen. Umgekehrt ist auch der erwerbswirtschaftliche Bereich auf die Wohlfahrt angewiesen, etwa bei der Betreuung und Versorgung von Menschen, die für den Arbeitsmarkt nicht oder nicht mehr verfügbar sind. Im Zusammenspiel der Wohlfahrt und der Erwerbswirtschaft übernimmt die Wohlfahrt den regressiven und die Erwerbswirtschaft den progressiven Part, denn die Erwerbswirtschaft stellt Gelder zur Verfügung, und die Wohlfahrt versorgt Menschen, die in eine Notlage geraten sind. Doch da die Gelder nicht freiwillig, sondern aufgrund gesetzlicher Regelungen zur Verfügung gestellt werden, übernimmt der Staat eine Steuerungsfunktion. Dies gilt auch für inhaltliche Handlungsaufträge, die durch die Bestimmungen des Sozialgesetzbuches teilweise bis ins Detail geregelt werden. Man geht davon aus, dass das System regelbar ist, wenn Ressourcen aufgrund rechtlicher Bestimmungen zur Verfügung (Input) gestellt und die individuelle Anspruchsberechtigung auf der Grundlage von rechtlichen Vorschriften (Operationen) überprüft wird. Die Wohlfahrt stellt anschließend als Output individuelle Hilfen zur Verfügung.

Im Zusammenspiel übernimmt der Staat den progressiven und die Wohlfahrt den regressiven Part. Doch spätestens, wenn Wahlen anstehen, ist auch die Politik im demokratisch verfassten bundesdeutschen Gemeinwesen vom sozialen Sektor abhängig.

Auch das Verhältnis zwischen den öffentlichen Trägern und den freien Trägern ist kollusiv, da es durch Abhängigkeits- und Machtverhältnisse geprägt wird. Im Bereich der Sozial- sowie in der Kinder- und Jugendhilfe gilt beispielsweise das Subsidiaritätsprinzip, das den öffentlichen Trägern eine nachrangige Rolle öffentlicher Träger zuweist. In diesem kollusiven Zusammenspiel übernehmen die öffentlichen Träger den progressiven, die freien Träger den regressiven Part (Abb. 1.6).

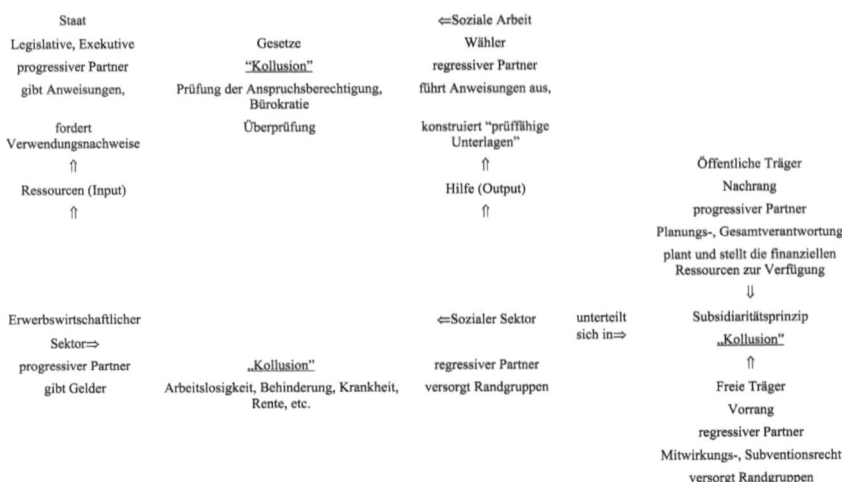

Abb. 1.6 Kollusive Strukturen. (Eigene Darstellung)

Reflexionsaufgabe 1.1: Kollusive Strukturen in der Sozialwirtschaft
Bitte setzen Sie sich kritisch mit der These auseinander, dass die Strukturen in der Sozialwirtschaft in Deutschland kollusiv organisiert sind. Berücksichtigen Sie dabei die in diesem Kapitel dargestellten Merkmale kollusiver Beziehungen – insbesondere wechselseitige Abhängigkeiten, asymmetrische Machtverhältnisse sowie die funktionale Rollenverteilung zwischen Staat, freien Trägern und erwerbswirtschaftlichen Akteuren.
Leitfragen zur Bearbeitung:
Haben Sie in Ihrem beruflichen Alltag, im Praktikum oder in der Projektarbeit bereits Konstellationen erlebt, die als kollusiv beschrieben werden können?
In welchen konkreten Situationen zeigt sich das Zusammenspiel zwischen progressiven und regressiven Partnern?
Welche Chancen und Herausforderungen ergeben sich aus solchen Strukturen für die Praxis Sozialer Arbeit?

Das kollusive System war lange Zeit stabil. Die materiellen Voraussetzungen für die Wohlfahrt wurden öffentlich-rechtlich durch den Staat gesichert und die fachliche Verantwortung durch die Profession wahrgenommen. Doch da das System von stetig wachsenden Einnahmen aus dem erwerbswirtschaftlichen Bereich abhängig ist, um zunehmende Problemlagen (Überalterung der Bevölkerung, Zunahme von Hilfeempfängern etc.) zu bewältigen, geriet es zwangsläufig an Funktionsgrenzen und wurde durch die Initiierung wettbewerbsorientierter Strukturen verändert. Das nächste Kapitel beleuchtet diesen Wandel.

1.3 Veränderung der Steuerungsmechanismen

1.3.1 Vom Wohlfahrtsmonopol zum Sozialmarkt

Aufgrund der engen Verflechtung zwischen öffentlichen Trägern und Freier Wohlfahrtspflege, die durch das Subsidiaritätsprinzip konstituiert wurde, hatten die Spitzenverbände der Freien Wohlfahrtspflege fast schon eine Monopolstruktur. Seitdem haben sich die Strukturen verändert. In den 1990er- Jahren wurde eine konkurrenz-, kosten- und leistungsorientierte Auftragsmittelvergabe eingeführt. Ein Meilenstein war 1995 die Einführung der Pflegeversicherung, durch die im weiteren Verlauf auch die Sozialwirtschaft für gewerbliche Anbieter geöffnet wurde. Seit der Einführung neuer Entgeltstrukturen in der Kinder-, Jugend- und Sozialhilfe 1999 und der Einführung von Marktmechanismen in der Arbeitsförderung im Rahmen der „Hartz-Reformen" (2003–2005) muss in praktisch allen Bereichen der sozialen Dienstleistungsproduktion marktorientiert gedacht und gehandelt werden. Auch werden soziale Dienstleistungen ausgeschrieben, bei denen diejenigen Anbieter den Auftrag erhalten, die bei vergleichbarer Qualität am kostengünstigsten sind. Gemeinnützige und nichtgemeinnützige Träger konkurrieren miteinander, Konkurrenz und Wettbewerb bestimmen verstärkt die Soziale Arbeit (vgl. Aner, Hammerschmidt 2018, S. 148 ff.; Tabatt-Hirschfeldt 2018, S. 93 ff.; Vaudt 2022, S. 84 ff.). Der entstehende Kostendruck führt einerseits zu einem Wandel der Trägerstrukturen. So ist die Rechtform der GmbH immer attraktiver geworden. Gleichzeitig wird versucht vor allem im kostenintensiven Bereich des Personals Einsparungen durchzusetzen. Viele private Träger verweigern eine Tarifbindung (vgl. Tabatt-Hirschfeldt 2018, S. 97 f.; Bauer et al. 2012, S. 821 ff.).

Da soziale Dienstleistungen zunehmend marktorientiert organisiert werden, rückt der Kunde in der Sozialwirtschaft stärker in den Fokus. Nach Drucker (1954) ist ein Kunde jemand, der frei entscheiden und somit auch ablehnen kann. Im Kontext der Ressourcenvergabe trifft dies vor allem auf die öffentlichen Kostenträger zu, da sie über die Belegung von Einrichtungen entscheiden. Für freie Träger bedeutet das, dass sie vor allem die Interessen und Erwartungen der öffentlichen Träger erkennen und berücksichtigen müssen. Dabei spielt neben dem Preis die Qualität der

Dienstleistung eine wichtige Rolle. So hat denn auch parallel mit der Einführung von Marktstrukturen das Qualitätsmanagement Einzug in die Soziale Arbeit gehalten (vgl. Vaudt 2022, S. 88 f.; Kolhoff 2021). Anfang der 1990er- Jahre wurde zuerst in der Krankenversicherung (SGB V), dann in der Sozialhilfe (zunächst BSHG, dann SGB XII), in der sozialen Pflegeversicherung (SGB XI) und seit 1999 auch in der Kinder- und Jugendhilfe (SGB VIII) gefordert, die Qualität der Leistung nachzuweisen, denn es sollten nur noch diejenigen freien Träger finanzielle Ressourcen erhalten, mit denen zuvor Vereinbarungen über Inhalt, Umfang und Qualität der angebotenen Leistung, über das zu zahlende Entgelt sowie zur Qualitätsentwicklung und -sicherung abgeschlossen wurden (§ 78a ff. SGB VIII).

1.3.2 Von der Sach- zur Geldleistung

Mit der Einführung der Pflegeversicherung 1995 wurde ein weiterer Paradigmenwechsel in der Sozialen Arbeit eingeleitet, um einen Käufermarkt zu konstituieren. Statt der klassischen Sachleistung konnten nun auch Geldleistungen von den Versicherten in Anspruch genommen werden. Auch wenn die Geldleistungen nur 50 % der Sachleistungen betrugen, wurden sie für die ambulante Pflege dennoch mehrheitlich gewählt. Hiermit wurde ein informeller Sektor der sozialen Dienstleistungen aufgebaut und finanziert, seien es Nachbarn oder Familienangehörige oder aber preiswerte Pflegekräfte aus Mittel- und Osteuropa. Auch wenn die Pflegeversicherung mittlerweile an Finanzierungsgrenzen geraten ist, so wäre sie von Anfang an nicht finanzierbar gewesen, wenn das Sachleistungsprinzip alleine gegolten hätte (Jacobs et al. 2020).

Auch in der Behindertenhilfe wurde durch die Einführung persönlicher Budgets Geldleistungen eingeführt. Behinderte bzw. ihre gesetzlich bestellten Betreuer können selbst über ein Budget verfügen und somit am Markt als Kunden auftreten. Die Einführung von Geldleistungen statt Sachleistungen wird in formalisierter Form auch im Bereich des SGB II und SGB III (Vermittlungs- und Bildungsgutscheine) angewandt (Kolhoff 2025).

Der Paradigmenwechsel hin zu Marktmechanismen hat nicht nur die Steuerungslogik der Sozialwirtschaft, sondern auch die Rolle und Struktur ihrer Akteure verändert. Das nächste Kapitel widmet sich den Trägern sozialer Dienstleistungen.

2 Träger sozialer Dienstleistungen

Was sind öffentliche und freie Träger, wie entstehen sie und was sind ihre Besonderheiten?

> **Zusammenfassung**
>
> Träger sozialer Dienstleistungen unterscheiden sich in ihrer Rechtsform, Zielsetzung und Aufgabenverteilung. Öffentliche Träger agieren auf gesetzlicher Grundlage, während freie Träger ihre Ziele eigenständig definieren. Gemeinnützige Organisationen verfolgen ideelle Zwecke, während gewerbliche Anbieter wirtschaftlich orientiert handeln. Das Zusammenspiel der Träger erfordert klare Zuständigkeiten und partnerschaftliche Zusammenarbeit.

Die Träger der Sozialen Arbeit erbringen eine der Allgemeinheit zugängliche Leistung. Sie können aufgrund ihrer Rechtsform in öffentliche, frei gemeinnützige und frei gewinnorientierte Träger gegliedert werden. Öffentliche Träger werden öffentlich-rechtlich konstituiert und kommen durch einen „hoheitlichen Akt" zustande, während freie Träger als privatrechtliche Organisationen von jeder natürlichen oder juristischen Person gegründet werden können.

2.1 Öffentliche Träger

Öffentliche Träger Sozialer Arbeit sind Institutionen, denen durch gesetzliche Regelungen bestimmte Aufgaben zur Sicherstellung sozialer Leistungen und Strukturen übertragen werden. Hierzu zählen in erster Linie die Gebietskörperschaften – Länder und Kommunen – sowie weitere Körperschaften, Anstalten und Stiftungen des öffentlichen Rechts (Abb. 2.1). Diese Träger handeln auf der Grundlage von

Gebietskörperschaften		Sonstige Körperschaften des öffentlichen Rechts
Länder	Kommunen	z. B.
• Landesjugendämter • Landessozialämter • Sozialdienste der Justiz	• Jugendämter • Gesundheitsämter • Sozialämter!	• Bundesagentur für Arbeit • Krankenkassen

Abb. 2.1 Öffentliche Träger Sozialer Arbeit. (Eigene Darstellung)

Gesetzen, unterliegen bestimmten Verwaltungsprinzipien und werden durch parlamentarische sowie fachliche Kontrollinstanzen überwacht. Der Bund ist explizit nicht Träger der regulären Sozialen Arbeit, sondern übernimmt überwiegend gesetzgeberische, koordinierende oder fördernde Funktionen.

Die Gebietskörperschaften gliedern sich in die überregional zuständigen Länder und die regional handelnden Kommunen. Letztere umfassen Landkreise, kreisfreie Städte, Gemeinden und Gemeindeverbände. Auf Landesebene haben öffentliche Träger vor allem eine beratende, koordinierende und fachpolitische Rolle inne (vgl. Merchel 2008, S. 11–12). Auf kommunaler Ebene hingegen übernehmen sie konkrete Planungs-, Träger- und Ausführungsfunktionen, insbesondere im Bereich der sozialen Infrastruktur und Daseinsvorsorge.

Darüber hinaus zählen auch sogenannte sonstige Körperschaften des öffentlichen Rechts zu den öffentlichen Trägern. Diese handeln auf gesetzlicher Grundlage, verwalten sich in der Regel selbst und verfügen über Gremien wie Verwaltungsräte oder Sozialbeiräte. Beispiele sind die Bundesagentur für Arbeit oder die Krankenkassen.

Die öffentlich-rechtliche Grundlage der Gebietskörperschaften bilden die Verfassungen des Bundes und der Länder. Die Kommunen – also Landkreise, Städte, Gemeinden und Gemeindeverbände – haben nach Artikel 28 Absatz 2 des Grundgesetzes das Recht, alle Angelegenheiten der örtlichen Gemeinschaft in eigener Verantwortung zu regeln. Zu diesen Aufgaben gehören auch die Leistungen der sozialen Sicherung. Die konkreten Aufgaben der Kommunen werden in den Gemeindeordnungen der jeweiligen Bundesländer festgelegt. So regelt beispielsweise § 8 Absatz 1 der Gemeindeordnung des Landes Nordrhein-Westfalen (GO NRW), dass die Gemeinden im Rahmen ihrer Leistungsfähigkeit die für die wirtschaftliche, soziale und kulturelle Betreuung ihrer Einwohner erforderlichen Einrichtungen schaffen.

2.1 Öffentliche Träger

Alle öffentlichen Träger sind an grundlegende Prinzipien des Verwaltungshandelns gebunden. Erstens müssen sie auf gesetzlicher Grundlage handeln und sind an Gesetz und Recht gebunden (§ 20 Abs. 3 Grundgesetz). Zweitens sind sie zur Gleichbehandlung verpflichtet. Drittens müssen die eingesetzten Mittel in einem angemessenen Verhältnis zum angestrebten Zweck stehen. Viertens muss der Bearbeitungsstand einer Angelegenheit jederzeit aus den Akten nachvollziehbar sein.

Auch andere Körperschaften des öffentlichen Rechts arbeiten auf gesetzlicher Grundlage. Sie haben die Möglichkeit, ihre Angelegenheiten eigenverantwortlich zu regeln und sich selbst zu verwalten. Beispiele hierfür sind die Sozialversicherungsträger, die über Gremien wie Verwaltungsräte oder Sozialbeiräte verfügen. Die Selbstverwaltung dieser öffentlichen Träger wird durch die Rechts- und Fachaufsicht anderer Behörden, wie etwa der Landesregierungen oder Ministerien, begrenzt.

Die typische Organisationsstruktur öffentlicher Träger ist das Amt, das sowohl auf kommunaler als auch auf Landesebene als funktionale Einheit zur Durchführung der Aufgaben dient. Im Folgenden werden das Jugend- und das Sozialamt vorgestellt.

2.1.1 Jugendamt

Das Jugendamt stellt eine zentrale kommunale Instanz in der Kinder- und Jugendhilfe dar. Seine historische Verankerung geht auf das Reichsjugendwohlfahrtsgesetz von 1924 zurück, das erstmals flächendeckend die Einrichtung kommunaler Jugendämter vorsah. Ziel war es, auf soziale Missstände und unzureichende Schutzmechanismen für Kinder zu reagieren. Mit der Einführung des SGB VIII im Jahr 1991 wurde die Kinder- und Jugendhilfe umfassend reformiert und in einem modernen Sozialgesetzbuch rechtlich kodifiziert. Die Einrichtung eines Jugendamts ist in jedem Landkreis und jeder kreisfreien Stadt gesetzlich verpflichtend (§ 69 Abs. 3 SGB VIII). Die Arbeit des Jugendamts basiert auf dem Achten Sozialgesetzbuch (SGB VIII). In § 1 wird als zentrales Ziel die Förderung der Entwicklung junger Menschen und der Schutz ihrer Rechte formuliert. Es sollen Bedingungen geschaffen werden, die die Erziehung in der Familie unterstützen, Benachteiligungen abbauen und gesellschaftliche Teilhabe fördern. Das Jugendamt ist damit sowohl Dienstleister als auch Schutzinstanz.

Das Jugendamt hat ein breites Aufgabenspektrum, das von erzieherischen Hilfen bis hin zur finanziellen Unterstützung reicht. Die Jugendarbeit gemäß § 11 SGB VIII umfasst offene Angebote, Freizeitpädagogik und Jugendzentren. Jugendsozialarbeit nach § 13 SGB VIII unterstützt benachteiligte Jugendliche, beispielsweise durch Schulsozialarbeit oder berufsvorbereitende Maßnahmen.

Der Kinder- und Jugendschutz nach § 14 SGB VIII sieht präventive Angebote vor, etwa durch Beratung oder Aufklärung. Im Bereich der Hilfen zur Erziehung nach §§ 27 ff. SGB VIII werden ambulante und stationäre Maßnahmen wie Sozialpädagogische Familienhilfe oder Heimerziehung realisiert. Die Kindertagesbetreuung gemäß §§ 22 ff. SGB VIII umfasst Fachaufsicht, Bedarfsplanung und Finanzierung von Kitas und Tagespflege. Über die Jugendgerichtshilfe nach § 52 SGB VIII werden Jugendliche in Strafverfahren begleitet. Schließlich trägt das Jugendamt eine besondere Verantwortung im Bereich des Kinderschutzes bei Kindeswohlgefährdung (§ 8a SGB VIII), etwa durch Gefährdungseinschätzungen und Schutzmaßnahmen.

Nach dem Subsidiaritätsprinzip (§ 4 Abs. 2 SGB VIII[1]) soll das Jugendamt Leistungen nur dann selbst erbringen, wenn keine geeigneten freien Träger vorhanden sind. Dennoch verbleibt die Gesamtverantwortung für die Sicherstellung der Jugendhilfe beim Jugendamt (§ 79 Abs. 1 SGB VIII). Diese umfasst die Planung, Steuerung und Kontrolle der Qualität.

Die Abb. 2.2 zeigt die öffentlichen Träger der Kinder- und Jugendhilfe in Deutschland: die örtlichen Jugendämter und die Landesjugendämter. Beide Ebenen nehmen im Rahmen des Sozialgesetzbuches VIII (SGB VIII) unterschiedliche, aber aufeinander abgestimmte Aufgaben wahr.

Landesjugendamt (überörtlicher Träger)	• Beratung der örtlichen Träger
Verwaltung des überörtlichen Träger	• Planung, Anregung und Förderung von Modellvorhaben • Fortbildung von Mitabeiter*innen • Erteilung von Betriebserlaubnissen
Jugendamt (örtlicher Träger)	• Gewährleistungsverpflichtung (§ 79 SGB VII)
Verwaltung des Jugendamts und Jugendhilfeausschuss	• für Schaffung einer Infrastruktur • für Aufgabenwahrnehmung • in Einzelfällen Leistungserbringung

Abb. 2.2 Träger der öffentlichen Kinder- und Jugendhilfe. (INFOSYSTEM Kinder- und Jugendhilfe in Deutschland o.J.)

---

[1] *„Soweit geeignete Einrichtungen, Dienste und Veranstaltungen von anerkannten Trägern der freien Jugendhilfe betrieben werden oder rechtzeitig geschaffen werden können, soll die öffentliche Jugendhilfe von eigenen Maßnahmen absehen"* § 4 Abs. 2 SGB VIII.

2.1 Öffentliche Träger

Die örtlichen Träger der Kinder- und Jugendhilfe sind die Jugendämter in den Landkreisen und kreisfreien Städten. Sie sind direkt für die Planung, Steuerung und Durchführung der Jugendhilfeleistungen in ihrer Region verantwortlich. Dabei tragen sie die Gewährleistungsverpflichtung gemäß § 79 SGB VIII. Diese beinhaltet:

- die Schaffung einer bedarfsgerechten Infrastruktur an Einrichtungen und Diensten,
- die steuernde Aufgabenverteilung zwischen öffentlichen und freien Trägern,
- in begründeten Ausnahmefällen die eigene Leistungserbringung.

Damit sind die örtlichen Jugendämter zentrale Handlungsträger für konkrete Hilfen zur Erziehung, Kinderschutzmaßnahmen, Jugendsozialarbeit, Kinderbetreuung und viele weitere Leistungen der Jugendhilfe.

Ergänzend zu den örtlichen Jugendämtern übernehmen die Landesjugendämter die Funktion des überörtlichen Trägers der Jugendhilfe. Ihre Aufgaben sind in § 85 Abs. 2 SGB VIII geregelt und betreffen vor allem übergreifende Steuerungs- und Unterstützungsfunktionen. Dazu gehören:

- die Beratung der örtlichen Träger bei fachlichen und organisatorischen Fragen,
- die Planung, Anregung und Förderung von Modellvorhaben zur Weiterentwicklung der Jugendhilfe,
- die Fortbildung von Mitarbeitern in der Jugendhilfe,
- die Erteilung von Betriebserlaubnissen für Einrichtungen (§§ 45–48a SGB VIII),
- sowie die Förderung der Zusammenarbeit zwischen den Akteuren im Hilfesystem.

Die Landesjugendämter koordinieren somit überregionale Belange und unterstützen die Qualitätssicherung und fachliche Weiterentwicklung der kommunalen Jugendhilfe.

Das Jugendamt in Deutschland weist eine besondere Struktur auf, die es von anderen Ämtern unterscheidet. Es besteht aus zwei Säulen, die eine duale Organisation bilden: dem Jugendhilfeausschuss und der Verwaltung des Jugendamts. Diese Aufteilung ist in § 70 SGB VIII gesetzlich verankert und dient dazu, sowohl politische Entscheidungen als auch die praktische Umsetzung von Jugendhilfeleistungen zu gewährleisten.

Der Jugendhilfeausschuss hat eine zentrale Position innerhalb des Jugendamts. Er ist kein gewöhnlicher Ausschuss, sondern ein eigenständiges Gremium, das sich aus verschiedenen Mitgliedern zusammensetzt. Gemäß § 71 Abs. 1 SGB VIII gehören ihm drei Fünftel der stimmberechtigten Mitglieder aus der politischen Vertretungskörperschaft oder von dieser gewählte Personen an, die Erfahrung in der

Jugendhilfe haben. Zwei Fünftel der stimmberechtigten Mitglieder werden auf Vorschlag der anerkannten freien Träger der Jugendhilfe benannt, wobei die Vorschläge der Jugend- und Wohlfahrtsverbände angemessen berücksichtigt werden müssen. Ergänzt werden die stimmberechtigten Mitglieder durch beratende Mitglieder, die ebenfalls wichtige Beiträge leisten. Hierzu gehören Vertreter selbstorganisierter Zusammenschlüsse, Experten und Fachleute, die im Bereich der Jugendhilfe tätig sind.

Der Jugendhilfeausschuss hat sowohl Beschlussrechte als auch Anhörungs- und Vorschlagsrechte. Zu seinen Aufgaben zählen die Erörterung aktueller Problemlagen von Kindern, Jugendlichen und Familien, die Jugendhilfeplanung zur Erfassung bestehender Bedarfe sowie die Förderung der freien Jugendhilfe, um die Zusammenarbeit mit freien Trägern zu stärken und ein vielfältiges Angebot zu gewährleisten. Darüber hinaus verfügt der Ausschuss über ein eigenständiges Antragsrecht gegenüber der kommunalen Vertretungskörperschaft, wie in § 71 Abs. 4 SGB VIII festgelegt. Vor jeder Beschlussfassung in Fragen der Jugendhilfe ist seine Anhörung zwingend erforderlich. Auch bei der Berufung eines Jugendamtsleiters hat der Ausschuss eine Mitwirkungsrolle. Seine Entscheidungen trifft er im Rahmen der bereitgestellten Mittel und der kommunalen Satzung.

Die Verwaltung bildet die zweite Säule des Jugendamts. Die laufenden Geschäfte werden vom Leiter der Verwaltung der jeweiligen Gebietskörperschaft oder in dessen Auftrag vom Leiter der Verwaltung des Jugendamts geführt. Diese Aufgabenwahrnehmung erfolgt im Rahmen der gültigen Satzung sowie auf Grundlage der Beschlüsse der Vertretungskörperschaft und des Jugendhilfeausschusses (§ 70 Abs. 2 SGB VIII). Zu den zentralen Aufgaben der Verwaltung zählen die Umsetzung der Beschlüsse des Jugendhilfeausschusses, die Planung und Durchführung von Jugendhilfeleistungen, die Sicherstellung gesetzlicher Vorgaben sowie die Koordination von Programmen und Maßnahmen für junge Menschen und Familien.

> **Beispiel**
>
> Die Abb. 2.3 zum Organigramm des Jugendamts Berlin-Pankow veranschaulicht die detaillierte und funktional gegliederte Verwaltungsstruktur eines Jugendamtes. An der Spitze steht der Bezirksstadtrat, der in enger Zusammenarbeit mit dem Kinder- und Jugendhilfeausschuss die politische Steuerung übernimmt. Direkt untergeordnet ist die Jugendamtsdirektion, die als koordinierende Instanz alle Fachabteilungen führt.
>
> Stabsstellen übernehmen zentrale Aufgaben in der Gesamtkoordination, darunter Haushaltsführung, Immobilienangelegenheiten, strategische Planung, Kinderschutzkoordination und ressortübergreifende Programme wie Frühe Hilfen oder Angebote für geflüchtete Kinder und Familien.

2.1 Öffentliche Träger

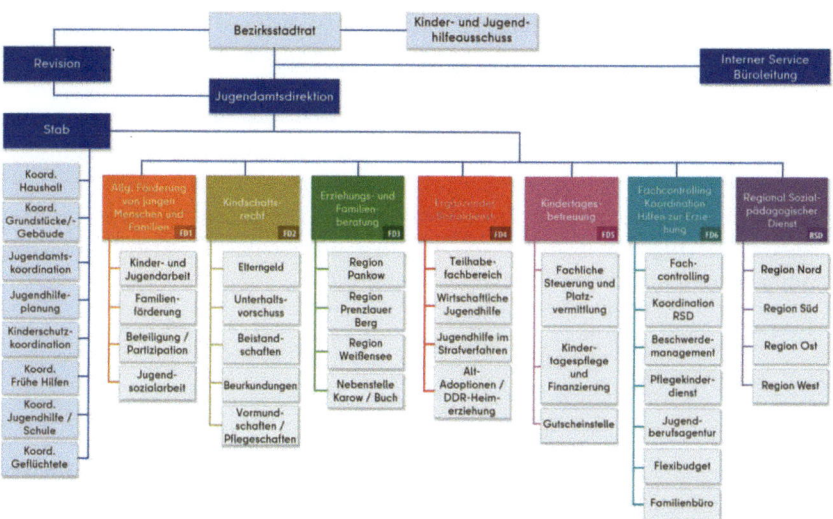

Abb. 2.3 Organigramm des Jugendamts Berlin-Pankow. (Stadt Berlin, Pankow 2024)

Die Struktur gliedert sich in sieben Hauptabteilungen: Die allgemeine Förderung junger Menschen und Familien (FD1) umfasst die Kinder- und Jugendarbeit, Jugendsozialarbeit sowie Beteiligungsformate. Der Bereich Kinderschutzrecht (FD2) verantwortet rechtliche Leistungen wie Elterngeld, Unterhaltsvorschuss, Beurkundungen und Vormundschaften. Die Erziehungs- und Familienberatung (FD3) ist in vier Regionen organisiert (Pankow, Prenzlauer Berg, Weißensee und Karow/Buch) und stellt wohnortnahe Beratung sicher. Der ergänzende Sozialdienst (FD4) deckt spezialisierte Leistungen ab, darunter wirtschaftliche Jugendhilfe, Eingliederungshilfen und Jugendhilfe im Strafverfahren. Die Kindertagesbetreuung (FD5) verwaltet die Platzvergabe, Kindertagespflege und Finanzierung. Das Fachcontrolling (FD6) umfasst neben Steuerungsaufgaben auch die Beschwerdebearbeitung, den Pflegekinderdienst und das Familienbüro. Schließlich sorgt der Regionale Sozialpädagogische Dienst (RSD) für die flächendeckende sozialpädagogische Versorgung in vier Bezirksregionen (Nord, Süd, Ost, West).

Zusätzlich existieren die interne Revision sowie der Bereich Interner Service/Büroleitung.

Die klare Aufgabenteilung innerhalb des Organigramms ermöglicht eine spezialisierte und effiziente Leistungserbringung. Gleichwohl bleibt die Herausforderung bestehen, dass alle Fachbereiche eng und abgestimmt zusammenarbeiten müssen, um komplexe Falllagen ganzheitlich zu bearbeiten. Interdisziplinäre Koordination, etwa durch übergreifende Fallsteuerung oder Koordinierungsstellen, kann dabei helfen, Informationsverluste und Doppelstrukturen zu vermeiden. ◄

Während das Jugendamt auf die Förderung und den Schutz von Kindern und Jugendlichen ausgerichtet ist, erfüllt das Sozialamt eine andere Funktion innerhalb der kommunalen Trägerstruktur. Im Unterschied zum eher präventiv-pädagogischen Charakter der Jugendhilfe fokussiert sich das Sozialamt auf existenzsichernde Leistungen im Rahmen der Sozialhilfe.

2.1.2 Sozialamt

Die örtlichen Träger der Sozialhilfe in Deutschland sind gemäß § 3 Abs. 2 SGB XII die kreisfreien Städte und die Landkreise. Anders als in der Jugendhilfe, wo das Gesetz die Einrichtung eines Jugendamtes zwingend vorschreibt, lässt das Sozialgesetzbuch XII (SGB XII) den Kommunen organisatorische Freiheiten. Somit sind die Kommunen nicht verpflichtet, ein eigenständiges Sozialamt einzurichten. Dennoch haben viele Kommunen solche Ämter geschaffen, um Sozialhilfeleistungen effizient verwalten zu können. Diese Ämter werden oft als Teil der Stadtverwaltung geführt und variieren in ihrer Bezeichnung, etwa als „Amt für Jugend und Familie" oder „Fachbereich Soziales und Wohnen" (Schneider und Toyka-Seid 2025).

Während Jugendämter auch planerisch tätig sind, beschränkt sich die Funktion der Sozialämter meist auf administrative und koordinierende Tätigkeiten. Sozialämter haben keinen gesetzlich definierten Planungsauftrag. Falls ein Sozialausschuss eingerichtet ist, fungiert er lediglich als beratendes Gremium für politische Vertretungskörperschaften wie Stadtrat oder Kreistag. Im Gegensatz zum Jugendhilfeausschuss besitzt der Sozialausschuss keine Entscheidungskompetenz. Vertreter freier Träger haben hier kein Stimmrecht (Merchel 2008).

Die Aufgaben der Sozialämter sind klar nach Leistungsbereichen strukturiert:

- Hilfe zum Lebensunterhalt (§ 27 SGB XII) umfasst Leistungen für Grundbedürfnisse wie Nahrung, Kleidung, Unterkunft und Heizung.
- Grundsicherung im Alter und bei Erwerbsminderung (§§ 41–46 SGB XII) unterstützt Personen, die nicht erwerbsfähig sind.
- Hilfe zur Pflege (§§ 61–66 SGB XII) bietet finanzielle Unterstützung für pflegebedürftige Menschen.
- Hilfe in besonderen Lebensverhältnisse mit sozialen Schwierigkeiten (§§ 67–69 SGB XII) umfasst Hilfen bei sozialen Notlagen wie Wohnungslosigkeit oder Krankheit.

2.1 Öffentliche Träger

Neben diesen SGB-XII-Leistungen sind Sozialämter u. a. auch für Geflüchtete nach dem Asylbewerberleistungsgesetz (AsylbLG) zuständig, bis deren Anerkennung erfolgt und die Zuständigkeit an die Jobcenter übergeht (vgl. Schlee und Jepkins 2023, S. 19).

Im Gegensatz zu Jugendämtern, die häufig Sozialpädagogen beschäftigen, dominieren in Sozialämtern Verwaltungsfachkräfte. Die Organisationsstruktur basiert auf klaren formalen Prozessen, wodurch Sozialämter effizient Verwaltungsaufgaben erfüllen können. Die stark formalisierte und hierarchische Struktur stößt allerdings an Grenzen, wenn es um die persönliche, individuelle Betreuung geht (Horcher 2014).

> **Beispiel**
>
> Das Organigramm des Sozialamtes der Stadt Hannover (Abb. 2.4) illustriert die klassische Struktur eines Sozialamtes. An der Spitze steht die Fachbereichsleitung, darunter folgen spezialisierte Abteilungen:

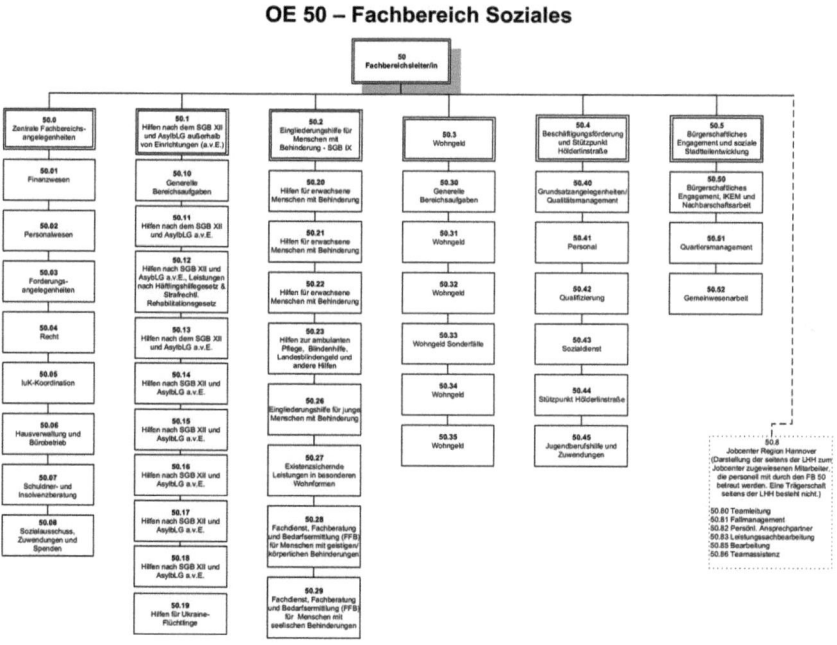

Abb. 2.4 Organigramm des Sozialamtes der Stadt Hannover. (Landeshauptstadt Hannover 2025b)

- Zentrale Fachbereichsangelegenheiten (Personal, Finanzen, Organisation)
- Hilfen nach dem SGB XII und AsylbLG
- Eingliederungshilfe für Menschen mit Behinderung
- Wohngeld und wirtschaftliche Hilfen
- Beschäftigungsförderung und Sozialberatung
- Bürgerschaftliches Engagement und Stadtentwicklung (Landeshauptstadt Hannover 2025a, b). ◄

Diese Gliederung verdeutlicht die administrative Ausrichtung der Sozialämter.

Vielerorts haben sich Allgemeine Soziale Dienste (ASD) etabliert. Sie fungieren oft als wohnortnahe Anlaufstellen für Menschen in sozialen Problemlagen. Das folgende Unterkapitel widmet sich dieser Organisationsform und beleuchtet ihre Arbeitsweise und Bedeutung im kommunalen Kontext.

2.1.3 Exkurs: Allgemeiner Sozialer Dienst (ASD)

Der Allgemeine Soziale Dienst (ASD) übernimmt in vielen Kommunen eine zentrale Funktion bei der persönlichen Unterstützung von Menschen in sozialen Problemlagen. Alternativ wird er auch als Kommunaler Sozialdienst (KSD) bezeichnet. Diese Dienste sind Organisationseinheiten, die Aufgaben von Jugendämtern, Sozialämtern und teilweise Gesundheitsämtern integrieren (vgl. Merchel 2008, S. 46). Aufgrund der kommunalen Selbstverwaltung können sich Einrichtung, Organisation und Aufgabenverteilung des ASD in den Kommunen unterscheiden. Typischerweise fungieren sie als dezentrale Anlaufstellen in Stadtteilen, wo sie als erste Ansprechpartner für hilfesuchende Bürger agieren (vgl. Aner und Hammerschmidt 2018, S. 123 ff.).

Die Aufgabenbereiche des ASD sind vielfältig und umfassen:

- Hilfe bei Erziehungsschwierigkeiten,
- Unterstützung und Beratung bei Partnerschafts- und Familienkonflikten,
- Unterstützung und Beratung in besonderen Lebenslagen,
- Unterstützung und Beratung bei Straffälligkeit bei Kindern und Jugendlichen,
- Kindeswohlgefährdungen (Krisenhilfe und Eingriffe/Inobhutnahme)
- Familiengerichtshilfe (Hilfen bei Trennung und Scheidung)
- Stellungnahmen zu Hilfeanträgen nach dem SGB XII,
- Außendienst, Streetwork,
- Hilfe für geistig und psychisch Auffällige, Abhängige und Behinderte und
- Hilfe für Senioren (Beratung und Vermittlung) (vgl. Aner und Hammerschmidt 2018, S. 130)

2.1 Öffentliche Träger

Auch wenn sich konkrete Aufgaben und Zuständigkeiten lokal unterscheiden, haben Mitarbeiter des ASD typische Funktionen, wie Beratungen durchführen, Bedarfe und Anspruchsvoraussetzungen ermitteln, sowie über Hilfen und Leistungen entscheiden. Sie unterstützen und begleiten Betroffene nicht nur unterstützend, sondern führen teilweise auch Kontrollaufgaben durch, insbesondere im Bereich der Kindererziehung. Weiterhin sind sie verantwortlich für die Verteilung der verfügbaren Mittel innerhalb ihrer Zuständigkeitsbereiche.

Organisatorisch kann der ASD entweder dem Jugendamt, dem Sozialamt oder einer eigenständigen Einheit neben diesen Ämtern zugeordnet werden. Meistens (91 % der Kommunen) ist der ASD jedoch organisatorisch den Jugendämtern zugeordnet, was auf die umfassenden gesetzlichen Regelungen im SGB VIII zur Zuständigkeit der Jugendhilfe zurückzuführen ist (vgl. Merchel 2008, S. 47).

Die Abb. 2.5 zeigt den Aufbau eines Jugendamts mit angegliedertem ASD. Die angegebenen Aufgaben sind beispielhaft.

Die interne Struktur des ASD ist häufig teamorientiert, um Kontinuität, Verlässlichkeit und Transparenz für Klienten sicherzustellen. Dafür werden standardisierte Verfahrensabläufe geschaffen, um insbesondere bei sensiblen Themen wie Kindeswohlgefährdungen Handlungssicherheit zu gewährleisten. Gleichzeitig wird den Fachkräften Flexibilität ermöglicht, um individuelle und passgenaue Lösungen anbieten zu können. Ein wesentlicher Bestandteil der Arbeit im ASD ist die

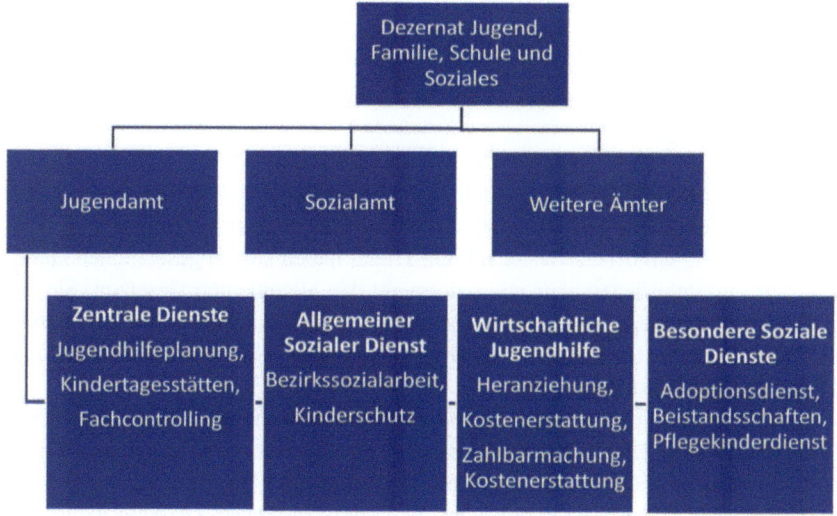

Abb. 2.5 Aufbau eines Jugendamts mit angegliedertem ASD. (Eigene Darstellung nach Landes und Keil 2015, S. 40)

fachliche Auseinandersetzung in Team- und Fallbesprechungen, wobei die individuelle Fallverantwortung stets bestehen bleibt (vgl. Merchel et al. 2023, S. 28 f.).

Regionale Organisationsstrukturen unterstützen die lebensweltorientierte Sozialarbeit. Viele Kommunen setzen auf dezentrale Teams, die direkt vor Ort tätig sind und dadurch die Lebensumstände der Adressaten besser kennen und berücksichtigen können (vgl. Merchel 2008, S. 46). In Großstädten wie Berlin und Hamburg gibt es daher für jeden Stadtteil eigenständige Jugendämter, während andere Städte wie Frankfurt am Main Sozialrathäuser eingerichtet haben, in denen soziale Dienstleistungen gebündelt angeboten werden.

Die Zusammenarbeit zwischen Verwaltungsfachkräften und sozialpädagogisch qualifiziertem Personal im ASD gestaltet sich oft herausfordernd, da unterschiedliche berufliche Sozialisationen und fachliche Zugänge aufeinandertreffen. Während Verwaltungskräfte primär mit rechtlichen und wirtschaftlichen Entscheidungen beschäftigt sind, übernehmen Sozialarbeiter und Sozialpädagogen eher den persönlichen und sozialräumlichen Außendienst. Diese Schnittstelle erfordert eine enge Zusammenarbeit und klare Kommunikation, um den unterschiedlichen Anforderungen gerecht zu werden (vgl. Ortmann 1994, S. 172).

Während die öffentlichen Träger auf gesetzlicher Grundlage agieren und zentrale Steuerungsfunktionen übernehmen, leisten freie Träger – ob gemeinnützig oder gewerblich – den überwiegenden Teil der operativen Dienstleistungen. Im folgenden Abschnitt wird dargestellt, wie sich freie Träger in der Sozialwirtschaft positionieren, welche Rechtsformen sie annehmen können und welche Rolle sie im Spannungsfeld von Subsidiarität, Markt und Gemeinwohl spielen.

2.2 Freie Träger

Während die öffentlichen Träger durch öffentliches Recht konstituiert werden, sind freie Träger Einrichtungen, die durch das Privatrecht geprägt werden (Vereine, Genossenschaften, GmbHs, AGs etc.). Freie Träger haben keinen gesetzlichen Handlungsauftrag, unterliegen aber wie jedermann den allgemeinen Gesetzen. Sie geben sich ihren Arbeitsauftrag selbst durch ihre Satzung und diese konkretisierenden Beschlüsse der Organe (Mitgliederversammlung, Gesellschafterversammlung, Vorstand, Geschäftsführung etc.).

Freie Träger können in gemeinnützige und gewinnorientierte Träger unterschieden werden (Abb. 2.6). Träger die gemeinnützige Zwecke verfolgen, können ganz oder teilweise von Steuerzahlungen befreit werden (§§ 51 ff. AO). Zu den frei gemeinnützigen Trägern gehören die Wohlfahrtsverbände (Arbeiterwohlfahrt, Caritasverband, Deutscher Paritätischer Wohlfahrtsverband, Deutsches Rotes

2.2 Freie Träger

Abb. 2.6 Freie Träger. (Eigene Darstellung)

Freie gemeinnützige Träger	Freie gewinnorientierte Träger
• Spitzenverbände der freien Wohlfahrtspflege • Jugendverbände • privatrechtliche Stiftungen etc.	• Private gewerbliche Einrichtungen (Pflegeeinrichtungen, Einrichtungen der Frühförderung etc.)
	• Selbständige (Berufsbetreuer, Trainer, Erzieher etc.)

Kreuz, Diakonisches Werk und Zentrale Wohlfahrtsstelle der Juden in Deutschland), die Jugendverbände, Selbsthilfe- und Initiativgruppen und Sonstige, z. B. gemeinnützige Stiftungen außerhalb der Wohlfahrtsverbände.

Zunehmend sind auch gewinnorientierte gewerbliche Träger und Selbstständige am Sozialmarkt aktiv. Ihre Bedeutung hat insbesondere im Gesundheits- und Pflegebereich stark zugenommen.

2.2.1 Gemeinnützige Wohlfahrtspflege

Die Organisationen der Freien Wohlfahrtspflege sind in sechs Spitzenverbänden zusammengeschlossen, die ihrerseits zur Verfolgung gemeinsamer Ziele die Bundesarbeitsgemeinschaft der freien Wohlfahrtspflege bilden (Abb. 2.7).

Die Freie Wohlfahrtspflege prägt allein auf Grund ihrer Größe die Sozialwirtschaft. Insgesamt zählte die Freie Wohlfahrtspflege im Jahr 2020 125.370 Einrichtungen und Dienste, die 4,36 Mio. Betten und Plätze bereitstellten. Sie beschäftigte 2,08 Mio. Menschen, mit einem hohen Anteil von 59 % an Teilzeitbeschäftigten (BAGFW 2023).

Die Zahl der Einrichtungen hat sich seit 1970 mehr als verdoppelt, begleitet von einer proportionalen Zunahme der Betten und Plätze sowie der Beschäftigten (BAGFW 2023, Abb. 2.8 und 2.9).

Die Freie Wohlfahrtspflege operiert in allen Bereichen der sozialen Unterstützung (Abb. 2.10):

- Jugendhilfe: Mit 44.390 Einrichtungen und 2,32 Mio. Betten/Plätzen ist die Jugendhilfe der größte Bereich. Den Schwerpunkt bilden Kindertageseinrichtungen, die eine essenzielle Rolle in der frühkindlichen Förderung und der

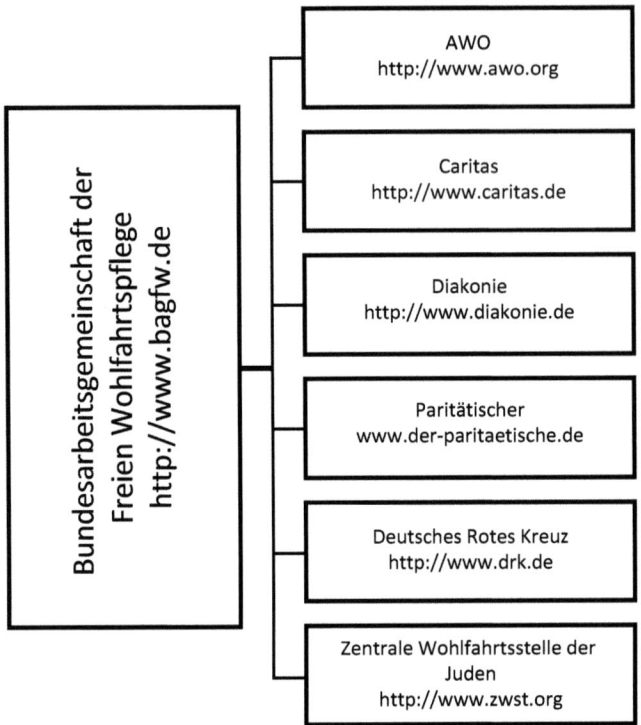

Abb. 2.7 Spitzenverbände der Freien Wohlfahrtspflege. (Eigene Darstellung)

Unterstützung von Familien einnehmen. Diese Einrichtungen sind nicht nur eine Grundlage für die Chancengleichheit von Kindern, sondern tragen auch zur Vereinbarkeit von Familie und Beruf bei.

- Altenhilfe: Die Altenhilfe stellt mit 21.015 Einrichtungen und 610.594 Betten/Plätzen den zweitgrößten Bereich dar. Sie umfasst sowohl stationäre Pflegeeinrichtungen als auch ambulante Dienste, die insbesondere durch den demografischen Wandel stark nachgefragt werden. Die Altenhilfe ist ein Indikator für die wachsenden Herausforderungen in der Versorgung einer alternden Bevölkerung.
- Eingliederungshilfe: Mit 20.219 Einrichtungen und 656.902 Betten/Plätzen bietet die Eingliederungshilfe spezifische Unterstützung für Menschen mit Behinderungen oder psychischen Erkrankungen. Die Angebote umfassen unter anderem besondere Wohnformen, Tagesstätten und ambulante Unterstützungsdienste, die die gesellschaftliche Teilhabe dieser Zielgruppe fördern.

2.2 Freie Träger

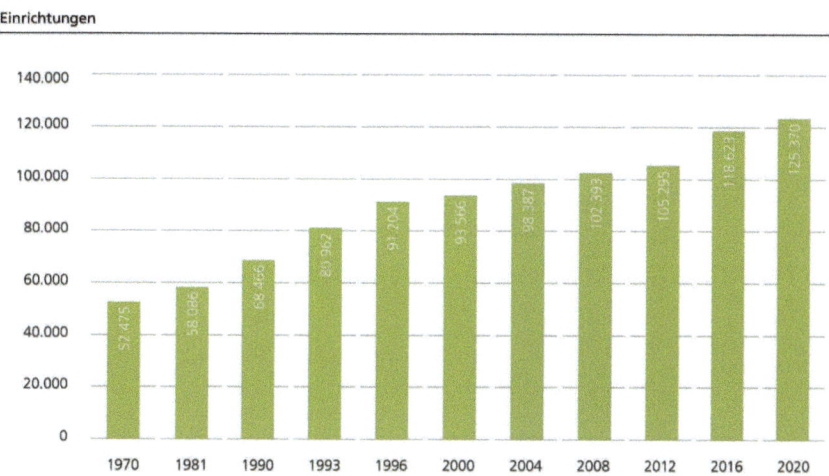

Abb. 2.8 Entwicklung der Einrichtungen und Dienste der Freien Wohlfahrtspflege 1970–2020. (BAGFW 2023, S. 9)

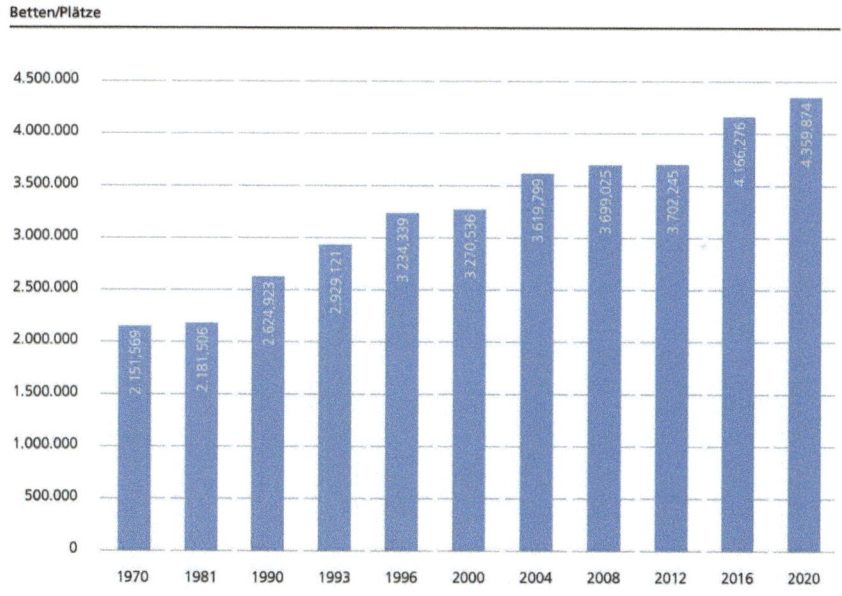

Abb. 2.9 Entwicklung der Betten/Plätze der Freien Wohlfahrtspflege 1970–2020. (BAGFW 2023, S. 9)

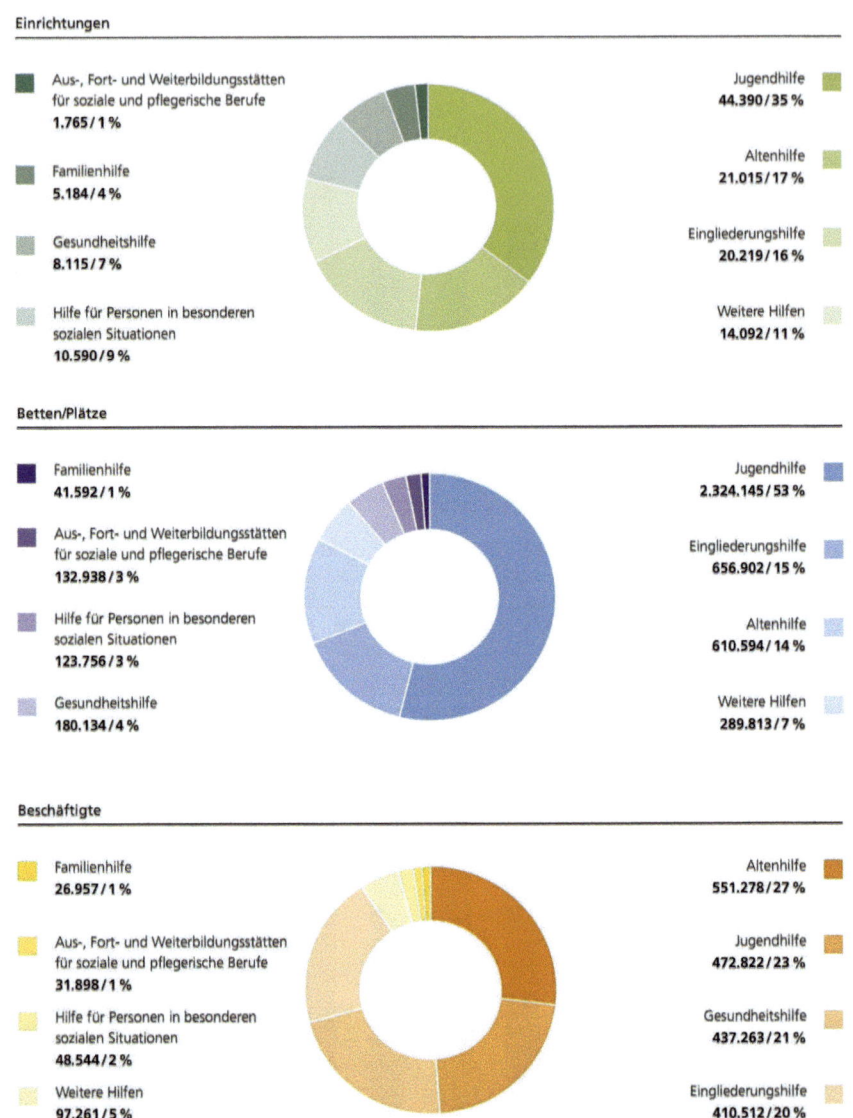

Abb. 2.10 Einrichtungen und Dienste der Freien Wohlfahrtspflege. (BAGFW 2023, S. 8)

2.2 Freie Träger

- Gesundheitshilfe: Die Gesundheitshilfe, die 8115 Einrichtungen und 180.134 Betten/Plätze umfasst, schließt Krankenhäuser, Hospize sowie ambulante medizinische und pflegerische Dienste ein. Dieser Bereich ist nicht nur für die unmittelbare Gesundheitsversorgung entscheidend, sondern leistet auch einen Beitrag zur Prävention und Rehabilitation.
- Weitere Bereiche: Familienhilfe, Angebote für besondere soziale Situationen sowie Selbsthilfegruppen und bürgerschaftliches Engagement stellen ergänzende Felder dar, die individuell auf spezifische gesellschaftliche Bedarfe eingehen (BAGFW 2023).

Ein bedeutender Trend, der sich auch in der aktuellen Statistik fortsetzt (BAGFW 2023), ist die zunehmende Bedeutung ambulanter Dienste. Diese gewinnen weiterhin an Bedeutung gegenüber stationären Angeboten und ermöglichen eine individuellere und oft kostengünstigere Betreuung. Darüber hinaus wächst die Zahl der Teilzeitbeschäftigten deutlich schneller als die der Vollzeitkräfte.

Die gemeinnützigen Träger, insbesondere die Spitzenverbände der Freien Wohlfahrtspflege, dominieren nach wie vor das Feld der sozialen Dienstleistungen. In den letzten Jahrzehnten sind jedoch auch zunehmend gewinnorientierte Anbieter auf dem Sozialmarkt aktiv geworden. Das nächste Unterkapitel beleuchtet diese Entwicklung.

2.2.2 Gewinnorientierte Anbieter

Im Unterschied zu den Märkten der Erwerbswirtschaft ist der Markt sozialer Dienstleistungen ein „Quasimarkt". Hierunter ist zu verstehen, dass Nachfrager und Zahler sozialer Dienstleistungen nicht identisch sind. Nur wenige Klienten Sozialer Arbeit sind in der Lage, die Dienstleistungen zu bezahlen, die sie erhalten. In der Regel erfolgt die Finanzierung sozialer Leistungen über öffentliche Mittel, deren Bereitstellung durch rechtliche Rahmenbedingungen geregelt wird. Der Markt des sozialen Bereichs unterscheidet sich also vom Markt der Erwerbswirtschaft, da Erzeuger und Verbraucher der sozialen Dienstleistung davon abhängig sind, dass die Dienstleistungen über öffentliche Mittel finanziert werden.

Viele Bestimmungen sehen vor, dass soziale Einrichtungen und Dienste gemeinnützig sein müssen. Der Markt sozialer Dienstleistungen liegt somit weitgehend in der Hand der Spitzenverbände der freien Wohlfahrtspflege. Diese sind gemeinnützig, erzielen keine Gewinne und erfüllen damit eine zentrale Voraussetzung zur Inanspruchnahme vieler öffentlicher Finanzierungsquellen. Seit Mitte der

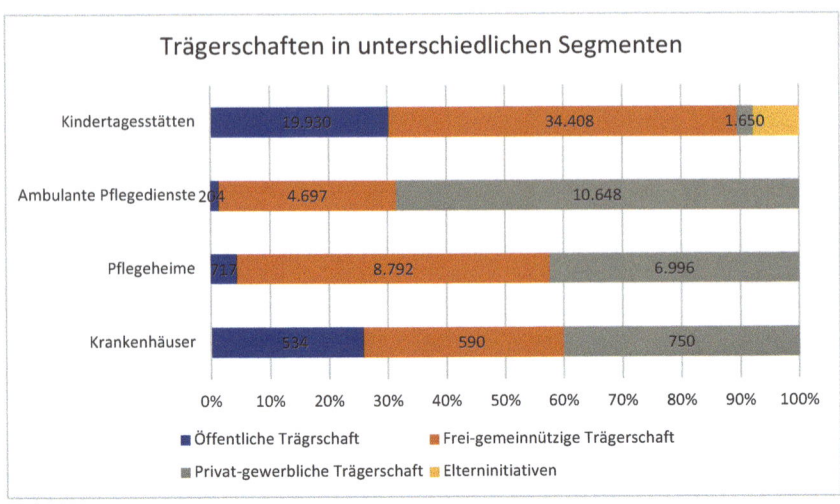

Abb. 2.11 Marktanteil gewinnorientierter Trägerschaften in unterschiedlichen Segmenten. (Eigene Darstellung nach Daten der Bertelsmann Stiftung 2023 und dem Statistischen Bundesamtes 2024a, b)

90er- Jahre hat sich das Feld jedoch verändert: Anstelle einer rein rechtlichen Strukturierung wurden in vielen Segmenten der Sozialwirtschaft marktorientierte Steuerungsansätze eingeführt (vgl. Abschn. 1.3). Dies hat insbesondere in der Pflege und im Gesundheitswesen dazu geführt, dass gewinnorientierte Träger auf den Plan getreten sind.

Wie Abb. 2.11 zeigt, unterscheiden sich die Trägerschaften je nach Bereich der Sozialwirtschaft deutlich. Bei den ambulanten Pflegediensten dominieren private, gewinnorientierte Träger mit einem Anteil von etwa 68 %. Auch im Krankenhausbereich ist der privat-gewerbliche Sektor mit rund 34 % am stärksten vertreten, wenngleich die Unterschiede hier weniger ausgeprägt sind. Im Gegensatz dazu befinden sich über die Hälfte der vollstationären Pflegeheime (ca. 53 %) in freigemeinnütziger Trägerschaft. Ähnlich verhält es sich bei den Kindertagesstätten, bei denen etwa 57 % der Einrichtungen von freigemeinnützigen Trägern betrieben werden. In diesem Bereich kommen zudem 4057 Elterninitiativen als eigenständige Trägerform hinzu.

Sowohl gemeinnützige als auch gewinnorientierte Anbieter agieren auf Grundlage spezifischer Rechtsformen. Diese bestimmen nicht nur die rechtliche Verfasstheit und wirtschaftliche Verantwortung, sondern oft auch ihre Zugangsmöglichkeiten zu öffentlichen Finanzierungen. Der folgende Abschnitt systematisiert die wichtigsten Rechtsformen freier Träger und differenziert dabei zwischen gemeinnützigen und gewerblichen (gewinnorientierten) Varianten.

2.2.3 Rechtsformen freier Träger

Freie Träger sozialer Dienstleistungen können in vielfältigen Rechtsformen organisiert sein (Abb. 2.12). Diese Rechtsformen bestimmen nicht nur die rechtliche Struktur und Verantwortlichkeit der Träger, sondern auch deren Zugang zu Fördermitteln, ihre Gemeinnützigkeit sowie ihre Handlungs- und Gestaltungsspielräume im sozialen Sektor.

Grundsätzlich lassen sich die Rechtsformen freier Träger in drei Hauptgruppen unterteilen: Einzelunternehmen, Gesellschaften und Stiftungen. Während Einzelunternehmen insbesondere bei selbstständigen Akteuren im Bereich Sozialer Arbeit vorkommen – etwa bei Berufsbetreuern oder freien Beratern –, sind Gesellschaften und Stiftungen für institutionell angelegte Trägerformen von Bedeutung.

Innerhalb der Kategorie der Gesellschaften wird weiter differenziert zwischen Personengesellschaften und Körperschaften. Zu den Personengesellschaften zählen unter anderem BGB-Gesellschaften, die auf einem privatrechtlichen Zusammenschluss von natürlichen oder juristischen Personen beruhen. Diese Gesellschaftsform ist relativ flexibel, erfordert jedoch eine persönliche Haftung der Gesellschafter.

Im Gegensatz dazu stehen die Körperschaften, die in Kapitalgesellschaften, Genossenschaften und Vereine untergliedert werden. Zu den Kapitalgesellschaften zählen die Gesellschaft mit beschränkter Haftung (GmbH), die Unternehmergesellschaft (UG) sowie die Aktiengesellschaft (AG). Diese Rechtsformen ermög-

Abb. 2.12 Rechtsformen freier Träger. (Eigene Darstellung)

lichen eine begrenzte Haftung der Gesellschafter, sind aber mit höheren Anforderungen an Gründungskapital, Transparenz und Bilanzierung verbunden. In der Sozialwirtschaft erfreuen sich insbesondere die gemeinnützige GmbH (gGmbH) und gUG zunehmender Beliebtheit, da sie Gemeinwohlorientierung mit wirtschaftlicher Flexibilität verbinden.

Vereine stellen eine der traditionellsten und verbreitetsten Rechtsformen gemeinnütziger Träger dar. Der eingetragene Verein (e. V.) zeichnet sich durch eine demokratische Struktur, Mitgliedschaftsbindung und Gemeinwohlorientierung aus. Auch Genossenschaften gewinnen im sozialen Bereich wieder an Relevanz, da sie demokratische Entscheidungsstrukturen mit wirtschaftlichem Handeln verbinden.

Eine weitere Form stellen Stiftungen dar. Diese Rechtsform eignet sich insbesondere für langfristig angelegte Vorhaben.

Darüber hinaus existieren Sonderformen für bestimmte Berufsfelder, etwa die Partnerschaftsgesellschaft, die insbesondere für akademische Berufe mit persönlicher Leistungserbringung relevant sein kann.

Die Wahl der Rechtsform hat weitreichende Implikationen für die Organisations- und Entscheidungsstruktur, die Verantwortlichkeit, die Finanzierungsmöglichkeiten sowie die interne und externe Legitimation eines Trägers. Vor diesem Hintergrund ist die Entscheidung über die passende Rechtsform nicht nur juristisch, sondern auch strategisch und normativ bedeutsam für die Positionierung im sozialen Sektor.

2.2.3.1 Rechtsformen für gemeinnützigen Träger

Die gemeinnützigen Träger bedienen sich unterschiedlicher Rechtsformen. In der Praxis findet man i. d. R.

- den Verein
- die Stiftung
- die gemeinnützige Gesellschaft mit beschränkter Haftung (gGmbH)

2.2.3.1.1 Der Verein

Die rechtlichen Grundlagen des bürgerlich-rechtlichen Vereins sind in den §§ 21–79 des Bürgerlichen Gesetzbuchs (BGB) geregelt. Ein eingetragener Verein (e. V.) ist ein auf Dauer angelegter, körperschaftlich organisierter Zusammenschluss mehrerer Personen, die ein gemeinschaftliches Ziel verfolgen. Dabei kann sich die Zusammensetzung der Mitglieder im Laufe der Zeit verändern. Die körperschaftliche Organisation eines Vereins bedeutet, dass er unter einem einheitlichen Gesamtnamen auftritt, durch einen gewählten Vorstand vertreten wird und seine Beschlüsse mit der Mehrheit seiner Mitglieder fasst. Durch die Eintragung in das Vereinsregister erlangt der Verein seine Rechtsfähigkeit. Diese befähigt ihn, Träger von Rechten und Pflichten zu sein – vergleichbar mit natürlichen Personen (also Menschen) sowie juristischen Personen wie Vereinen, Genossenschaften, Aktiengesellschaften (AG), Gesellschaften mit beschränkter Haftung (GmbH) oder Kommanditgesellschaften auf Aktien (KGaA). (Juristische Personen wie der eingetragene Verein zeichnen sich durch bestimmte Merkmale aus: Sie handeln durch ihre Organe, führen einen rechtlich geschützten Namen und können unter diesem Namen klagen und verklagt werden. Außerdem verfügen sie über ein eigenes Vermögen).

Ein Verein kann nur dann in das Vereinsregister beim zuständigen Amtsgericht eingetragen werden, wenn er mindestens sieben Mitglieder zählt. Es ist jedoch zulässig, dass der Verein zunächst von nur zwei Personen gegründet wird, wobei die weiteren Mitglieder bis zur Eintragung hinzukommen. Mitglied eines Vereins können sowohl natürliche als auch juristische Personen des privaten oder öffentlichen Rechts sein.

Die interne Verfassung des Vereins ergibt sich aus der Satzung, die neben den gesetzlichen Vorgaben den Aufbau und Zweck des Vereins regelt. Die Gestaltung der Satzung ist grundsätzlich frei, sofern sie nicht gegen gesetzliche Bestimmungen verstößt (Bundesministerium für Justiz und Verbraucherschutz (BMJV) 2016, S. 14). Gemäß § 57 BGB muss die Satzung folgende Inhalte aufweisen: den Zweck des Vereins, den Namen, den Sitz sowie die Absicht der Eintragung in das Vereinsregister (sogenannter Eintragungswille).

Erfüllt ein Verein die Voraussetzungen der §§ 51–68 der Abgabenordnung (AO), kann er als gemeinnützig anerkannt werden. Eine besondere Form stellt der Förderverein dar, dessen Zweck es ist, eine geplante oder bestehende Einrichtung zu unterstützen, ohne deren Träger zu sein (Fischer 2021).

Mit der Eintragung in das Vereinsregister wird der eingetragene Verein zu einem eigenständigen Rechtssubjekt. Dadurch haften die einzelnen Mitglieder nicht persönlich für Verpflichtungen des Vereins. Die Vertretung des Vereins gegenüber Dritten obliegt dem Vorstand, sowohl gerichtlich als auch außergerichtlich. Für Verpflichtungen aus Rechtsgeschäften, etwa aus einem Kaufvertrag, haftet ausschließlich der Verein – nicht jedoch das Vorstandsmitglied, das den Vertrag unterzeichnet hat (BMJV 2016, S. 14). Neben der rechtsgeschäftlichen Haftung kann auch eine deliktische Haftung des Vereins bestehen. In diesem Fall haftet der Verein für Schäden, die ein Vorstandsmitglied oder ein anderer verfassungsmäßig berufener Vertreter in Ausübung seiner Aufgaben Dritten zufügt, sofern es sich dabei um eine zum Schadensersatz verpflichtende Handlung handelt (BMJV 2016, S. 40).

2.2.3.1.2 Die Stiftung

Eine Stiftung ist ein verselbstständigtes Vermögen, das einem bestimmten Zweck gewidmet wurde. Sie ist damit eine eigenständige juristische Person ohne Mitglieder oder Gesellschafter. Das vom Stifter bereitgestellte Vermögen darf ausschließlich für den festgelegten Stiftungszweck verwendet und muss grundsätzlich dauerhaft erhalten werden. In der Regel sind Stiftungen auf unbestimmte Zeit angelegt, weshalb ihre Organisation so gestaltet sein muss, dass eine langfristige Verwirklichung des Zwecks gewährleistet ist (vgl. Wiegand et al. 2015, S. 15).

Stiftungen treten in verschiedenen Formen auf. Privatrechtliche Stiftungen – etwa Familien- oder Unternehmensstiftungen – können sowohl privatnützige als auch gemeinnützige Ziele verfolgen. Gemeinnützige Stiftungen genießen unter bestimmten Voraussetzungen steuerliche Begünstigungen gemäß der Abgabenordnung (AO). Öffentlich-rechtliche Stiftungen hingegen werden von staatlichen Institutionen oder Kirchen errichtet und verwaltet (vgl. Wiegand et al. 2015, S. 16 ff.).

Durch die Stiftungsreform von 2021 wurden ab dem Jahr 2023 neue bundesweit geltende Regelungen für das Stiftungsrecht eingeführt. Die bisherigen landesrechtlichen Regelungen wurden durch die §§ 80–87d BGB ersetzt (Bieniek 2023).

Im Vergleich zum Verein unterscheidet sich die Stiftung unter anderem dadurch, dass ihre Gründung der staatlichen Genehmigung durch die Stiftungsaufsichtsbehörden der Länder bedarf. Zudem unterliegt die Stiftungsverwaltung der staatlichen Rechtsaufsicht (vgl. Wiegand et al. 2015, S. 55). Bei kirchlichen Stiftungen kann diese Aufsicht kirchlichen Institutionen vorbehalten sein.

In der Abb. 2.13 sind die einzelnen Schritte der Stiftungsgründung aufgeführt.

Stiftung bürgerlichen Rechts

Die Stiftung bürgerlichen Rechts ist eine juristische Person des Privatrechts. Sie wird nicht von Mitgliedern oder Gesellschaftern getragen, sondern ausschließlich durch den Willen des Stifters gegründet. Dieser Wille muss mindestens folgende Punkte enthalten: den Namen, Sitz, Zweck, das Vermögen sowie die organisatorische Ausgestaltung der Stiftung. Die Rechtsfähigkeit erhält sie durch staatliche Anerkennung nach § 80 BGB, die durch die jeweilige Landesbehörde (meist das Innenministerium) erteilt wird. Ohne diese Anerkennung kann die Stiftung nicht Träger von Rechten und Pflichten sein. Mit der Übertragung des Vermögens auf die Stiftung – in der Regel durch Schenkung – verliert der Stifter die Verfügungsgewalt. Zwar kann er sich Mitwirkungsrechte sichern, eine Rückforderung des Vermögens ist jedoch ausgeschlossen. Die Gemeinnützigkeit einer Stiftung wird vom zuständigen Finanzamt bescheinigt, wenn die Voraussetzungen der AO erfüllt sind (vgl. Wiegand et al. 2015, S. 38).

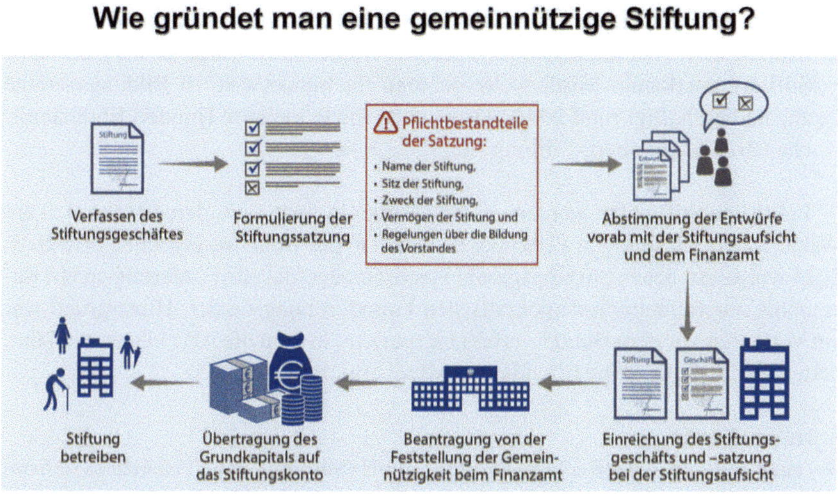

Wie gründet man eine gemeinnützige Stiftung?

Verfassen des Stiftungsgeschäftes → **Formulierung der Stiftungssatzung** → **Pflichtbestandteile der Satzung:**
- Name der Stiftung,
- Sitz der Stiftung,
- Zweck der Stiftung,
- Vermögen der Stiftung und Regelungen über die Bildung des Vorstandes

→ **Abstimmung der Entwürfe vorab mit der Stiftungsaufsicht und dem Finanzamt**

Stiftung betreiben ← **Übertragung des Grundkapitals auf das Stiftungskonto** ← **Beantragung von der Feststellung der Gemeinnützigkeit beim Finanzamt** ← **Einreichung des Stiftungsgeschäfts und -satzung bei der Stiftungsaufsicht**

Abb. 2.13 Prozess einer Stiftungsgründung. (Konto.org o.J.)

Stiftung e. V.

Bei der Stiftung in der Rechtsform eines eingetragenen Vereins handelt es sich um eine Mischform, bei der z. B. ein Verein ein gestiftetes Vermögen verwaltet oder satzungsgemäß den Erhalt eines Vermögens verfolgt. In diesem Fall ist kenntlich zu machen, dass es sich um einen Verein handelt – insbesondere im Zusammenhang mit dem Spendenwettbewerb (Mörtl 2024). Der wesentliche Unterschied zur klassischen Stiftung besteht darin, dass der Vereinszweck durch seine Mitglieder verändert werden kann, während der Stiftungszweck grundsätzlich unveränderbar ist (vgl. Wiegand et al. 2015, S. 17).

Politische Stiftungen

In Deutschland haben politische Stiftungen eine besondere Bedeutung. Sie fördern unter anderem durch Bildungsarbeit die demokratische Kultur und stehen dabei jeweils einer Partei nahe. Trotz dieser Nähe müssen sie rechtlich und finanziell unabhängig sein (sog. Distanzgebot).

> **Beispiel**
>
> Ein Beispiel ist die Rosa-Luxemburg-Stiftung, die der Partei Die Linke nahesteht. Sie bietet bundesweit politische Bildungsangebote, fördert Forschung und bietet Raum für kritischen Austausch. Inhaltliche Schwerpunkte sind u. a. der

Kampf gegen Rechts, Klimagerechtigkeit, soziale Gerechtigkeit und Friedenspolitik. Die Stiftung ging aus dem Verein „Gesellschaftsanalyse und politische Bildung e. V." hervor, der 1990 gegründet wurde. 1992 wurde sie als parteinahe Stiftung anerkannt. Mittlerweile gehören ihr bundesweit 16 Bildungsvereine an; sie beschäftigt rund 200 Mitarbeitende sowie mehrere Hundert Ehrenamtliche (Rosa-Luxemburg-Stiftung [RLS] o.J.). ◄

Politische Stiftungen werden aus Steuermitteln finanziert, deren Höhe sich am Wahlerfolg der jeweiligen Partei bei den letzten vier Bundestagswahlen orientiert. 2023 wurde ein neues Stiftungsgesetz verabschiedet, das die Förderung an ein Bekenntnis zur freiheitlich-demokratischen Grundordnung bindet. Hintergrund war ein Verfahren vor dem Bundesverfassungsgericht, in dem die AfD klagte, weil ihre parteinahe Stiftung keine öffentlichen Mittel erhielt (RLS 2025).

Stiftung GmbH
Bei einer Stiftung in der Rechtsform einer GmbH (Stiftung GmbH) handelt es sich um ein Unternehmen, das auf einem Gesellschaftervertrag beruht und im Handelsregister eingetragen ist. Anders als bei klassischen Stiftungen gehört das Vermögen hier nicht „sich selbst", sondern externen Eigentümern (vgl. Wiegand et al. 2015, S. 22).

> **Beispiel**
>
> Ein Beispiel ist die Robert Bosch Stiftung GmbH, gegründet 1964 durch den Unternehmer Robert Bosch. Sie ist mit dem gleichnamigen Unternehmen eng verbunden. Etwa 94 % der Unternehmensanteile gehören der Stiftung, 5 % der Familie Bosch und 1 % dem Unternehmen selbst. Die Stiftung erhält aus diesen Anteilen Dividenden, die sie für soziale Zwecke einsetzt. Ihre Stimmrechte wurden zur Sicherung der Unternehmensführung auf die Robert Bosch Industrietreuhand KG übertragen. Seit ihrer Gründung hat die Stiftung rund 2,3 Mrd. € für soziale Projekte aufgewendet (Robert Bosch Stiftung o.J., Abb. 2.14). ◄

Abb. 2.14 Robert Bosch: Verhältnis Stiftung und Unternehmen. (Robert Bosch Stiftung o.J.)

Kirchliche Stiftungen
Diese Stiftungen sind institutionell und organisatorisch an die Kirche gebunden und verfolgen ausschließlich kirchliche Zwecke. Anders als bürgerliche Stiftungen unterliegen sie kirchlicher Aufsicht und werden von den Kirchen selbst gegründet. Die meisten von ihnen sind ortskirchliche Stiftungen (vgl. Wiegand et al. 2015, S. 24).

2.2.3.1.3 Die (gemeinnützige) Gesellschaft mit beschränkter Haftung (gGmbH)

Die aus der Erwerbswirtschaft bekannten Rechtsformen der Gesellschaft mit beschränkter Haftung (GmbH) und Unternehmergesellschaft (UG) (siehe das folgende Unterkapitel) finden auch Anwendung im sozialen Sektor. Dafür lassen sich mehrere Gründe identifizieren. Ein zentraler Aspekt ist der Kapitalbedarf, da soziale Dienstleistungen einen erheblichen Einsatz finanzieller Mittel erfordern. Eine GmbH bietet hierbei den Vorteil, dass sie als kreditwürdiger gilt als beispielsweise ein Verein, was die Finanzierung erleichtert. Zugleich ermöglicht diese Rechtsform eine transparente Dokumentation, Bewertung und Kontrolle der eingesetzten Mittel. Ein weiterer Grund liegt in der Bündelung von Querschnittsaufgaben und der Verfolgung gemeinsamer Ziele durch verschiedene Träger. Wohlfahrtsverbände und Kommunen können sich in einer gemeinnützigen GmbH (gGmbH) zusammenschließen, um unter einer einheitlichen Leitung ein gemeinsames Ziel zu verfolgen. Fachlich ähnliche oder sich überschneidende Angebote innerhalb einer Organisation lassen sich so effizienter organisieren. Auch die Unternehmensführung spricht für die Wahl der GmbH. Es besteht ein Interesse daran, zu verhindern, dass externe, nicht kalkulierbare Personen Einfluss auf die Unternehmenspolitik nehmen. Während dies bei Vereinen nur durch komplexe Satzungsregelungen möglich ist, erlaubt die GmbH eine deutlich klarere Regelung. Ein wesentlicher Vorteil der GmbH liegt zudem in der Haftungsbeschränkung: Die Gesellschafter haften lediglich mit ihrer Stammeinlage (§ 14 GmbHG; Weidmann und Kohlhepp 2020, S. 28).

Neben der GmbH kommt auch die Einstiegsvariante der GmbH die Unternehmergesellschaft (UG), die kein Mindeststammkapital voraussetzt, als gemeinnützige gUG, zum Zuge.

Zwischen der gGmbH und der nicht gemeinnützigen GmbH sowie der gUG und der nicht gemeinnützigen UG gibt es als Rechtsform keinen Unterschied. Der Unterschied liegt darin, dass die Satzung der gGmbH oder der gUG so gestaltet ist, dass die GmbH oder die UG gemeinnützig ist (vgl. Meyer 2018, S. 147 ff.; Engelhardt 2020).

Die zuvor dargestellten Rechtsformen eignen sich vor allem für Organisationen, die sich dem Gemeinwohl verpflichtet fühlen und steuerliche Begünstigungen in Anspruch nehmen möchten. Für gewinnorientierte Träger gelten jedoch andere Anforderungen. Im nächsten Unterabschnitt werden jene Rechtsformen erläutert, die für unternehmerisch ausgerichtete Akteure in der Sozialwirtschaft typisch sind.

2.2.3.2 Rechtsformen für gewinnorientierte Träger

Die Wahl der Rechtsform hängt maßgeblich von der Art der ausgeübten Tätigkeit ab. In der Sozialwirtschaft handelt es sich in der Regel um gemeinnützige Unternehmen. Diese verfolgen keinen Gewinnzweck und treten in der Regel in den Rechtsformen des eingetragenen Vereins (e. V.), der Stiftung oder – zunehmend – der gemeinnützigen Gesellschaft mit beschränkter Haftung (gGmbH) auf.

Für gewinnorientierte Träger kommen hingegen solche Rechtsformen, die auf ideelle Zwecke ausgerichtet sind, nicht in Frage. Diese Unternehmen agieren entweder als Einzelunternehmen oder in Form nicht-gemeinnütziger Personen- oder Kapitalgesellschaften.

Neben haftungsrechtlichen Überlegungen ist die Wahl der passenden Rechtsform auch von der konkreten Art der Tätigkeit abhängig. Für freiberufliche Tätigkeiten gelten andere rechtliche Rahmenbedingungen als für gewerbliche Tätigkeiten.

2.2.3.2.1 Rechtsformen für freiberufliche Tätigkeiten

Für freiberuflich Tätige eignen sich vor allem die Personengesellschaften: Gesellschaft des Bürgerlichen Rechts (GbR) und die Partnerschaftsgesellschaft (PartnG); weiterhin kommt die nicht gemeinnützige Kapitalgesellschaft GmbH in Betracht.

2.2.3.2.1.1 Personengesellschaften

Bei Personengesellschaften schließen sich mindestens zwei Gesellschafter zusammen, führen die Geschäfte gemeinschaftlich und haften mit ihrem Privatvermögen.

Mehrere Einzelunternehmer können sich auf vertraglicher Grundlage zu einer Gesellschaft bürgerlichen Rechts (GbR; auch BGB-Gesellschaft) zusammenschließen, etwa in Form einer Praxisgemeinschaft. Die Gründung ist unkompliziert, da weder ein Eintrag ins Handelsregister erforderlich ist noch ein Mindestkapital vorgesehen ist. Allerdings haften die Gesellschafter unbeschränkt mit ihrem gesamten Privatvermögen. Trotz dieser Haftungsregelung bietet die BGB-Gesellschaft zahlreiche vertragliche Gestaltungsmöglichkeiten und eignet sich daher besonders für freie Berufe und Nichtkaufleute. Aufgrund der fehlenden Haftungsbeschränkung ist jedoch gegenseitiges Vertrauen unter den Gesellschaftern eine wesentliche Voraussetzung (vgl. Meyer 2018, S. 100 ff.).

Für Freiberufler, die eigenverantwortlich und partnerschaftlich zusammenarbeiten möchten, bietet sich die Rechtsform der Partnerschaftsgesellschaft (PartG) an. Für ihre Gründung ist kein Mindestkapital erforderlich, jedoch muss der Partnerschaftsvertrag schriftlich abgeschlossen und die Gesellschaft ins Partnerschaftsregister beim zuständigen Amtsgericht eingetragen werden. Die Haftung erfolgt in der Regel mit dem Gesellschafts- und dem Privatvermögen der Partner, kann jedoch schriftlich auf den jeweiligen Aufgabenbereich eines Partners beschränkt werden. Darüber hinaus sind Freiberufler, deren Haftung durch Berufsgesetze oder Verordnungen begrenzt ist, verpflichtet, eine Berufshaftpflichtversicherung abzuschließen (vgl. Wien 2013, S. 147 ff.).

> **Beispiel**
>
> Ein praktisches Beispiel bietet das Hebammenteam Paderborn (https://hebammenteam-paderborn.de), das sich im Jahr 2023 aus 34 freiberuflich tätigen Hebammen zu einer Partnerschaft zusammengeschlossen hat (Hebammenteam Paderborn o.J.). ◄

2.2.3.2.1.2 Kapitalgesellschaften

In rechtlich selbstständigen Kapitalgesellschaften haften die Gesellschafter nicht persönlich. Die Haftung ist auf die Höhe ihrer Einlagen beschränkt. Die Gesellschafter stellen das Kapital zur Verfügung, während die Geschäftsführung in der Regel von einem angestellten Geschäftsführer übernommen wird – dieser kann gleichzeitig auch Gesellschafter sein.

2.2.3.2.2 Die (Gesellschaft mit beschränkter Haftung (GmbH))

Die Rechtsgrundlagen der GmbH sind im „Gesetz betreffend die Gesellschaften mit beschränkter Haftung" (GmbHG) festgelegt. Eine GmbH kann von einer oder mehreren Personen gegründet werden. Der Gesellschaftsvertrag ist frei gestaltbar, bedarf aber der notariellen Beurkundung. Die Gesellschafterversammlung bestellt die Geschäftsführung, und die Gesellschaft ist beim Handelsregister anzumelden. Das gesetzlich vorgeschriebene Stammkapital beträgt 25.000 € (vgl. Engelhardt 2020, S. 20 f.).

Die Rechte der Gesellschafter lassen sich grundsätzlich in Vermögens- und Verwaltungsrechte unterteilen. Zu den Vermögensrechten zählen der Anspruch auf einen Anteil am Jahresüberschuss im Verhältnis zu den Geschäftsanteilen sowie eine Abfindungszahlung im Falle des Ausscheidens. Die Verwaltungsrechte beinhalten insbesondere die Teilnahme an Gesellschafterversammlungen samt Stimmrecht, das Recht auf Auskunft und Einsicht in laufende Geschäfte sowie das Recht, Gesellschafterbeschlüsse anzufechten (vgl. Verspay 2024, S. 201).

Auch bestehen bestimmte Pflichten: Die Gesellschafter sind zur Leistung ihrer Stammeinlage verpflichtet. Kommen sie dem nicht nach, können sie ihre Anteile an die Gesellschaft verlieren. Darüber hinaus kann die Satzung eine beschränkte oder unbeschränkte Nachschusspflicht vorsehen (vgl. Verspay 2024, S. 203 f.).

Die Organe der GmbH umfassen die Geschäftsführung, die Gesellschafterversammlung und gegebenenfalls einen Aufsichtsrat. Die Geschäftsführung vertritt die Gesellschaft nach außen (vgl. Engelhardt 2020, S. 14). Die Gesellschafterversammlung, die durch die Geschäftsführung einberufen wird, hat unter anderem die Aufgabe, den Jahresabschluss festzustellen, über die Gewinnverteilung zu entscheiden, Geschäftsführungen sowie Prokuristen zu bestellen oder abzuberufen und die Geschäftsführung zu überwachen (§ 46 GmbHG). Die Beschlussfassung erfolgt in der Regel mit einfacher Mehrheit, wobei jeder Euro eines Geschäftsanteils eine Stimme gewährt (vgl. Verspay 2024, S. 138). Ab einer Anzahl von mehr als 500 Beschäftigten ist nach dem Betriebsverfassungsgesetz die Einrichtung eines Aufsichtsrates verpflichtend, wobei auch Arbeitnehmervertretungen beteiligt werden müssen (vgl. Engelhardt 2020, S. 44).

2.2.3.2.3 Die Unternehmergesellschaft (UG)

Als Einstiegsvariante der GmbH existiert die Unternehmergesellschaft (UG), die kein Mindeststammkapital voraussetzt. Bereits mit einem Euro kann eine UG gegründet werden, wobei die Gesellschafter dennoch von der Haftungsbeschränkung profitieren. Um mittelfristig eine Kapitaldecke aufzubauen, muss jährlich ein Viertel (25 %) des Gewinns als Rücklage in die Bilanz eingestellt werden. Sobald die Rücklagenhöhe 25.000 € erreicht, kann die UG in eine GmbH umgewandelt werden. Die UG bietet sich z. B. für Gründer an, die mit geringem Kapital in die Selbstständigkeit starten möchten (vgl. Volkelt 2022, S. 9 f.; Meyer 2018, S. 153 f.).

Die Abb. 2.15 verdeutlicht die Gewinn- und Verlustverteilung in einer UG. Wie beschrieben, bietet sie den Vorteil einer Gründung mit weniger als den 25.000 € Stammkapital, welche für die Rechtsform der GmbH notwendig sind. Wie in der Abbildung zu sehen ist, fließt jährlich ein Viertel (25 %) der Gewinne in Kapitalrücklagen. Der restliche Anteil (75 %) darf frei verwendet werden.

2.2.3.2.4 Die kleine Aktiengesellschaft (AG)

Eine weitere mögliche Rechtsform im Bereich der Kapitalgesellschaften ist die kleine Aktiengesellschaft (AG). Hierfür ist ein Mindestkapital von 50.000 € erforderlich. Ein Vorteil dieser Rechtsform liegt darin, dass Investoren ihre Anteile weiterverkaufen können, ohne dass das Unternehmen börsennotiert sein muss. Zudem erhält das Unternehmen durch die Ausgabe von Aktien Eigenkapital, für das keine Zinsen gezahlt werden müssen – lediglich eine gewinnabhängige Dividende (Rothenhorst 2023; Ruzanski 2024).

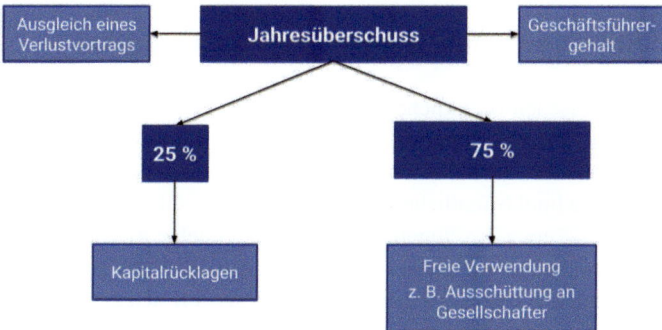

Abb. 2.15 Gewinnverwendung in einer Unternehmensgesellschaft. (BWL-Lexikon.de o.J.)

2.2.3.2.5 Weitere Rechtsformen für gewerbliche Tätigkeiten

Für gewerbliche Tätigkeiten eignen sich je nach Handlungsfeld ggf. auch die Rechtsformen offene Handelsgesellschaft (OHG), Kommanditgesellschaft (KG) oder GmbH & Co. KG) – auf die aber an dieser Stelle aus Platzgründen nicht eingegangen werden kann.

Die Rechtsform des Einzelunternehmens eignet sich z. B. für Gewerbetreibende, denen im Rahmen des Outsourcings der Einkauf für soziale Einrichtungen übertragen wurde (Handel). Die Gründung ist einfach: Das Unternehmen entsteht, wenn ein sogenannter Kleingewerbetreibender ein Geschäft, i. d. R. unter seinem Familiennamen, eröffnet. Die Tätigkeit kann ohne Eintragung ins Handelsregister beginnen. Erst wenn das Unternehmen größer wird, muss es eingetragen werden. Die Unterscheidung richtet sich nach Umsatz, Gewerbeertrag, Betriebsvermögen und Mitarbeiterzahl. Beim Einzelunternehmen sind Inhaber und Geschäftsführer identisch. Der Existenzgründer hat eine große Entscheidungsfreiheit, trägt jedoch auch ein hohes Risiko, da der Einzelunternehmer unbeschränkt mit seinem Privatvermögen haftet (vgl. Schinnerl 2021, S. 77 f.).

Welche Rechtsform sinnvollerweise gewählt wird, hängt vom Zweck des Unternehmens, seinen Interessen und den Rahmenbedingungen des Marktes ab.

Nach dieser Darstellung öffentlicher und freier Träger stellt sich die Frage, wie die beiden Akteursgruppen im Alltag der Sozialwirtschaft zusammenwirken. Nicht nur ihre Funktionen, sondern auch ihre Beziehungen zueinander prägen maßgeblich die Struktur und Qualität sozialer Dienstleistungen.

2.3 Verhältnis von öffentlichen und freien Trägern

Das Verhältnis zwischen öffentlichen und freien Trägern im Bereich der Sozialen Arbeit ist geprägt von einer Wechselwirkung aus kooperativen Strukturen und Abhängigkeiten (siehe Abschn. 1.2). Freie Träger sind bei der Finanzierung ihrer Angebote häufig auf Mittel öffentlicher Träger angewiesen. Gleichzeitig gesteht ihnen der Gesetzgeber – etwa im Jugendhilfeausschuss (siehe Abschn. 2.1.1) – Beteiligungsrechte zu und räumt ihnen im Rahmen des in den Sozialgesetzbüchern verankerten Subsidiaritätsprinzips[2] Vorrang ein. Der Staat soll sich gemäß diesem Prinzip darauf konzentrieren, die Freie Wohlfahrtspflege bei der Wahrnehmung ihrer Aufgaben finanziell und ideell zu unterstützen. So heißt es in § 5 Abs. 4 SGB XII: „Wird die Leistung im Einzelfall durch die Freie Wohlfahrtspflege erbracht, sollen die Träger der Sozialhilfe von der Durchführung eigener Maßnahmen absehen. Dies gilt nicht für die Erbringung von Geldleistungen." Eine entsprechende Regelung findet sich auch in § 4 Abs. 2 SGB VIII: „Soweit geeignete Einrichtungen, Dienste und Veranstaltungen von anerkannten Trägern der freien Jugendhilfe betrieben werden oder rechtzeitig geschaffen werden können, soll die öffentliche Jugendhilfe von eigenen Maßnahmen absehen." Das bedeutet, dass öffentliche Träger in der Sozialhilfe sowie in der Kinder- und Jugendhilfe nur dann eigene Maßnahmen ergreifen sollen, wenn kein freier Träger vorhanden ist, der die Leistung zu angemessenen Bedingungen erbringen kann. Bestehen bereits geeignete Einrichtungen freier Träger, soll der öffentliche Träger von eigenen Angeboten absehen. Dort, wo freie Träger trotz Förderung nicht tätig werden können, ist es Aufgabe des öffentlichen Trägers, eigene Einrichtungen bereitzustellen. Die Gesamtverantwortung und die Planungshoheit verbleiben jedoch grundsätzlich beim öffentlichen Träger.

---

[2] Das Subsidiaritätsdenken geht auf den Liberalismus des 19. Jahrhunderts sowie auf die katholische Soziallehre zurück. Der Begriff stammt vom lateinischen *subsidium* (Hilfe, Unterstützung) und besagt, dass staatliches Handeln subsidiär – also unterstützend – erfolgen soll, wenn Einzelne oder gesellschaftliche Gruppen die Aufgaben nicht selbst wahrnehmen können. Im sozialen Bereich bedeutet das: Vorrang für freie Träger. Dieses Prinzip wurde historisch von der Zentrumspartei in der Weimarer Republik und später von der CDU in der Bundesrepublik vertreten. In der Folge konnten vor allem konfessionelle Spitzenverbände ihre Rolle ausbauen.

2.3 Verhältnis von öffentlichen und freien Trägern

Das Subsidiaritätsprinzip fordert also eine Vorrangstellung der freien Träger bei der Erbringung sozialer Dienstleistungen. Der Staat soll sich zurücknehmen und den freien Trägern – insbesondere den Wohlfahrtsverbänden – Vorrang gewähren. Öffentliche Träger sind verpflichtet, Ratsuchende auf bestehende Angebote freier Träger hinzuweisen. Sie dürfen eigene Beratungen nicht verweigern, sollen jedoch auf eigene Aktivitäten verzichten, wenn ein entsprechendes Hilfsangebot freier Träger existiert. Ebenso sollen sie von der Errichtung eigener Einrichtungen absehen, sofern bereits geeignete Einrichtungen freier Träger bestehen. Wo die Freie Wohlfahrtspflege die Aufgaben nicht übernehmen kann, muss der öffentliche Träger tätig werden.

Nachdem im ersten Teil dieses Buches die Rahmenbedingungen, Steuerungslogiken und Trägerstrukturen der Sozialwirtschaft dargestellt wurden, richtet sich der Fokus im zweiten Teil auf das Innenleben sozialer Organisationen. Denn neben der äußeren Einbindung in Gesetzgebung, Finanzierung und Politik ist es vor allem die interne Organisation, die über die Wirksamkeit und Effizienz sozialer Dienstleistungen entscheidet.

Teil II
Organisationsanalyse und -entwicklung

Im zweiten Teil des Buches erhalten Sie einen Einblick in die zentralen Aspekte der Analyse und Entwicklung von Organisationen in der Sozialwirtschaft. Dabei stehen sowohl theoretische Grundlagen als auch praktische Ansätze im Vordergrund, die es ermöglichen, Organisationen systematisch zu untersuchen und gezielt weiterzuentwickeln.

3 Organisationen im Spannungsfeld von Wandel und Theorie

Welche organisationstheoretischen Ansätze helfen, die Funktionsweise von Organisationen zu verstehen?

> **Zusammenfassung**
>
> Organisationen der Sozialwirtschaft stehen durch Wettbewerbsdruck, Fachkräftemangel und Digitalisierung unter wachsendem Veränderungsdruck. Wandel ist längst zur Normalität geworden. Organisationstheoretische Ansätze betrachten formale Strukturen, soziale Beziehungen und Wechselwirkungen mit der Umwelt. Jede Perspektive bietet spezifische Erklärungen für Verhalten, Entscheidungsprozesse und Entwicklungspotenziale. Ein fundiertes Organisationsverständnis hilft, Handlungslogiken zu erkennen und gezielt zu beeinflussen.

3.1 Organisationen im Umbruch

Die Sozialwirtschaft wird, wie gezeigt wurde in der Bundesrepublik durch öffentlich-rechtliche Rahmenbedingungen bestimmt; gleichzeitig kommen Wettbewerbsstrukturen zum Tragen. Leistungen werden ausgeschrieben, sodass Träger konkurrieren, mit dem Ergebnis, dass der preiswerteste Träger den Zuschlag erhält. In der Folge haben die Risiken für soziale Einrichtungen zugenommen. Instrumente der Qualitätssicherung, Kontrolle und Zertifizierung wurden verpflichtend eingeführt. In der Folge sind Fragen der Struktur-, Prozess- und Ergebnisqualität von den Organisationen zu beantworten.

Dabei hat sich auch der Autonomiespielraum der Träger der Sozialen Arbeit vergrößert. Das Sozialmanagement übernimmt in zunehmendem Maße Steuerungs- und Regelungsfunktionen, die in früheren Phasen primär durch rechtliche Interventionen gesichert wurden. Die Träger Sozialer Arbeit müssen ihre Wirtschaftlichkeit, d. h. ihre Effizienz und Effektivität erhöhen und ihre Strukturen optimieren, wenn sie im Wettbewerb bestehen wollen. Nur solche Träger Sozialer Arbeit, die einschließlich ihrer sozialen Einrichtungen und Dienste sich den neuen Rahmenbedingungen stellen und ihre Operationen anpassen, werden den neuen Anforderungen gerecht. Dazu müssen die Träger der Sozialen Arbeit auch ihre Organisationsstrukturen analysieren und ggf. verändern.

Der metaphorische Vergleich von Palästen und Zelten veranschaulicht die Veränderungen in der Sozialwirtschaft besonders gut: Es geht um einen Abbau detailliert gesteuerter technostrukturierter Palaststrukturen bzw. um einen Umbau in flexible sozio- und systemorientierte Zeltstrukturen, die auf neue Anforderungen einfacher reagieren können (vgl. Gomez und Zimmermann 1993, S. 64 ff.). Die Palaststrukturen der Sozialwirtschaft sind extrem stark gegliedert und somit unflexibel, während kleine Einheiten, die als Zeltstrukturen aufgebaut sind, sich einer neuen Aufgabe stellen und nach kurzer Zeit an einem anderen Ort wieder aufgebaut werden können. Es geht also um die Fähigkeit, schnell und adäquat auf neue Anforderungen reagieren zu können.

> **Beispiel**
>
> Am Beispiel der Diakonischen Stiftung Ummeln lässt sich diese Entwicklung nachvollziehen. Die Einrichtung wurde im Jahr 1866 gegründet und widmete sich seit 1900 der Fürsorgeerziehung, vor allem von jungen Mädchen und Frauen. Nach dem zweiten Weltkrieg bestanden zunächst noch die groß angelegten Heime der Stiftung, in denen sich 450 Mädchen auf drei Standorte aufteilten. Nach und nach wurden die Arbeitsfelder der Stiftung ausgebaut und es entstanden Angebote für Männer, sowie Einrichtungen der Behindertenhilfe. Nach mehreren internen Umstrukturierungen nach 1968, in denen eigene Einrichtungen geschlossen wurden und die Klientenanzahl zunächst drastisch reduziert wurde, begann ab 1989 mit der Einrichtung einer beschützenden Werkstatt für Menschen mit Behinderung eine neue Etappe der Diakonischen Stiftung. In den Folgejahren ab 2003 entstanden zunächst eine Mutter-Kind-Einrichtung, ambulante Dienste mit aufsuchenden Hilfen und familienanaloge Wohnformen. Gleichzeitig wurde durch die Gründung von Tochtergesellschaften (GmbH, gGmbH) auch die rechtliche Struktur des Trägers weiter verändert (Diakonische Stiftung Ummeln 2025). ◄

Soziale Einrichtungen und Dienste müssen auf die neuen Anforderungen durch eine Analyse und ggf. Veränderung ihrer Organisationen reagieren, um ihre Effektivität und Effizienz zu verbessern. Dies ist das vorrangige Ziel von

Organisationsanalyse und -entwicklungsprozessen, die gleichzeitig mit einer Humanisierung des Arbeitslebens einhergehen, weil der Mensch in den Mittelpunkt gestellt wird. Organisationsanalyse und -entwicklung sind also einer mehrdimensionalen Zielsetzung verpflichtet.

Verbesserung der Effektivität
Die Verbesserung der Effektivität ist nach außen gerichtet. Es geht um die Verbesserung der Leistungsfähigkeit der Organisation, ihrer Strukturen, Verfahren und Prozesse; es geht auch um eine Flexibilisierung von Strukturen sowie darum, die Innovationsbereitschaft und Lernbereitschaft innerhalb des Systems zu verbessern.

Verbesserung der Arbeitsbedingungen
Die Verbesserung der Arbeitsbedingungen betrifft, nach innen gerichtet, die Qualität des Arbeitslebens für die Beschäftigten. Mehr Arbeitszufriedenheit, größere Entwicklungsmöglichkeiten, die Qualifizierung und Erweiterung von Handlungs- und Entscheidungsspielräumen sowie ein Ausbau von Mitwirkung und Mitbestimmungsmöglichkeiten im Beratungs- und Entscheidungsprozess werden angestrebt. (vgl. Becker und Langosch 2002, S. 15 ff.). Statt in einem mechanischen Modell zu funktionieren, sollen die Produzenten und Co-Produzenten sozialer Dienstleistungen in einem vernetzten Modell agieren.

Lösung von Sach- und Kommunikationsproblemen
Organisationsanalyse und -entwicklung befasst sich nicht nur mit Sach-, sondern auch mit Interaktions- und Kommunikationsproblemen, denn in soziostrukturierten heterarchischen Teamorganisationen sind Interaktions- und Kommunikationsprobleme zwischen den einzelnen Elementen des Systems mindestens genauso wichtig wie Sachprobleme, die in technostrukturierten Linienorganisationen der Wirklichkeitskonstruktion dienten.

„Wie können die den Problemen und den Veränderungswünschen zugrundeliegenden Ursachen und Einflussgrößen, die in aller Regel nicht nur Sachprobleme, sondern auch Kommunikations- und Verhaltensprobleme sind, klar erkannt, offen erörtert und im Sinne einer konstruktiven Zusammenarbeit erfolgreich bearbeitet werden?" (vgl. Becker und Langosch 2002, S. 35) [dies sind Fragen, die im Rahmen eines Organisationsanalyse und -entwicklungsprozesses zu bearbeiten sind.

Festigung und Unterstützung beruflicher Handlungskompetenz
Wenn hinsichtlich der Qualifizierung und Entwicklung beruflicher Handlungskompetenz Veränderungsprozesse in Gang gesetzt werden sollen, so hilft dabei folgendes Bild:

> Von zehn Personen sind zwei progressive Menschen, die für Veränderungen schnell zu gewinnen sind. Drei Personen sind eher abwartend, drei konservativ und zwei stehen Veränderungen ablehnend gegenüber. Die beiden progressiven Menschen müssen nicht mehr überzeugt werden, sie unterstützen Veränderungen. Überzeugt werden müssen die drei abwartenden Menschen. Wenn diese erreicht werden, kann man auch die drei Konservativen erreichen, denn Konservative orientieren sich oft an der Mehrheit. Wenn sie feststellen, dass die Mehrheit (die beiden Progressiven und die drei Abwartenden) für einen Veränderungsprozess sind, dann schließen sie sich an. Die zwei ablehnenden Personen kann man vielfach nicht erreichen.

Diese Metapher verdeutlicht, dass Veränderungsprozesse auf eine differenzierte Ansprache verschiedener Zielgruppen angewiesen sind – manche lassen sich leicht gewinnen, andere bedürfen gezielter Überzeugung, während ein kleiner Teil kaum erreichbar ist. Damit Veränderung gelingen kann, braucht es nicht nur kommunikative Strategien, sondern auch ein tiefgreifendes Verständnis organisationaler Strukturen und Dynamiken. Denn Organisationen sind keine statischen Gebilde, sondern entwickeln sich im Wechselspiel mit ihrem gesellschaftlichen Umfeld.

Die nachfolgend vorgestellten Organisationstheorien veranschaulichen, wie vielfältig Organisationen strukturiert und interpretiert werden können.

3.2 Organisationstheorien

Im Folgenden werden Organisationstheorien anhand eines dreistufigen Analysemodells unterschieden, das sich in die Ebenen Technostruktur, Soziostruktur und Systemstruktur gliedert.

Technostrukturierte Ansätze konzentrieren sich primär auf die formalen Aspekte von Organisationen, insbesondere auf Aufbau- und Ablauforganisation. In diesen Modellen stehen Effizienz, Zuständigkeiten, Regelgebundenheit und Hierarchie im Vordergrund. Organisationen werden hier als rational gestaltbare Systeme verstanden, deren Steuerung durch Planung, Kontrolle und standardisierte Verfahren erfolgt.

Mit dem tiefgreifenden Wandel des Sozialstaates (siehe Kap. 1) gewinnen soziostrukturierte und systemstrukturierte Perspektiven an Bedeutung, da technokratische Modelle allein die sozialen und dynamischen Realitäten moderner Organisationen nicht mehr angemessen erfassen können. Die Ursprünge dieser erweiterten Ansätze liegen in sozialwissenschaftlichen Theoriebildungen, wie sie seit den 1930er-Jahren vor allem in den USA entwickelt und nach dem Zweiten Weltkrieg auch im deutschsprachigen Raum rezipiert wurden. Die Human-Relations-Bewegung, systemtheoretische Ansätze und Konzepte organisationalen

3.2 Organisationstheorien

Lernens lieferten Impulse für ein umfassenderes Verständnis von Organisationen als soziale, kommunikative und sich selbst organisierende Systeme.

Eine zeitgemäße Analyse sozialwirtschaftlicher Organisationen erfordert daher einen mehrdimensionalen theoretischen Zugriff, der unterschiedlichen Ebenen organisationaler Wirklichkeit Rechnung trägt. Die Technostruktur bildet dabei die Grundlage der formalen Organisation, die Soziostruktur bezieht sich auf informelle Strukturen, soziale Beziehungen und kulturelle Muster, während die Systemstruktur Organisationen als offene, komplexe und dynamische Systeme mit Umweltbezügen und Selbststeuerungspotenzial begreift.

Diese drei Ebenen bieten nicht nur unterschiedliche Perspektiven auf Organisationen, sondern ermöglichen auch eine reflektierte Auseinandersetzung mit der Frage, wie Veränderungsprozesse innerhalb sozialwirtschaftlicher Einrichtungen initiiert, gestaltet und nachhaltig verankert werden können.

In der Abb. 3.1 werden diese drei analytischen Ebenen und zentrale Merkmale, theoretische Bezüge sowie praxisrelevante Implikationen für Analyse und Entwicklung sozialer Organisationen zusammengefasst.

Organisationstheorien		
Technostruktur (bis ca. 1940) – Scientific Management – Administrative Management ⇩	**Soziostruktur (1940 – 1960)** – Human Relation – Human Resource ⇩	**Systemstruktur (ab 1960)** – Human Integration ⇩
Organisationsentwicklung **Veränderung** von technostrukturierten zu sozio- und systemstrukturierten Organisationsformen mit dem **Ziel** der – Verbesserung der Effektivität und Effizienz – Verbesserung der Arbeitsbedingungen – Lösung von Sach- und Kommunikationsproblemen – Festigung und Unterstützung beruflicher Handlungskompetenz durch folgende **Modelle und Methoden:**		
Methoden des klassischen Modells *(Sozio- und Systemstruktur)* – Aktionsforschung – Survey-Feedback – Laboratoriumstraining – Einsatz von Change-Agents – Unfreezing – Moving – Freezing – Analyse, Konzeptentwicklung, Umsetzung und Kontrolle		
		Methoden des Modells „lebensfähige Organisation" *(Systemstruktur)* – Aufbau lebensfähiger, autonomer, rekursiver Strukturen – prozessorientiertes systemisches Vorgehen (unter Beachtung von Kontrollparametern, Instabilitätspunkten, Ordnern und Rückbezüglichkeiten)
Methoden des Modells „lernende Organisation" *(Sozio- und Systemstruktur)* – Personalentwicklung (Stärkung der persönlichen Handlungskompetenz) – Organisationslernen (lernende Organisationskultur, Lernmöglichkeiten into, on und near the job)		

Abb. 3.1 Organisationstheorien. (Eigene Darstellung)

3.2.1 Technostruktur

Die technostrukturierten Organisationstheorien beschreiben Organisationen, die sachorientiert sind und formalen Anforderungen genügen, indem z. B. Stellenbeschreibungen an der Logik der zu bewältigenden Aufgaben und ihrer optimalen Aufgliederung ausgerichtet sind.

Unter formalen Anforderungen sind schriftliche Regelungen von Aufgabenverteilungen, Zuständigkeiten, Kompetenzen, Verfahren und Arbeitsprozessen zu verstehen. Hierzu gehören Anweisungen und Richtlinien wie Organigramme, Funktionsdiagramme, Arbeitsplatzbeschreibungen, Handbücher etc. Die Technostruktur wird auch als „Human Engineering" bezeichnet.

Der erkenntnistheoretische Hintergrund ist mit dem Stichwort „Mechanischer Rationalismus" zu kennzeichnen. Der Mensch wird als triviale Maschine wahrgenommen, der sich in die Organisation einzupassen hat. Das Human Engineering orientiert sich an der äußeren Organisation. Ihm sind die Organisationstheorien: Scientific Management, Administrative Management und das Bürokratiemodell zuzuordnen.

3.2.1.1 Scientific-Management

Das von Taylor (1911) entwickelte Konzept des Scientific Management verfolgt das Ziel, die Effizienz menschlicher Arbeitskraft durch eine Steigerung der Arbeitsintensität zu erhöhen. Dabei überträgt Taylor naturwissenschaftlich-technische Denkweisen auf organisatorische Fragestellungen. Im Zentrum steht eine mechanistisch-instrumentelle Betrachtung der Organisation, bei der Produktivitätssteigerung vor allem durch die Annäherung menschlicher Arbeit an den Wirkungsgrad einer Maschine erzielt werden soll.

Die Umsetzung dieses Ansatzes erfolgt durch mehrere zentrale Prinzipien: eine Spezialisierung der Tätigkeiten durch Arbeitszerlegung, eine systematische Auswahl und aufgabenbezogene Schulung des Personals sowie die Trennung von Planung (Führung) und Ausführung. Darüber hinaus wird die Leistungsbereitschaft der Mitarbeitenden durch finanzielle Anreize gefördert, wobei die Entlohnung nicht auf Zeit-, sondern auf Leistungsbasis erfolgt. Eine weitere Maßnahme ist die Einrichtung von Funktionsmeisterstellen, die eine klare Trennung zwischen Arbeitsvorbereitung und -ausführung ermöglichen und zur Spezialisierung der Leitungsfunktion beitragen (vgl. Gomez und Zimmermann 1993, S. 44; Bögenhold 2020, S. 1). Prinzipien des Scientific Management finden sich nicht nur in der Massenproduktion, sondern auch im Dienstleistungsbereich wieder.

> **Beispiel**
>
> Ein Anwendungsbeispiel im Dienstleistungsbereich stellt das internationale Unternehmen McDonald's dar. Hier sind sämtliche Arbeitsprozesse stark standardisiert, sei es bei der Zubereitung eines Cheeseburgers oder bei der Kommunikation am „Drive-In-Schalter". Für jede Handlung existieren genaue Ablaufvorgaben, die eine gleichbleibende Qualität und Effizienz sicherstellen sollen. ◄

Auch in der Sozialwirtschaft finden Prinzipien des Scientific Management Anwendung. Ein Beispiel dafür ist die Organisation vieler Pflegeeinrichtungen, in denen aufgrund gesetzlich festgelegter Leistungs- und Zeitvorgaben Pflegetätigkeiten in standardisierte Einzelschritte zerlegt und in einem stark strukturierten, tayloristischen Prozess erbracht werden (vgl. Zieger 2024, S. 18). Insbesondere vor der Einführung der Pflegegrade im Jahr 2017 spielte die Pflegezeitbemessung eine zentrale Rolle. Sie bildete die Grundlage für die Einstufung in sogenannte Pflegestufen, mit denen das Maß der Pflegebedürftigkeit bestimmt wurde. Die Pflegezeit wurde dabei systematisch in den Bereichen Körperpflege, Ernährung, Mobilität sowie hauswirtschaftliche Versorgung erfasst. Die für einzelne Tätigkeiten benötigten Minuten wurden addiert, um eine Einstufung vorzunehmen. Zur Orientierung existierten verbindliche Zeitvorgaben, die zu einer Taktung der Pflegeleistungen im Sinne eines tayloristischen Modells führten. Die Abb. 3.2 zeigt einige Beispiele dieser zeitlichen Orientierungswerte:

Abb. 3.2 Orientierungswerte in der Pflege. (Steinort 2025)

Ganzkörperwäsche:	• 20–25 Minuten
Mundpflege:	• 5 Minuten
Hilfe beim Wasserlassen:	• 2–3 Minuten
Kleidung richten:	• 2 Minuten
Positionswechsel im Bett:	• 2–3 Minuten
Essen anreichen:	• 15–20 Minuten

3.2.1.2 Administrative Management

Begründer der administrativen Organisationskonzeption ist Fayol (1916). Er wollte allgemeingültige Verwaltungsprinzipien entwickeln und unterteilte hierzu Unternehmensorganisationen in sechs Organisationstypen: Technik, Verkauf, Finanzierung, Sicherheit, Buchhaltung und Administration. Die Administration bekommt die Aufgaben: Planung, Organisation, Auftragserteilung, Koordination und Kontrolle. Weiterhin unterscheidet Fayol zwischen Aufbau- und Ablauforganisationen und führt die Grundmodelle der Linien- und Stablinienorganisation ein (vgl. Gomez und Zimmermann 1993, S. 46; Walter-Busch 2021, S. 148 ff.).

> **Beispiel**
>
> Im Organigramm der AWO Bezirk Westliches Westfalen e.V. (Abb. 3.3) sind Organisationstypen deutlich nebeneinander erkennbar. Die Geschäftsleitung, die für die Gesamtleitung und strategische Entscheidungen zuständig ist, ist ganz oben angesiedelt. Darunter die unterschiedlichen Bereiche: Der kaufmännische Bereich mit den Sozialen Diensten umfasst die Abteilungen Personal und Finanzen und ist somit für zentrale Verwaltungsaufgaben (Administration) zuständig. Der Bereich Verbandspolitik/Kommunikation und Soziales ist für interne und externe Kommunikation zuständig und der Bereich Wohnen und Leben im Alter betreut die jeweiligen Einrichtungen der Altenhilfe. ◄

Das Administrative Management ist bei den Trägern Sozialer Arbeit weit verbreitet. So ist das vorherrschende aufbauorganisatorische Modell der freien Träger Sozialer Arbeit immer noch die Einlinienorganisation bzw. Stablinienorganisation

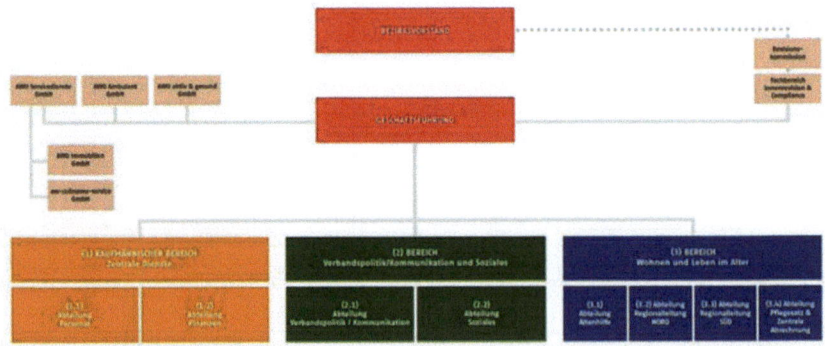

Abb. 3.3 Organigramm der AWO Bezirk Westliches Westfalen e.V. (Arbeiterwohlfahrt Bezirksverband Westliches Westfalen e.V. o.J.)

mit ihrer Trennung von Entscheidungs- und Ausführungsebene, auf die in Abschn. 4.3 näher eingegangen wird.

Die öffentlichen Träger Sozialer Arbeit sind meist bürokratisch strukturiert (vgl. Ortmann 2012, S. 770).

3.2.1.3 Bürokratiemodell

Das von Max Weber zwischen 1910 und 1920 entwickelte Bürokratiemodell (Weber 1922, Erstveröffentlichung 1921) stellt einen idealtypischen Organisationsansatz dar, der sich durch eine klar definierte Ordnung und formalisierte Abläufe auszeichnet. Zentrale Merkmale sind eine strikt hierarchische Autoritätsstruktur, funktionale Arbeitsteilung sowie ein umfassendes System von Regeln, das die Rechte, Pflichten und Kompetenzen der Positionsinhaber innerhalb der Organisation festlegt (vgl. Gomez und Zimmermann 1993, S. 89; Ritz und Thom 2019, S. 72). Diese Regeln dienen der Standardisierung von Arbeitsabläufen und sollen ein berechenbares, gleichförmiges Verwaltungshandeln ermöglichen.

Weitere charakteristische Elemente sind die Unpersönlichkeit der zwischenmenschlichen Beziehungen, die prinzipielle Trennung von Amt und Person sowie von Eigentum und Verwaltung. Entscheidungen sollen unabhängig von persönlichen Vorlieben getroffen werden, wodurch Objektivität und Korruptionsprävention gewährleistet werden. Positionen innerhalb der Organisation werden gemäß fachlicher Qualifikation vergeben, während Entlohnung nach Dienststellung und Dienstdauer erfolgt. Das Prinzip der Aktenmäßigkeit sowie die rationale Disziplin, d. h. das bedingungslose Befolgen erteilter Anweisungen, vervollständigen dieses Modell.

> **Beispiel**
>
> Ein praktisches Beispiel für die Anwendung bürokratischer Strukturen findet sich im Bereich der öffentlichen Jugendhilfe. Die wirtschaftliche Jugendhilfe innerhalb der Jugendämter ist von der fachlichen Beratung getrennt organisiert. So ist beispielsweise in Berlin der regionale Sozialpädagogische Dienst (RSD) für die Beratung, Antragstellung und Hilfeplanung verantwortlich, während die wirtschaftliche Jugendhilfe eigenständig über die Finanzierung der beantragten Maßnahmen entscheidet (Bezirksamt Mitte von Berlin o. J.). ◄

Diese Trennung zwischen Fach- und Ressourcenverantwortung dient der Absicherung von Entscheidungen und der Vermeidung von Interessenkonflikten. Ebenso entlasten formal festgelegte Verfahren, wie etwa bei Kinderschutzfällen nach § 8a SGB VIII, die Fachkräfte, da sie klare Handlungsschritte vorgeben und somit das individuelle Haftungsrisiko mindern (vgl. Ley und Mohr 2018, S. 73).

Das Bürokratiemodell erfüllt dabei die wichtige Funktion, politische Aufträge, etwa aus Parlament und Verwaltung, effizient in Verwaltungsmaßnahmen zu überführen. Diese Stärke geht allerdings mit einem bekannten Nachteil einher: der begrenzten Effizienz im Sinne eines günstigen Kosten-Nutzen-Verhältnisses. Dieser Kritikpunkt betrifft nicht nur bürokratische, sondern auch andere technokratisch strukturierte Organisationsmodelle.

In sozialen Einrichtungen, die tayloristisch, administrativ oder bürokratisch aufgebaut sind, erfolgt die Erbringung von Leistungen nach dem Prinzip eines mechanistischen Modells. Die Produktion sozialer Dienstleistungen erfolgt entlang festgelegter Abläufe, wobei Mitarbeitende oftmals als funktionale Bestandteile eines größeren Apparates wahrgenommen werden. Ihre Tätigkeit ist dabei stark durch rechtliche Vorgaben strukturiert. Diese mechanistische Sichtweise erfordert klar definierte, linear-kausale Organisationsformen, die zwar Kontrolle ermöglichen, unter Effizienzgesichtspunkten jedoch als unzureichend gelten. Daher wird zunehmend der Ruf nach flexibleren, sozio- und systemisch strukturierten Organisationsformen laut. Zudem führt die Rationalisierung von Arbeitsprozessen nicht selten zu einer Entfremdung vom eigenen Tun oder vom Ergebnis der Arbeit. Die Human-Relations-Bewegung reagierte darauf nach dem Zweiten Weltkrieg, indem sie die Bedeutung von Arbeitszufriedenheit, zwischenmenschlicher Anerkennung und Identifikation mit dem Unternehmen hervorhob. Auch hier bleibt das Ziel die Produktivitätssteigerung, jedoch unter Einbeziehung der psychosozialen Bedürfnisse der Beschäftigten (vgl. Vaudt 2022, S. 114).

3.2.2 Soziostruktur

Die Bedeutung soziostrukturierter Ansätze in der Sozialen Arbeit nimmt im Zuge organisationaler Modernisierungsprozesse kontinuierlich zu. Im Zentrum steht dabei eine Orientierung an personen- und symbolbezogenen Steuerungsmechanismen, wie sie etwa durch Konzepte wie Leitbildentwicklung oder Corporate Identity verkörpert werden. Diese Elemente betonen kollektive Werte, gemeinsame Zielvorstellungen und die Identifikation der Mitarbeitenden mit der Organisation (Graf und Spengler 2013; Kiessling und Spannagl 2011). Anstelle detaillierter Arbeitsanweisungen dominieren informelle Strukturen, geprägt durch gemeinsam geteilte Normen und Routinen (Symbolorientierung), während Führungskräfte Aufgaben zunehmend an den individuellen Fähigkeiten der Mitarbeitenden ausrichten (Personenorientierung). In diesem Kontext gewinnen Rollen- und Machttheorien sowie motivationspsychologische Konzepte an Relevanz für die organisatorische

Gestaltung. Zu den theoretischen Grundlagen soziostrukturierter Modelle zählen insbesondere der Human-Relations-Ansatz und der Human-Resources-Ansatz.

> **Beispiel**
>
> Ein Beispiel für einen solchen soziostrukturierten Zugang liefert das Projekt „Diversitätsorientierte Öffnung der Jugendhilfe", das in mehreren Jugendämtern in Berlin und Brandenburg realisiert wurde. Ziel war die diskriminierungssensible Weiterentwicklung kommunaler Träger der Kinder- und Jugendhilfe. Im Rahmen eines partizipativen Prozesses wurden Diversity-Leitbilder entwickelt, wobei die Mitarbeitenden aktiv einbezogen wurden. Dieser Prozess förderte nicht nur die Reflexion bestehender sozialer Strukturen und Beziehungen innerhalb der Organisationen, sondern auch die Auseinandersetzung mit gemeinsamen Werten und identitätsstiftenden Elementen. Das resultierende Leitbild fungiert dabei nach außen als Ausdruck einer kooperativen und diversitätsbewussten Organisationsidentität und dient nach innen als Orientierungsrahmen für die kollegiale Zusammenarbeit und zukünftige Veränderungsprozesse (Bildungsteam Berlin Brandenburg e.V. o. J.). ◄

3.2.2.1 Human Relations

Das Human-Relations-Modell stellt die informellen, zwischenmenschlichen Beziehungen innerhalb einer Organisation in den Mittelpunkt (vgl. Lewin 1942; Mayo 1945; Moreno 2008; Vaudt 2022, S. 114). Es geht davon aus, dass soziale Normen, mehr noch als physiologische Leistungsgrenzen oder monetäre Anreize, das Arbeitsverhalten prägen. Diese Erkenntnis basiert maßgeblich auf den Ergebnissen der sogenannten „Hawthorne-Studien", die zwischen 1927 und 1932 in der Western Electric Company in den USA durchgeführt wurden (vgl. Vaudt 2022, S. 115). Daraus ergibt sich ein grundlegender Perspektivwechsel: Die Bedürfnisse, Interessen und das Zugehörigkeitsgefühl der Mitarbeitenden werden als zentrale Einflussgrößen für deren Leistung und Zufriedenheit verstanden. Nichtfinanzielle Anreize wie Anerkennung und Identifikation ersetzen dabei klassische Steuerungsinstrumente.

Im Rahmen des Human-Relations-Ansatzes orientiert sich das Management an bestehenden informellen Netzwerken und Sympathiebeziehungen. Gruppenarbeit wird gezielt gefördert, um Arbeitszufriedenheit zu steigern, Kommunikation zu verbessern und Konflikte konstruktiv zu bearbeiten.

> **Beispiel**
>
> Ein prägnantes Beispiel für die praktische Umsetzung dieses Modells ist die niederländische Organisation Buurtzorg. Sie wurde 2006 von Jos de Blok gegründet und verfolgt ein innovatives Konzept der ambulanten Pflege, das auf selbstorganisierte Teams aus 10 bis 12 Pflegekräften setzt. Diese Teams übernehmen eigenverantwortlich sämtliche Aufgaben, von der Bedarfserhebung über Pflegeplanung bis hin zur administrativen Abwicklung. Dabei wurde bewusst auf traditionelle Hierarchien verzichtet. Entscheidungen werden im Konsens getroffen, wodurch die Mitarbeitenden mehr Autonomie und Verantwortung erhalten. Unterstützt werden sie von Coaches, die beratend zur Seite stehen, jedoch keine Weisungsbefugnis besitzen (Buurtzorg n.d.; Gray et al. 2020). ◄

Auf der Mikroebene zeigt sich der Human-Relations-Ansatz nicht nur in der direkten Arbeit mit Klienten, sondern auch in reflexiven Instrumenten wie der Supervision. In Organisationsentwicklungsprozessen auf der Mesoebene findet er ebenfalls Anwendung, etwa in lernenden Organisationen, in denen es um die gezielte Förderung der Kompetenzen der Mitarbeitenden geht.

3.2.2.2 Human Resources

Das Human-Resources-Management, das sich seit Ende der 1950er-Jahre etablierte, stellt den Menschen als zentrale Ressource des Unternehmens in den Mittelpunkt. Im Unterschied zum Human-Relations-Ansatz, der den Menschen primär als soziales Gruppenwesen begreift, betont der Human-Resources-Ansatz dessen individuelle Motivationsstruktur, die auf unterschiedlichen Bedürfnisebenen basiert (vgl. Abschn. 4.4).

Grundlegend sind dabei die Arbeiten von Maslow (1954) und Herzberg (1959), die zeigen, dass Motivation und Leistungsbereitschaft weniger durch äußere Anreize, sondern durch das Streben nach Selbstverwirklichung entstehen. Entscheidender Motivationsfaktor ist die Diskrepanz zwischen dem aktuellen Zustand und einem angestrebten Zielzustand. Arbeitszufriedenheit und Leistungsbereitschaft steigen, wenn Mitarbeitende in ihrer Tätigkeit Sinnhaftigkeit erkennen. Die Identifikation mit einem übergeordneten Unternehmensziel, das mit persönlichen Werten und Interessen übereinstimmt, kann zu intrinsischer Motivation führen und die Mitarbeitende zur aktiven Zielverfolgung bewegen (vgl. Achouri 2022, S. 240 ff.; Rowold 2015, S. 9–11).

Motivation entsteht dabei nicht allein durch die Gestaltung des Arbeitsumfelds oder Führungsstils, sondern wesentlich durch Möglichkeiten zur Persönlichkeitsentwicklung und Selbstentfaltung (vgl. Gomez und Zimmermann 1993, S. 53). Vor

3.2 Organisationstheorien

diesem Hintergrund zielt der Human-Resources-Ansatz in seiner personal- und organisationsbezogenen Ausrichtung auf die Förderung selbstgesteuerten, kontinuierlichen Lernens. Qualifizierungsmaßnahmen sollen weniger funktional, sondern stärker an individueller Selbstentwicklung orientiert sein.

> **Beispiel**
>
> Ein Anwendungsfeld des Human-Resources-Ansatzes stellt das Demografiemanagement dar (vgl. Pundt 2023, S. 63 ff.). Im Zuge des demografischen Wandels sehen sich Organisationen mit strukturellen Herausforderungen wie dem zunehmenden Fachkräftemangel konfrontiert. In diesem Zusammenhang rücken z. B. Maßnahmen zur besseren Integration von Frauen in den Arbeitsmarkt in den Fokus. Der Wunsch vieler Frauen nach beruflicher Selbstverwirklichung und der gleichzeitigen Vereinbarkeit von Familie und Erwerbstätigkeit bleibt in der betrieblichen Praxis häufig unberücksichtigt. Vor diesem Hintergrund sind Unternehmen gefordert, ihre Human-Resources-Strategien entsprechend anzupassen und Rahmenbedingungen zu schaffen, die diesen Bedürfnissen Rechnung tragen. ◄

3.2.3 Systemstruktur

Systemstrukturierte Managementansätze, insbesondere im Rahmen des sogenannten Human-Integration-Modells, verfolgen das Ziel, Organisationen als ganzheitliche, operational geschlossene und intern wie extern gekoppelte Systeme zu betrachten. Im Gegensatz zu klassischen, linearen Managementmodellen, die auf einem Ursache-Wirkung-Denken beruhen, geht die systemtheoretische Perspektive davon aus, dass komplexe Zusammenhänge nur unter Berücksichtigung des gesamten Systems mit seinen vielfältigen Schnittstellen erfassbar sind.

Die Grundthese der Systemstruktur lautet demnach, dass sich komplexe Situationen nicht adäquat analysieren lassen, wenn man den Fokus ausschließlich auf einzelne Elemente richtet. Vielmehr muss das gesamte Netzwerk aus Wechselwirkungen, Rückkopplungen und zeitlichen Dynamiken berücksichtigt werden. Ein reduktionistisches Denken in linearen Kausalitäten erweist sich als unzureichend und führt in der Praxis häufig zu Denkfehlern und daraus resultierenden Managementproblemen (vgl. Gomez 1987, S. 62).

Gomez zeigt in diesem Zusammenhang exemplarisch sieben typische Denkfehler sowie Lösungsansätze im Umgang mit komplexen Situationen auf (Abb. 3.4).

Der Human-Integration-Ansatz verfolgt das Ziel, durch systemisches Denken klassische Denkfehler zu vermeiden, wie sie Gomez (1987) für lineare, kausal

Beachte die folgenden Denkfehler im Umgang mit komplexen Situationen! (Kausaler Ansatz)	Folge den Schritten des ganzheitlichen Problemlösens! (Systemischer Ansatz)
1. Denkfehler Probleme sind objektiv gegeben und müssen nur noch klar formuliert werden.	**Abgrenzung des Problems** Die Situation ist aus verschiedenen Blickwinkeln zu definieren und eine Integration zu einer ganzheitlichen Abgrenzung anzustreben.
2. Denkfehler Jedes Problem ist die direkte Konsequenz einer Ursache.	**Ermittlung der Vernetzung** Zwischen den Elementen einer Problemsituation sind die Beziehungen zu erfassen und in ihrer Wirkung zu analysieren.
3. Denkfehler Um eine Situation zu verstehen, genügt eine „Photographie" des Ist-Zustandes.	**Erfassung der Dynamik** Die zeitlichen Aspekte der einzelnen Beziehungen und einer Situation als Ganzem sind zu ermitteln. Gleichzeitig ist die Bedeutung der Beziehungen im Netzwerk zu erfassen.
4. Denkfehler Verhalten ist prognostizierbar, notwendig ist nur eine ausreichende Informationsbasis	**Interpretation der Verhaltensmöglichkeiten** Künftige Entwicklungspfade sind zu erarbeiten und in ihren Möglichkeiten zu simulieren.
5. Denkfehler Problemsituationen lassen sich „beherrschen", es ist lediglich eine Frage des Aufwandes	**Bestimmung der Lenkungsmöglichkeiten** Die lenkbaren, nicht lenkbaren und zu überwachenden Aspekte einer Situation sind in einem Lenkungsmodell abzubilden.
6. Denkfehler Ein „Macher" kann jede Problemlösung in der Praxis durchsetzen.	**Gestaltung der Lenkungseingriffe** Entsprechend systemischer Regeln sind die Lenkungseingriffe so zu bestimmen, dass situationsgerecht und mit optimalem Wirkungsgrad eingegriffen werden kann.
7. Denkfehler Mit der Einführung einer Lösung kann das Problem endgültig ad acta gelegt werden.	**Weiterentwicklung der Problemlösung** Veränderungen in einer Situation sind in Form lernfähiger Lösungen vorwegzunehmen.

Abb. 3.4 Überblick über Denkfehler und Lösungsansätze im Umgang mit komplexen Situationen. (vgl. Gomez 1987, S. 62)

orientierte Managementmodelle beschrieben hat. Dabei werden Organisationen nicht länger als steuerbare Einheiten verstanden, sondern als komplexe Systeme betrachtet, die durch wechselseitige Beziehungen ihrer Elemente sowie durch ihre Umweltinteraktionen geprägt sind.

Ein System besteht nicht nur aus Elementen bzw. Variablen, sondern auch aus deren Beziehungen und den System-Umweltrelationen. Die Bedeutung der Interaktion und Kommunikation wird in der Abgrenzung zu einem Nicht-System deutlich. Vester erläutert, dass eine Müllkippe nicht die Eigenschaften eines Systems besitzt. Ob etwas hinzugefügt, entfernt oder vertauscht wird, verändert den Gesamtcharakter nicht, „… es bleibt eine Müllkippe. Ihr fehlt die innere vernetzte Struktur." (Vester 2002, S. 18). Im Gegensatz dazu ist bei Systemen jede Veränderung eines Elements mit einer Veränderung der Beziehungen zwischen allen anderen verbunden. Der Systemcharakter besteht somit in struktureller Kopplung und dynamischer Anpassungsfähigkeit.

Im Rahmen des Human-Integration-Ansatzes wird zudem die Rolle der Beobachtung thematisiert. Beobachtungen werden als das Ergebnis eines Beobachters verstanden, der nicht unabhängig von dem ist, was beobachtet wird. Daraus ergibt sich eine konstruktivistische Perspektive auf Organisationen als autopoietische Systeme, die durch eigene Operationen ihre Strukturen kontinuierlich erzeugen. Der Begriff der Autopoiesis wurde ursprünglich von Maturana und Varela (2009) im biologischen Kontext entwickelt. In einem bekannten Experiment zeigten sie, dass sich die neuronalen Verbindungen zwischen Auge und Gehirn eines Frosches nach einer Trennung neu strukturierten, sodass dieser nach kurzer Zeit wieder in der Lage war, Fliegen zu fangen – obwohl die ursprüngliche Verbindung unterbrochen war. Sie schlossen daraus, dass das Nervensystem selbstständig eine funktionale Umwelt konstruiert. Wahrnehmung ist somit keine objektive Abbildung der Realität, sondern ein Produkt interner Selbstorganisation: „Lebewesen sind dadurch gekennzeichnet, dass sie sich buchstäblich andauernd selbst erzeugen" (Maturana und Varela 2009, S. 50).

Luhmann (1987/2021) übertrug dieses Konzept auf soziale Systeme und entwickelte eine Theorie der Autopoiesis im organisationalen Kontext. Organisationen, darunter auch Einrichtungen der Sozialen Arbeit, werden als operational geschlossene, aber strukturell offene Systeme verstanden. Ihre Kommunikation ist intern anders strukturiert als nach außen – ein zentraler Unterschied zwischen interner und externer Kommunikation. Die Grenzen solcher Systeme sind nicht objektiv vorgegeben, sondern werden durch das System selbst erzeugt und aufrechterhalten.

In systemstrukturierten Managementansätzen wird folglich die Idee einer vollständigen Steuerbarkeit von Prozessen aufgegeben. Stattdessen steht die Beeinflussbarkeit im Vordergrund. Elemente wie Teamarbeit, autonome Arbeitsgruppen, Moderationstechniken und adaptive Entscheidungsprozesse bilden das Fundament vernetzter und komplexer Managementstrategien.

Beispiel

Ein praktisches Beispiel hierfür ist die von Harrison Owen entwickelte „Open-Space"-Methode (Owen 2008). Sie findet klassischerweise Anwendung bei Großgruppenveranstaltungen sowohl im Profit- als auch im Non-Profit-Bereich und zielt darauf ab, Prozesse der Selbstorganisation zu ermöglichen. Im Rahmen dieser Methode werden sogenannte Themeninseln eingerichtet, an denen Teilnehmende frei und selbstbestimmt diskutieren können. Die Themen werden im Vorfeld gemeinsam festgelegt. Die Beteiligten entscheiden eigenverantwortlich, wie lange und an welchen Diskussionen sie teilnehmen. Sobald sie das Gefühl haben, nichts mehr beitragen oder lernen zu können, wechseln sie die Gruppe. Dieses Prinzip fördert nicht nur Selbststeuerung, sondern auch partizipative Verantwortung und eine flexible, dynamische Struktur innerhalb organisationaler Prozesse. ◄

Nachdem grundlegende Organisationstheorien vorgestellt wurden, richtet sich der Fokus nun auf die praktische Umsetzung: Wie lassen sich Organisationen analysieren, um gezielte Veränderungen einleiten zu können?

4 Schritte der Organisationsanalyse

Wie kann eine Organisation systematisch untersucht werden?

> **Zusammenfassung**
>
> Die Organisationsanalyse gliedert sich in vier Schritte: Auftragserteilung, Beteiligtenanalyse, Analyse der Aufbau- und Ablauforganisation sowie Analyse der formellen und informellen Verhaltensstrukturen. Ziel ist es, durch systematische Untersuchung Entwicklungsbedarfe zu erkennen und Veränderungsprozesse effektiv zu gestalten.

Organisationen werden auch in der Sozialwirtschaft oftmals als eine Gesamtheit von Regelungen verstanden, die eine rationale Zielerreichung gewährleisten. So umschrieben kann man sie mit Trivialmaschinen vergleichen, die nach funktionalen Zielen und Plänen programmierbar und in den Einzelfunktionen und Handlungen gestaltbar sind. Diesem Organisationsverständnis liegt ein Maschinenmodell zugrunde, in dem die einzelnen Organisationsmitglieder wie Zahnräder in einem Getriebe zusammenwirken (Abschn. 3.2.1). Ihr Handeln wird als rational angesehen, da man davon ausgeht, dass äußerliche Impulse, wie z. B. die Anweisungen von Führungskräften oder innere Impulse, etwa im Sinne individueller Motivationen berechenbare oder vorausplanbare Reaktionen verursachen.

Da bei diesem Verständnis Mitarbeiter als Objekte angesehen werden, die im Sinne von Reizreaktionsschemata agieren, dient in einem solchen Fall die Organisationsanalyse dazu, die Daten zu beschaffen, die notwendig sind, um vorhandene Strukturen zu analysieren und in der Folge zielgerichtet Entwicklungsprozesse einzuleiten.

Diese Organisationsanalyse orientiert sich folglich an formalen Instrumenten wie Stellenbeschreibungen, Arbeitsbewertungstechniken, Gehaltsfindungstechniken, Personalbeurteilungssystemen, Planungstechniken und Kontrollverfahren. Analysiert werden Ziele, Programme und Strategien, ebenso wie die Aufbau- und Ablauforganisation, Strukturen und organisatorische Gliederungen, Funktionen, Komponenten, Arbeitsabläufe und Verfahrensstandards, weiterhin die verwendeten Sachmittel, Techniken, Räume, die Mitarbeitenden und Führungskräfte sowie die relevante Umwelt der Verwaltungsorganisation.

Im Gegensatz zu technostrukturierten Organisationen stehen bei soziostrukturierten Modellen (Abschn. 3.2.2) die Interessen und Fähigkeiten der Menschen im Mittelpunkt. Beim systemstrukturierten Ansatz (Abschn. 3.2.3) wird die Organisation als Gesamtheit miteinander verbundener Einzelsystemen verstanden. Bei beiden Ansätzen werden die Menschen nicht als Objekte, sondern als Akteure gesehen, die eigene Regeln und Strukturvorgaben interpretieren.

Es stellt sich in diesem Kontext die Frage nach dem Gegenstandsbereich der Organisationsanalyse und nach dem Verständnis des Organisationsanalytikers. Zwar werden auch beim system- und soziostrukturierten Ansatz z. B. Arbeitsabläufe, Akten u. Ä analysiert, allerdings werden diese unterschiedlich interpretiert. Anders als bei technostrukturierten Ansätzen geht man nicht von objektiven Rahmenbedingungen aus, die es zu beeinflussen gilt, damit die Zahnräder der Maschine optimaler ineinandergreifen, stattdessen wird versucht, soziale oder systemische Zusammenhänge zu verstehen und ggf. zu verändern, d. h. die Organisation zu entwickeln.

Organisationsanalyse dient somit dazu, alle oder ausgewählte Elemente des Systems einer sozialen Einrichtung oder eines sozialen Dienstes zu untersuchen, um auf Veränderungen angemessen reagieren und Verbesserungen initiieren zu können. Neben einer im Vergleich zum aktuellen Ist-Zustand effizienteren und effektiveren Gestaltung von Aufbau- und Ablauforganisationen (technostrukturiert) verfolgt sie das Ziel, die Qualität der Arbeitsbedingungen für die Mitarbeitenden zu erhöhen (soziostrukturiert) und die Problemlösekapazität der Organisation insgesamt zu steigern, um im Wettbewerb eines zunehmend durch Konkurrenz geprägten Marktes bestehen zu können (systemstrukturiert).

Beteiligt an der Organisationsanalyse sind im Grunde zwei Parteien:

- die Träger und Mitarbeiter sozialer Organisationen auf der einen Seite und
- die Organisationsberater auf der anderen.

Nur im intensiven Wechselspiel beider Parteien bei einer Organisationsanalyse wird es zu erfolgreichen Lösungen kommen können. Daher werden in diesem Buch je nachdem, wie es die Inhalte erfordern, mal mehr die Trägerperspektive, dann wieder die Organisationsberaterperspektive eingenommen.

Abb. 4.1 Schritte der Organisationsanalyse. (Eigene Darstellung)

Organisationsanalyse ist ein langfristiger Prozess, wie der folgende Ablaufplan (Abb. 4.1) zeigt, wobei die Arbeitsschritte nicht linear chronologisch aufeinander aufbauen müssen, sondern z. T. auch parallel erfolgen können.

4.1 Auftragserteilung

Jede Organisationsanalyse setzt eine Auftragserteilung voraus.

Für die Organisation als Auftraggeber stellt sich die Frage nach welchen Kriterien sie den Auftragnehmer auswählt. Dazu einige Hinweise:

- Die Auswahl des Organisationsberaters sollte in erster Linie aufgrund von Empfehlungen und überprüften Referenzen erfolgen.
- Der Auftragnehmer sollte über umfassende Erfahrungen und vielfältige Kompetenzen, Methoden und Fähigkeiten verfügen. Je mehr Ansätze er beherrscht, desto besser.

Für jeden Analyseprozess ist neben dem persönlichen Vertrauen in den Organisationsberater auch ein passendes Leistungsangebot unabdingbar. Dieses entwickelt der Auftragnehmer in der Regel zusammen mit den Vertretern der zu analysierenden Organisation.

Das Leistungsangebot sollte klar spezifiziert und überprüfbar sein und sowohl was die Kosten als auch den Ablauf betrifft, im gängigen Rahmen bleiben und z. B. wie folgt aussehen:

- Aufnahme des Ist-Zustandes
- Durchführung der Analyse
- Erarbeitung von Lösungsvorschlägen

Man unterscheidet inklusive und exklusive Strategien der Analyse: Bei der exklusiven Strategie fungiert der Organisationsanalytiker als Sachverständiger. Bei der inklusiven Strategie ist er auch für den Fortgang des Prozesses mitverantwortlich. Insbesondere für die inklusive Strategie ist ein gutes Verhältnis zwischen Organisationsmitgliedern und Analytiker erforderlich.

Folglich kann der Organisationsberater als Auftragnehmer die Analyse nur durchführen, wenn zwischen ihm und dem Auftraggeber ein Einverständnis über die Ziele und Aufgaben sowie wie die Ebenen und Dimensionen der Analyse besteht.

Hierzu müssen

- die Zielsetzungen des Prozesses gemeinsam formuliert und akzeptiert werden
- zwischen den Organisationsvertretern und dem Analytiker Übereinstimmung über die Art der Entscheidungsfindung bestehen,
- die Methoden und Techniken, die der Organisationsanalytiker anwendet, erläutert werden und für die Organisationsmitglieder nachvollziehbar sein.

Um das notwendige Einverständnis herzustellen, führt der Organisationsberater Gespräche mit den Vertretern der Organisation und spezifiziert in einer Orientierungsphase im Rahmen einer Grobanalyse das Untersuchungsfeld.

Die Grobanalyse bezieht sich z. B. auf die Analyseebenen: Aufgabensystem bzw. -feld, Aufgabenträger, Personal-, Sach- und Informationsmittel, auf Führungs- und Entscheidungsstrukturen und die Analysedimensionen Zeit und Raum. In der folgenden Auflistung (Abb. 4.2) finden Sie Fragen zu den Analyseebenen und Analysedimensionen für eine Grobanalyse:

In einem zweiten Schritt wird eruiert, ob die für die Analyse benötigten Unterlagen und Informationen zur Verfügung gestellt werden können. Hierfür ist die folgende Checkliste (Abb. 4.3) hilfreich:

4.1 Auftragserteilung

Einstiegsfragen:

„Da wir wenig von Ihrer Arbeit wissen, wollen wir uns gerne ein genaueres Bild von Ihrer Tätigkeit machen."

1. Fragen zu den Analyseebenen

Aufgabensystem
- Welche Ziele verfolgen Sie in Ihrem Vorhaben/Ihrer Einrichtung?
- Wer macht in diesem Vorhaben/ in dieser Einrichtung was?
- Wo haben Sie sich Arbeitsschwerpunkte gesetzt?
- Sind die Aufgaben, die Sie wahrnehmen, gegenüber anderen Aufgaben abgegrenzt (Sellenbeschreibung)?
- Führen Sie Aufgaben aus, die nicht zu Ihrer eigentlichen Aufgabenstellung gehören?
- Verfügen Sie über die entsprechenden Befugnisse (Entscheidungskompetenzen), um Ihre Aufgaben zu realisieren?
- Wie ist es um die Arbeitskooperation in diesem Vorhaben/ in dieser Einrichtung bestellt?

Aufgabenfeld
- Was ist zu tun?
- Wie ist es zu tun?
- Was wird bearbeitet?
- Wann fallen die Aufgaben an?
- Wie lange dauert die Aufgabenerfüllung?
- Wo fallen die Aufgaben an?
- Welches Aufgabenvolumen fällt an?

Aufgabenträger:
- Wer ist zuständig?
- Wann stehen die Aufgabenträger zur Verfügung?
- Wie lange stehen sie zur Verfügung?
- Wo stehen sie zur Verfügung?
- Wo sind sie tätig?
- Welche Anzahl von Aufgabenträgern ist vorhanden bzw. wird benötigt?

Kommunikation
- Wie läuft in Ihrem Vorhaben/ in Ihrer Einrichtung der Prozess der Informationsauswahl, -bearbeitung und -weitergabe?
- Nennen Sie die häufigsten Gesprächspartner außerhalb Ihres Vorhabens/ Ihrer Einrichtung.

Personal- und Sachmittel
- Welches Personal, welche Sachmittel sollen analysiert werden?

Führung
- Welches Arbeitsverhalten wird am ehesten belohnt?
- Welches Verhalten wird entmutigt?
- Wie ist das Verhältnis von Selbstkontrolle und Kontrolle von außen in den Vorhaben (Satzungsorgane)?

Entscheidungsprozesse
- Wo werden Ihrer Meinung nach die für Ihre Arbeit wichtigsten Entscheidungen getroffen?
- Sind diese Entscheidungsprozesse für Sie nachvollziehbar?
- Welche Bedeutung hat für Ihre Arbeit die „Mitarbeiter-Runde", die Geschäftsstelle, der Vorstand, die Mitgliederversammlung?

Besucher/ Klienten
- Führen Sie eine Besucher- /Klientenstatistik
- Bildet der Kreis Ihrer Besucher /Klienten eine offene, halboffene oder geschlossene Gruppe?
- Wie groß ist die Fluktuation bei Ihren Besuchern /Klienten (Gründe)?
- Auf welchem Wege können die Besucher /Klienten ihre Interessen artikulieren und einbringen (Programmgestaltung)?
- Sind Änderungen des Leistungsangebotes notwendig?
- Existieren Konzepte für das jeweilige Dienstleistungsangebot?

2. Fragen zu den Analysedimensionen
- Die Analysedimension der Zeit erfasst man mit Fragen nach dem Zeitpunkt (wann?) und nach der Zeitdauer oder dem Zeitraum (wie lange?).
- Weitere Fragen können sich auf die Tätigkeitszeit, in der eine Aufgabe erfüllt wird oder die Wartezeiten, bzw. die Nutzungs- oder Brachzeit von Sachmitteln beziehen.
- Fragen nach der Dimension des Raumes, sind Fragen nach dem Wo (wo finden Dinge statt?) oder auch nach dem Woher oder Wohin z. B. im Sinne von Wegen.

Abb. 4.2 Fragen zu den Analyseebenen und Analysedimensionen für eine Grobanalyse. (Vgl. Kolhoff 2005, S. 10–11)

Unterlagen/Informationen	vorhanden	kann erstellt werden	nicht verfügbar	Anmerkungen
Jahresabschlüsse der letzten 3 – 5 Jahre	☐	☐	☐	
betriebswirtschaftliche Auswertungen zu Bilanzen und der GuV	☐	☐	☐	
weitere Auswertungen/Teilbilanzen zum laufenden Jahr				
Jahresabschlussanalyse	☐	☐	☐	
Liquiditätsvorschau	☐	☐	☐	
Gewinnentwicklung/-erwartungen	☐	☐	☐	
Auswertung der Kostenrechnung	☐	☐	☐	
Übersichten: Umsatz/Ertragslage				
Jahresumsätze	☐	☐	☐	
Monatsumsätze	☐	☐	☐	
Umsätze nach Unternehmensbereichen	☐	☐	☐	
Umsätze nach Produktgruppen	☐	☐	☐	
(....)	☐	☐	☐	
Umsatzpotenzial	☐	☐	☐	
Umsatzerwartungen	☐	☐	☐	
Datenmaterial: Unternehmen				
Unternehmensphilosophie	☐	☐	☐	
Firmengeschichte	☐	☐	☐	
Organigramm	☐	☐	☐	
Image- und Produktbroschüren	☐	☐	☐	
Mitarbeiterzahlen	☐	☐	☐	
Stellenbeschreibungen	☐	☐	☐	
Krankenstand/Betriebsklima	☐	☐	☐	
Management	☐	☐	☐	
Kennzahlen Funktionsbereiche	☐	☐	☐	
Unternehmenswerte/-normen	☐	☐	☐	
Werbeaufwendungen	☐	☐	☐	
weitere Angaben	☐	☐	☐	

Abb. 4.3 Checkliste: Vorhandene Unterlagen und Informationen. (Mit kleinen Änderungen entnommen aus Ossola-Haring 1998, S. 3–4)

4.1 Auftragserteilung

Unterlagen / Informationen	vorhanden	kann erstellt werden	nicht verfügbar	Anmerkungen
Datenmaterial: Leistungserstellung				
Produktübersicht	☐	☐	☐	
Gewinnanteil / Deckungsbeitrag	☐	☐	☐	
Produktionsabläufe	☐	☐	☐	
Kapazitätsauslastung	☐	☐	☐	
Auftragseingang / Absatzzahlen	☐	☐	☐	
Innovationsfähigkeit	☐	☐	☐	
Fehlerquote	☐	☐	☐	
weitere Daten / Informationen	☐	☐	☐	
(...)				
Datenmaterial: Kunden / (Klienten)				
Kunden- / Klientenliste	☐	☐	☐	
Kunden- / Klientenpotenzial	☐	☐	☐	
Kunden- / Klientenzufriedenheitsanalysen	☐	☐	☐	
Kunden- / Klientenbedürfnisanalysen	☐	☐	☐	
Projektkalkulationen / -abrechnungen	☐	☐	☐	
weitere Informationen	☐	☐	☐	
	☐	☐	☐	
Marktstrukturen / Konkurrenzsituation				
Marktvolumen / Marktanteile	☐	☐	☐	
Betriebsvergleichsanalysen	☐	☐	☐	
Trends / Prognosen / Entwicklungen	☐	☐	☐	
Marktwachstum	☐	☐	☐	
Substitutionsprodukte	☐	☐	☐	
sonstige Informationen	☐	☐	☐	

Abb. 4.3 (Fortsetzung)

Während der Grobanalyse erhält der Berater erste Einsichten in die Organisation. Die Phase ist abgeschlossen, wenn sich Mitarbeiter der Organisation und Berater entschlossen haben, ihre Zusammenarbeit fortzusetzen. Die Ergebnisse der Grobanalyse münden dann in ein Angebot, auf dessen Grundlage Inhalte, Ablauf und Vergütung des Analysevorhabens abgestimmt und vertraglich festgelegt werden.

Wenn aufgrund eines Angebots ein Auftrag erteilt wurde, beginnt der Organisationsberater mit der Organisationsanalyse.

4.2 Beteiligtenanalyse mit dem Ziel der Bildung einer Steuerungsgruppe

Da durch die Analyse bestehende Organisationsstrukturen verändert werden sollen und durch die Auswahl der an ihr beteiligten Personen das Ergebnis maßgeblich beeinflusst wird, stellt sich die Frage,

- wer von der Analyse betroffen ist (Beteiligtenanalyse) und
- wer an der Analyse (z. B. im Rahmen einer Steuerungsgruppe) beteiligt wird.

Die Beteiligtenanalyse gibt einen Überblick über alle Personen, Gruppen, Organisationen etc., die mit dem Vorhaben in Beziehung stehen. Durch die Beteiligtenanalyse werden Interessen und Erwartungen von Personen, die für eine Organisationsanalyse von Bedeutung sein können, ermittelt.

Folgende Punkte für die Erstellung einer Beteiligtenanalyse sind von Bedeutung:

- Benennen von wichtigen Personen, die in der Organisation Einfluss haben sowie von Personen, Gruppen und Institutionen, die an der Organisation Interesse haben, Einfluss ausüben können oder von der Organisation beeinflusst werden, wie z. B. Leistungsempfänger, Kostenträger, Politiker etc.
- Kategorien der beteiligten Personen bilden (Leitungskräfte, Mitarbeiter, Nutznießer, Zielgruppen, Durchführende, Lobbyisten usw.) und diese charakterisieren und analysieren.
- Interessen und Erwartungen identifizieren und bewerten. Hierzu versucht man, sich in die Interessen der jeweiligen Beteiligten hineinzuversetzen oder noch besser: Man befragt die Beteiligten nach ihren Erwartungen und Ansprüchen.
- Mögliche Reaktionen auf die Organisationsanalyse eruieren. Hierzu wird eine Matrix erstellt. Es werden die Beteiligten und Entscheidungsprobleme wie Zieldefinitionen, Leistungen, Finanzierung und Investitionen etc. in der zweiten Ebene aufgelistet.

> Ziel der Beteiligtenanalyse ist die Bildung einer Steuerungsgruppe. Diese Steuerungsgruppe soll die Mitarbeiter aller Ebenen in den Prozess der Analyse und der folgenden Planung und Realisierung von Veränderungen miteinbeziehen. Denn die Beteiligung der Mitarbeiter gewährleistet am ehesten, dass diese die notwendigen Änderungen mittragen, d. h. sie bewusst akzeptieren und mitverantworten.

In der Steuerungsgruppe werden:

- organisatorische Konzepte vorgestellt und diskutiert;
- Probleme und Konflikte, die im Kontext des Analyse- und Veränderungsprozesses auftreten, thematisiert;
- Wissen vermittelt und Konzeptionen entwickelt.

Die Aufgaben der Steuerungsgruppe im Einzelnen sind:

- Sicherung des Informationstransfers zwischen dem Berater und der Einrichtung. Die Mitglieder der Steuerungsgruppe informieren die Mitarbeiter über aktuelle Themen und den Stand der Organisationsanalyse, um größtmögliche Transparenz und Feedback im Prozess zu gewährleisten.
- Organisationsaufgaben, d. h. unter anderem die Weitergabe von Terminen, Sicherstellung von Arbeitsräumen für Diskussionen etc.
- Erarbeitung von Vorschlägen und Konzepten in Bezug auf die strukturelle Entwicklung der Einrichtung.
- Mitarbeit bei der Interpretation der erhobenen Daten.

Die Steuerungsgruppe bereitet zusammen mit dem Organisationsberater die Analyse der Organisationsstruktur vor.

4.3 Analyse der Aufbau- und Ablauforganisation

Während sich die Aufbauorganisation mit der dauerhaft angelegten Aufbaustruktur des Betriebs befasst, mit den Regeln für einen langfristig sinnvollen Betriebsaufbau (der Aufbaustruktur, den organisatorischen Grundelementen (Stelle, Abteilung) und deren Beziehungszusammenhang), bezieht sich die Ablauforganisation auf Fragen des Prozessablaufes innerhalb dieser Strukturen, d. h. auf Fragen der Arbeits- und Bewegungsabläufe innerhalb der Aufbauorganisation. Ablauforganisatorische Beziehungen regeln den Ablauf im Betrieb. Die einzelnen Arbeits- und Bewegungsabläufe sind räumlich und zeitlich abzustimmen (Abb. 4.4).

Aufbau- und Ablauforganisation bilden zusammen den formellen, gewollten, förmlich geregelten und offiziell eingeführten Teil der Betriebsorganisation.

Abb. 4.4 Aufbau- und Ablauforganisation. (Vgl. Bleicher 1991, S. 49)

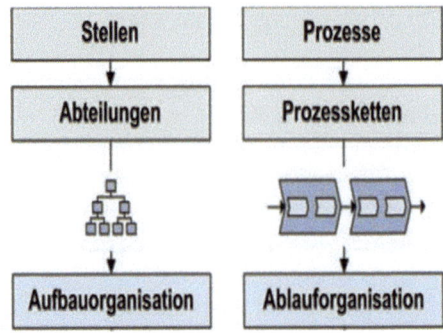

4.3.1 Aufbauorganisation

Die wichtigste Analyseebene der Aufbauorganisation ist das Leitungssystem, das gemeinhin ein hierarchisches Gefüge darstellt, in dem die einzelnen Stellen in einer Organisation unter dem Gesichtspunkt der Weisungsbefugnis miteinander verbunden sind. Die Rangverhältnisse der einzelnen Stellen lassen sich als Über-, Unter- und Gleichordnungsverhältnisse ausdrücken.

Es gibt mehrere Grundformen, nach denen diese Hierarchie aufgebaut sein kann. Nachfolgend werden die wichtigsten Leitungssysteme vorgestellt (Abb. 4.5):

4.3.1.1 Einlinienorganisation

Die Einlinienorganisation basiert auf dem Prinzip der Einheit der Auftragserteilung (Müller-Schöll und Priepke 1983; Schreyögg und Geiger 2016). In diesem Modell erhält jede Abteilung und jeder Mitarbeiter ausschließlich Anweisungen von einer übergeordneten Instanz, wodurch eine klare und eindeutige Weisungskette entsteht. Diese hierarchische Linie der Verantwortung reicht von der obersten Leitungsebene bis zur untersten Stelle und sorgt dafür, dass alle Beschäftigten genau wissen, wem sie unterstellt sind. Durch diese Struktur werden widersprüchliche Anweisungen vermieden, was die Einheitlichkeit der Führung sicherstellt.

Das System gliedert sich in drei zentrale Ebenen: Die Entscheidungsebene (Ebene 1) trägt die Verantwortung für die Grundsatzziele (GZ), also für die langfristigen Visionen und strategischen Leitlinien der Organisation. Hier werden von der Leitung die grundlegenden Entscheidungen getroffen, die die Richtung der Organisation vorgeben und die Grundlage für die nachfolgenden Ebenen schaffen.

4.3 Analyse der Aufbau- und Ablauforganisation

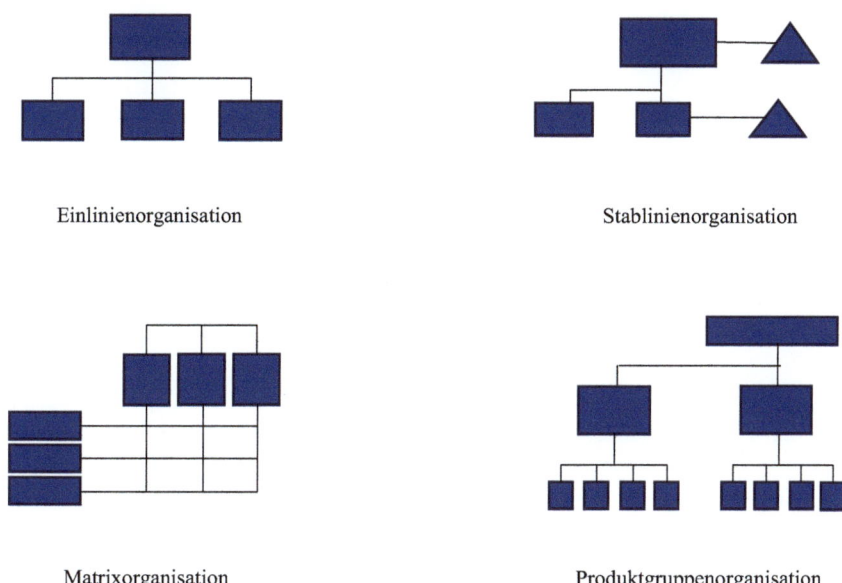

Abb. 4.5 Grundformen der Aufbauorganisation. (Eigene Darstellung nach Müller-Schöll und Priepke 1983)

Die strategische Ebene (Ebene 2) bildet die Verbindung zwischen der Entscheidungs- und der Ausführungsebene. Sie ist zuständig für die Bereitstellung von Ressourcen, die Entwicklung geeigneter Methoden sowie die Anpassung von Strategien, um die Umsetzung der Rahmenziele (RZ) sicherzustellen. Die Ausführungsebene (Ebene 3) – setzt die strategischen Vorgaben operativ um. Hierzu gehören die Referate der Abteilungen in denen die Mitarbeitenden an der Umsetzung der Einzelziele (EZ) arbeiten (Abb. 4.6).

Die Einlinienorganisation bietet klare Vorteile, insbesondere durch ihre Transparenz und die eindeutige Regelung von Zuständigkeiten. Da jede Person nur von einer Instanz Anweisungen erhält, werden Konflikte und Kompetenzüberschneidungen vermieden. Diese klare Struktur erleichtert die Überwachung der Aufgaben durch die Führungsebene und sorgt für eine stringente Kommunikation entlang der festgelegten Wege. Trotz dieser Vorteile hat das System auch Schwächen. Die strikten Kommunikationswege können zu Verzögerungen führen, da Informationen und Entscheidungen mehrere Instanzen durchlaufen müssen. Zudem

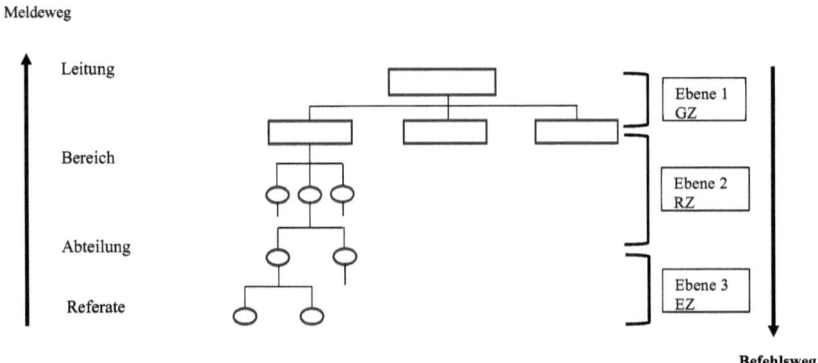

Abb. 4.6 Einlinienorganisation. (Eigene Darstellung nach Müller-Schöll und Priepke 1983)

kann die Trennung von Entscheidungs- und Ausführungsebene die Führungskräfte überlasten, da sie neben strategischen Entscheidungen auch Kontrollaufgaben übernehmen müssen.

Ein weiteres Problem ist das Risiko von Fehlentscheidungen, da die oberen Ebenen häufig Entscheidungen treffen, ohne das Wissen und die Erfahrungen der unteren Ebenen ausreichend einzubeziehen. Dies kann zu einer eingeschränkten Nutzung von Fachwissen führen, insbesondere bei komplexen Fragestellungen. Darüber hinaus fühlen sich Mitarbeitende in den unteren Ebenen oft als reine „Befehlsempfänger", was die Motivation und Zufriedenheit beeinträchtigen kann. Die starre Struktur erschwert zudem die Flexibilität und schnelle Anpassungen, was die Einlinienorganisation in dynamischen oder sich schnell verändernden Umgebungen weniger effizient macht.

4.3.1.2 Stablinienorganisation

Die Stablinienorganisation ist eine Weiterentwicklung des Einliniensystems und versucht, dessen Vorteile beizubehalten, während sie gleichzeitig einige der bekannten Schwächen ausgleicht (Müller-Schöll und Priepke 1983; Siedenbiedel 2020; Schreyögg und Geiger 2024). Dieses Modell ergänzt die klassische hierarchische Struktur durch sogenannte Stabsstellen, die speziell dazu eingerichtet werden, die Leitungsebene fachlich zu unterstützen. Stabsstellen sind beratende Einheiten, die mit Spezialisten besetzt sind und ihre Expertise nutzen, um fundierte Analysen, Empfehlungen und Informationen bereitzustellen. Dabei haben sie jedoch keine Weisungsbefugnis, sondern dienen ausschließlich der Unterstützung der jeweiligen Leitungsinstanz (Lippold 2016).

4.3 Analyse der Aufbau- und Ablauforganisation

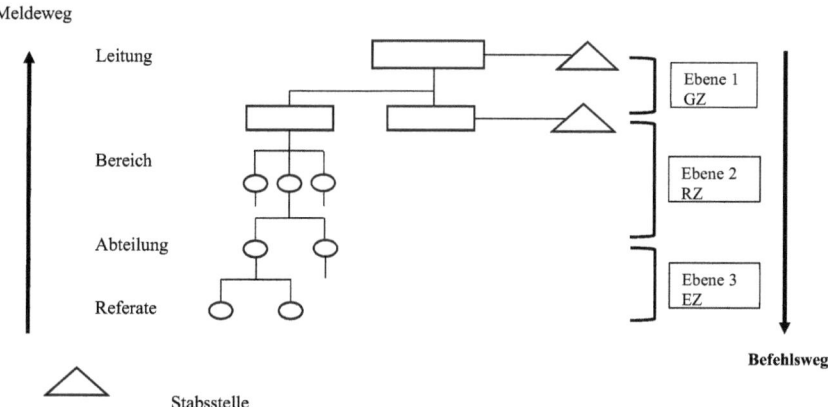

Abb. 4.7 Stablinienorganisation. (Eigene Darstellung nach Müller-Schöll und Priepke 1983)

Die Struktur der Stablinienorganisation lässt sich ebenfalls in drei zentrale Ebenen unterteilen (Abb. 4.7). Auf der Entscheidungsebene liegt die Verantwortung für die Grundsatzziele, also für die langfristigen Visionen und strategischen Leitlinien der Organisation. Diese Entscheidungen werden oft durch die Analysen und Empfehlungen der Stabsstellen untermauert, die komplexe Informationen aufbereiten und der Leitungsebene damit helfen, fundierte Entscheidungen zu treffen. Die strategische Ebene setzt diese Grundsatzziele in Rahmenziele um, die als Zwischenziele dienen und auf die operativen Maßnahmen ausgerichtet sind. Auch hier können Stabsstellen unterstützen, indem sie mögliche Strategien bewerten und die geeignetsten Wege zur Zielerreichung vorschlagen. Auf der Ausführungsebene werden schließlich die konkreten Aufgaben umgesetzt, die sich aus den höheren Zielvorgaben ergeben. Hier ist der operative Alltag klar durch die Weisungswege und die Pyramidenstruktur der Organisation geregelt.

Die Einführung von Stabsstellen bringt einige entscheidende Vorteile mit sich. Zum einen wird die Leitungsebene durch die Übernahme von Routineaufgaben und die Bereitstellung von Fachwissen entlastet. Dadurch bleibt mehr Zeit für strategische Entscheidungen und Führungsaufgaben. Zudem erhöht die Einbindung von Spezialisten die Qualität der Entscheidungen, da diese auf fundierten Analysen und spezifischem Fachwissen basieren. Das „Spezialistendenken" der Stabsstellen ergänzt den Gesamtüberblick der Linieninstanz und sorgt für eine bessere Verbindung von strategischer Planung und operativer Umsetzung.

Trotz dieser Vorteile gibt es auch Herausforderungen. Eine zentrale Schwäche liegt in der Abhängigkeit der Linieninstanzen von den Stabsstellen, da deren

Analysen und Empfehlungen die Entscheidungen stark beeinflussen können, ohne dass die Stabsstellen selbst dafür verantwortlich gemacht werden können. Zudem kann es zu Machtkonflikten kommen, wenn die Expertise der Stabsstellen als dominierend wahrgenommen wird. In manchen Fällen könnten Linieninstanzen die Empfehlungen der Stabsstellen ignorieren, wenn diese den eigenen Interessen entgegenstehen, was zu ineffizienten Entscheidungen führen kann. Außerdem können lange Kommunikationswege und die potenzielle Bürokratisierung der Prozesse die Flexibilität der Organisation einschränken.

Die Stablinienorganisation hat sich in vielen Bereichen, insbesondere in sozialen und öffentlichen Institutionen, als effektive Struktur bewährt. Sie verbindet die klaren Hierarchien und Verantwortlichkeiten des Einliniensystems mit der Möglichkeit, spezialisiertes Wissen gezielt in Entscheidungsprozesse einzubinden. Dadurch wird eine höhere Qualität der Entscheidungen erreicht, während die strukturellen Nachteile des Einliniensystems teilweise kompensiert werden. Dennoch erfordert diese Organisationsform ein hohes Maß an Kommunikation und Abstimmung, um die genannten Schwächen zu minimieren und das volle Potenzial der Stabsstellen zu nutzen.

4.3.1.3 Matrixorganisation

Die Matrixorganisation erweitert die klassische hierarchische Struktur um eine projektorientierte Dimension und stellt somit ein Mehrliniensystem dar (Müller-Schöll und Priepke 1983; Schreyögg 2012; Peterke 2022). Mitarbeiter sind sowohl einer funktionalen Linie, also einem klassischen Abteilungsleiter, unterstellt, als auch einem Projektleiter, der spezifische Aufgaben innerhalb eines Projekts steuert (Abb. 4.8). Diese duale Struktur ermöglicht es, die Vorteile der Linienorganisation mit der Flexibilität und Dynamik einer projektbasierten Arbeitsweise zu kombinieren.

Die Struktur der Matrixorganisation basiert auf zwei gleichwertigen Dimensionen. Die erste Dimension ist die funktionale Linie, in der Mitarbeiter disziplinarisch geführt werden und ihre grundlegenden Aufgaben innerhalb eines Bereichs oder einer Abteilung wahrnehmen. Die zweite Dimension ist die projektorientierte Ebene, die durch Projekt- oder Produktleiter gesteuert wird. Diese Ebene hat die Verantwortung für die Koordination und Erreichung von Projektzielen und greift dabei auf die Ressourcen und das Fachwissen der funktionalen Abteilungen zurück. Diese Struktur ist besonders geeignet für Organisationen, die häufig mit wechselnden Projekten arbeiten oder in dynamischen Märkten agieren, in denen Flexibilität gefordert ist.

Die Matrixorganisation bringt zahlreiche Vorteile mit sich. Sie ermöglicht eine effektive Nutzung von Spezialwissen, da Fachkräfte je nach Bedarf in verschiedene

4.3 Analyse der Aufbau- und Ablauforganisation

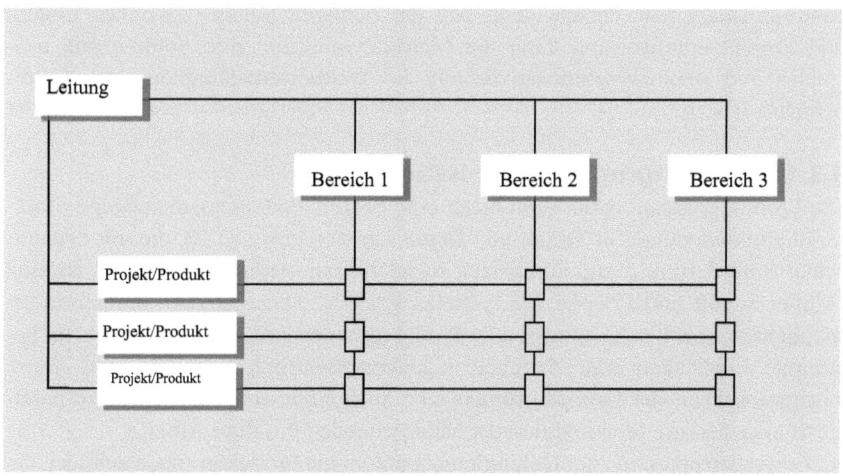

Abb. 4.8 Matrixorganisation. (Eigene Darstellung nach Müller-Schöll und Priepke 1983)

Projekte eingebunden werden können, ohne dauerhaft aus ihrer ursprünglichen Funktion herausgelöst zu werden. Zudem fördert sie die Zusammenarbeit zwischen unterschiedlichen Abteilungen, da Mitarbeiter in interdisziplinären Teams arbeiten. Dies führt zu einem besseren Austausch von Ideen und erhöht die Innovationsfähigkeit der Organisation. Weiterhin erlaubt die Matrixstruktur eine hohe Anpassungsfähigkeit, da sie flexibel auf veränderte Marktbedingungen oder neue Projekte reagieren kann. Gleichzeitig wird die Verantwortung auf mehrere Führungsebenen verteilt, was die Belastung einzelner Führungskräfte reduziert.

Jedoch ist die Matrixorganisation nicht ohne Herausforderungen. Ein zentraler Nachteil ist die potenzielle Konfliktanfälligkeit durch die duale Weisungsstruktur. Mitarbeiter erhalten Anweisungen sowohl von ihrem Linienvorgesetzten als auch vom Projektleiter, was zu Widersprüchen und Unsicherheiten führen kann. Die intensive Kommunikation, die zur Abstimmung zwischen Linie und Projekt erforderlich ist, kann zeitaufwendig sein und birgt die Gefahr von Missverständnissen. Zudem besteht das Risiko der Überlastung von Mitarbeitern, da sie oft parallel an mehreren Projekten beteiligt sind und gleichzeitig ihre regulären Aufgaben erfüllen müssen.

Die Matrixorganisation bietet eine moderne und flexible Organisationsform, die besonders in komplexen und dynamischen Umfeldern effektiv ist. Damit diese Struktur jedoch erfolgreich implementiert werden kann, sind klare Kommunikationswege, eine gut funktionierende Zusammenarbeit und ein professionelles

Konfliktmanagement entscheidend. Mit der richtigen Balance zwischen Linien- und Projektverantwortung kann die Matrixorganisation ihre Stärken voll ausspielen und einen wesentlichen Beitrag zur Wettbewerbsfähigkeit eines Unternehmens leisten.

4.3.1.4 Produktgruppenorganisation

Die Produktgruppenorganisation bietet eine flexible und anpassungsfähige Struktur, die insbesondere für Träger und Organisationen geeignet ist, die mit dynamischen Anforderungen und komplexen sozialen Fragestellungen umgehen müssen (Müller-Schöll und Priepke 1983; Zielasek 1995). Diese Organisationsform ermöglicht es, spezifische Sparten oder Produktgruppen zu bilden, die jeweils für bestimmte Leistungen oder Angebote eigenverantwortlich zuständig sind. Diese Eigenständigkeit der Gruppen fördert eine hohe Anpassungsfähigkeit und unterstützt eine stärkere Identifikation der Mitarbeitenden mit ihrer Arbeit.

Es werden unterhalb der Gesamtleitung autonome Produktgruppen gebildet, die von Gruppenleitern geführt werden (Abb. 4.9). Diese Gruppenleiter tragen Verantwortung für ihre jeweiligen Aufgabenbereiche und verfügen über weitreichende Entscheidungskompetenzen. In den Gruppen sind zentrale Funktionsbereiche wie Finanzen, Personal, Verwaltung oder Beschaffung direkt eingebettet, was die

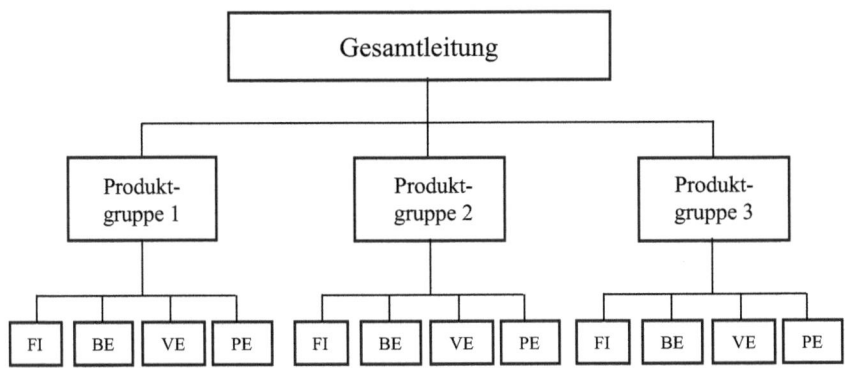

FI   Finanzen
BE   Beschaffung
VE   Verwaltung
PE   Personal

Abb. 4.9 Produktgruppenorganisation. (Eigene Darstellung nach Müller-Schöll und Priepke 1983)

4.3 Analyse der Aufbau- und Ablauforganisation

Selbstorganisation der Teams stärkt und eine schnelle Reaktion auf Veränderungen in der sozialen Landschaft ermöglicht.

Ein wesentlicher Vorteil dieser Struktur liegt in der Förderung von Teamarbeit und Eigenverantwortung. Mitarbeitende in den Produktgruppen arbeiten oft interdisziplinär zusammen und können auf spezifische Bedürfnisse der Zielgruppen flexibel eingehen. Durch die Autonomie der Gruppen entsteht eine höhere Motivation der Mitarbeitenden, da sie direkten Einfluss auf die Ergebnisse ihrer Arbeit haben und sich stärker mit ihrer Aufgabe identifizieren.

Beispiel

Ein Beispiel aus der Praxis sind soziale Träger, die Teams bilden, die auf ein bestimmtes Projekt oder eine Zielgruppe spezialisiert sind, wie etwa Hilfen für Menschen mit Behinderungen, integrative Betreuungsangebote oder Bildungsprogramme. Diese Teams agieren weitgehend eigenständig, können ihre Ressourcen selbst verwalten und flexibel auf Veränderungen oder neue Herausforderungen reagieren. Ihre Arbeit wird durch eine zentrale Leitung koordiniert, die strategische Vorgaben macht und den Rahmen für die einzelnen Gruppen setzt. ◄

Allerdings birgt die Produktgruppenorganisation auch Herausforderungen. So besteht die Gefahr, dass die Autonomie der Gruppen zu einem Konkurrenzdenken zwischen den Sparten führt, was die Zusammenarbeit und den Wissenstransfer erschweren kann. Ebenso können redundante Strukturen entstehen, wenn Funktionsbereiche wie Personal oder Verwaltung mehrfach in verschiedenen Gruppen vorhanden sind, was Kosten erhöhen kann. Zudem erfordert diese Organisationsform von Führungskräften spezielle Fähigkeiten, insbesondere in den Bereichen Motivation, Prozessbegleitung und interdisziplinäre Zusammenarbeit.

Im Vergleich zur Matrixorganisation bietet die Produktgruppenorganisation den Vorteil größerer Autonomie und schnelleren Anpassungsmöglichkeiten. Während die Matrixorganisation bei klar definierten Aufgabenbereichen effektiver sein kann, ist die Produktgruppenorganisation ideal für Organisationen, die auf schnelle Veränderungen und innovative Lösungen angewiesen sind.

4.3.1.5 Stellenbeschreibungen

In allen klassischen Organisationstypen werden den Teilaufgaben der Organisation Stellen zugeordnet. Stellenbeschreibungen stellen somit eine notwendige Ergänzung zum Organisationsplan dar.

Schwarz (1987) charakterisiert die Stellenbeschreibungen wie folgt: „Stellenbeschreibungen sind ein praktisches Hilfsmittel der zweckmäßigen Eingliederung von Aufgabenträgern in organisatorische Beziehungszusammenhänge ... Der Hauptzweck von Stellenbeschreibungen besteht in der Sicherung einer rationalen, reibungslosen und kontinuierlichen Aufgabenerfüllung. Sie stellen die höchstentwickelte Form der schriftlichen Festlegung organisatorischer Regelungen in der Unternehmung dar. Insbesondere erstrecken sich Stellenbeschreibungen auf folgende Komplexe:

1. sachliche Festlegung der Aufgaben,
2. nähere Erläuterungen der organisatorischen Eingliederung der Stelle und Angabe organisatorischer Beziehungen (Verkehrswege),
3. Anleitung zur zweckmäßigen Aufgabenlösung und
4. Darstellung personeller Anforderungen auf Grund der Aufgabenübernahme durch den Stelleninhaber." (Schwarz 1987, zit. in: Olfert und Steinbuch 2003)

Um die Funktionen, Verantwortlichkeiten und Kompetenzen innerhalb der Ablauforganisation zu erfassen, ist der folgende Fragenkatalog hilfreich (Abb. 4.10).

4.3.2 Ablauforganisation

Die Ablauforganisation ist ein zentrales Element der organisatorischen Gestaltung in sozialen Einrichtungen. Sie bezieht sich auf die zielgerichtete Strukturierung, Koordination und Optimierung von Arbeits- und Bewegungsprozessen. Während sich die Aufbauorganisation mit der hierarchischen Gliederung einer Organisation befasst, betrachtet die Ablauforganisation die Abfolge von Tätigkeiten sowie die logische und zeitliche Reihung der Arbeitsschritte. Ziel ist es, durch eine sinnvolle Abstimmung von Aufgaben, Personen, Sachmitteln, Zeit und Raum die Effizienz der Prozesse zu steigern und gleichzeitig die Qualität der Leistungserbringung zu sichern.

Zur Veranschaulichung der Ablauforganisation werden in der Praxis häufig Flussdiagramme eingesetzt. Diese stellen die einzelnen Prozessschritte grafisch dar und machen Abläufe transparent, verständlich und analysierbar.

4.3 Analyse der Aufbau- und Ablauforganisation

Aufgabengliederung
- Wie ist die Aufgabengliederung und Aufgabenzuteilung an die einzelnen Mitarbeiter geregelt?
- Welche Aufgabenmittel gehören zu einer Stelle?
- Welche Kompetenzen hat ein Stelleninhaber?

Stabsstellen
- Bearbeiten die Stabsstellen Probleme, die die Linieninstanzen nicht bearbeiten können?
- Werden sie von den Linienstellen unterstützt?
- Wie ist das Verhältnis zwischen Linie und Stab?

Sachmittel
- Welche Sachmittel sind den Stellen zugeordnet?

Verantwortungs- und Kompetenzregelungen
- Wie sind die Aufgaben, Verantwortungen und Kompetenzen der Mitarbeiters geregelt?

Dienstweg
- Wie ist das Erteilen von Aufträgen und Weisungen sowie für wichtige Meldungen geregelt?

Analyse des Informations- und Kommunikationsflusses
- Wie ist der Informations- und Kommunikationsfluss im Unternehmen geregelt?
- Wer liefert welche Informationen und erhält welche Informationen bzw. wer hat das Recht, bestimmte Information abzurufen?

Delegationsregelungen
- Wie ist die Delegation von Kompetenzen geregelt?

Analyse der Stellvertretungsregelungen
- Ist für jede leitende Position ein Stellvertreter vorgesehen?
- Ist der Stellvertreter eingearbeitet und wird er auf dem Laufenden gehalten, so dass er jederzeit die Funktion des Stelleninhabers übernehmen kann?

Leitungssysteme
- Wer ist wem über- oder untergeordnet?
- Welche Weisungsrechte bestehen?

Überwachungs- und Dienstaufsichtsregelungen
- Wird die Durchführung der erteilten Aufträge überwacht?
- Existiert ein geordnetes Berichtswesen?
- Werden regelmäßige Besprechungen mit den direkt Unterstellten durchgeführt?

Koordinationsfunktionen
- Werden die Maßnahmen der Mitarbeiter der Organisation durch bewusste Koordination aufeinander abgestimmt?
- Werden regelmäßig Konferenzen durchgeführt?

Querfunktionen und Zentralabteilungen
- Übernehmen die Querfunktionen und Zentralabteilungen Aufgaben, welche die ganze Unternehmung oder mehrere Abteilungen betreffen? Gibt es hierfür klare Regelungen? Wie ist die Koordination und Zusammenarbeit der beteiligten Stellen geregelt?

Räumliche und zeitliche Beziehungen
- Welchen Weg nimmt ein Vorgang und in welcher Folge werden die Bearbeitungsschritte durchgeführt?

Mengenmäßige und logistische Beziehungen
- Wie wird die Arbeit bewältigt?
- Unter welchen Bedingungen wird sie erfüllt?

Abb. 4.10 Fragenkatalog zur Stellenanalyse. (Kolhoff 2005, S. 17)

> **Beispiel**
>
> Ein einfaches Beispiel hierfür zeigt Abb. 4.11, die den standardisierten Ablauf eines Telefongesprächs abbildet (Zell 2019). Der Prozess beginnt mit dem Abnehmen des Hörers, dem Wählen der Telefonnummer und der Feststellung, ob sich die Zielperson meldet. Bei Erfolg folgt das Gespräch; andernfalls wird geprüft, ob das Gespräch aufschiebbar ist. Falls ja, erfolgt ein Rücksprung zum Start, andernfalls wird aufgelegt. Dieses Modell illustriert ein klassisch linear-sequenzielles Verfahren, das sich durch Klarheit, Wiederholbarkeit und geringe Varianz auszeichnet – typische Merkmale standardisierter Prozesse in Organisationen. ◄

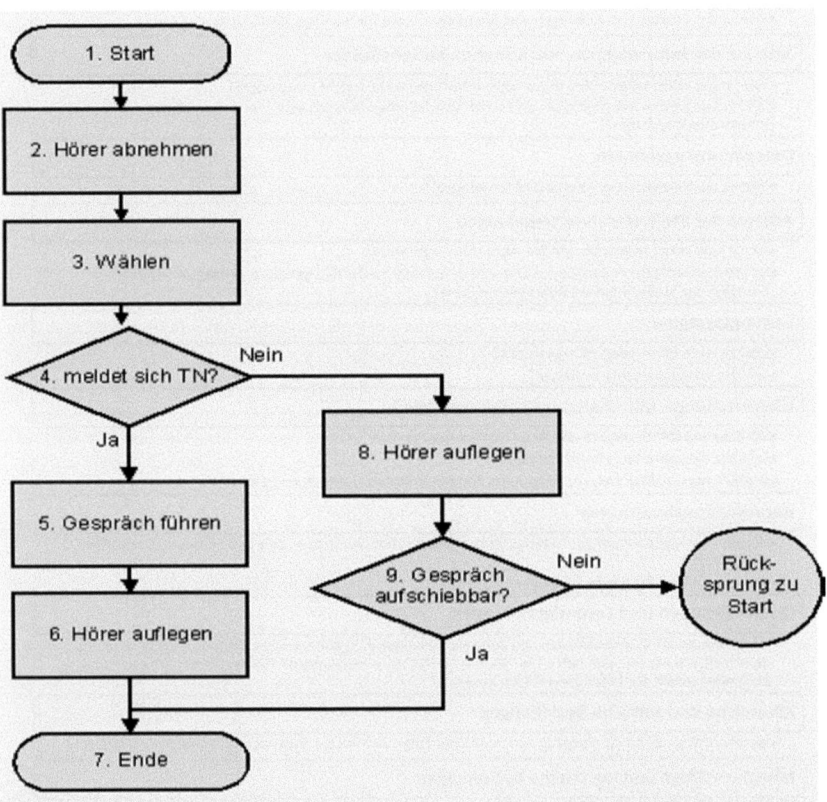

Abb. 4.11 Flussdiagramm zur Darstellung der Ablaufprozesse beim Telefonieren. (Zell 2019)

4.3 Analyse der Aufbau- und Ablauforganisation

Im Gegensatz dazu sind viele Prozesse in sozialen Organisationen komplexer, weniger linear und stärker von Interaktion geprägt. Dies zeigt sich exemplarisch in der Darstellung eines Hilfeplanverfahrens, wie es etwa im Kontext der Kinder- und Jugendhilfe Anwendung findet.

Beispiel

Ein solches Verfahren wird beispielsweise im Flussdiagramm des Niedersächsischen Landesamts für Soziales, Jugend und Familie visualisiert (vgl. Dehn und Schwarzer 2018, S. 39, Abb. 4.12). Der Ablauf ist zwar strukturiert – von der Bedarfsermittlung über die Hilfeplanung bis zur Umsetzung und Evaluation –, bleibt jedoch offen für individuelle Anpassungen. Beteiligte Fachkräfte, Kinder, Eltern und ggf. externe Institutionen müssen in Abstimmungsprozesse einbezogen werden, sodass sich die Struktur des Prozesses je nach Fallkonstellation ändern kann. ◄

Abb. 4.13 die ein Flussschema zur Beratung darstellt (Akademie für Öffentliches Gesundheitswesen), macht deutlich, dass Beratung nicht allein einem schematischen Ablauf folgt, sondern an die jeweilige Situation der ratsuchenden Person angepasst werden muss. Beginnend mit der Kontaktaufnahme und Erstberatung, können sich weitere Schritte wie differenzierte Diagnostik, Begleitung, Vermittlung oder Krisenintervention anschließen.

Ähnlich zeigt Abb. 4.14, die den Ablauf einer Krisenintervention darstellt, ein erweitertes Flussschema mit Rückkopplungsschleifen, situativer Priorisierung und Entscheidungsfeldern – ein Zeichen der Komplexität und Adaptivität sozialer Prozesse.

Ein weiteres Beispiel für eine prozessorientierte Ablauforganisation bietet das Schutzkonzept einer Grundschule im Fall eines Verdachts auf Kindeswohlgefährdung (Grundschule Henningstedt o.J., Abb. 4.15). Hier ist der Interventionsplan in Form eines strukturierten Prozessschemas gestaltet, wobei die Ablaufschritte – z. B. Wahrnehmung, Einschätzung, Dokumentation, Information relevanter Stellen, Einleitung von Schutzmaßnahmen – aufeinander aufbauen. Dabei bleibt das Ergebnis des Prozesses offen und erfordert eine kontinuierliche Anpassung an die Bedürfnisse der betroffenen Kinder. Der standardisierte Ablauf bietet den Fachkräften zugleich Sicherheit und Orientierung, ohne ihre professionelle Einschätzung zu ersetzen.

Solche interaktiven, entwicklungsoffenen Prozesse erfordern eine hohe Flexibilität und eine enge Zusammenarbeit der Beteiligten, da sie sich je nach individuellen Bedürfnissen oder situativen Anforderungen verändern können.

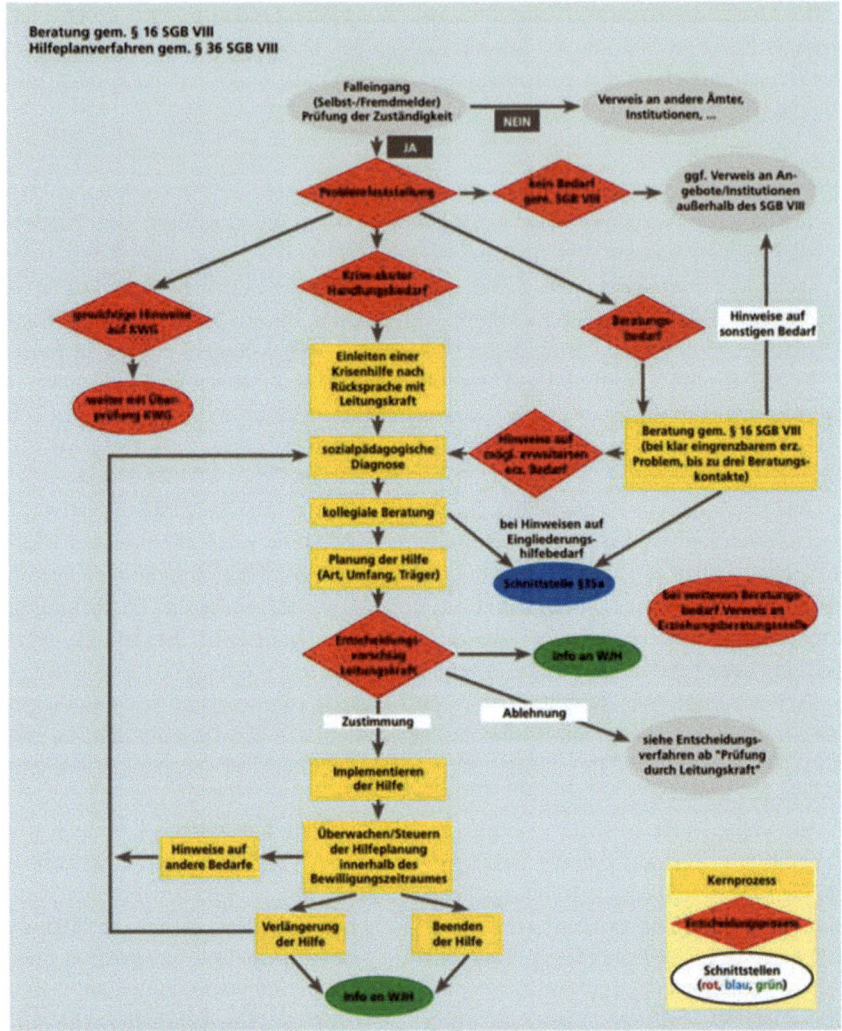

Abb. 4.12 Ablauf eines Hilfeplanverfahrens. (Dehn und Schwarzer 2018, S. 39)

4.3 Analyse der Aufbau- und Ablauforganisation

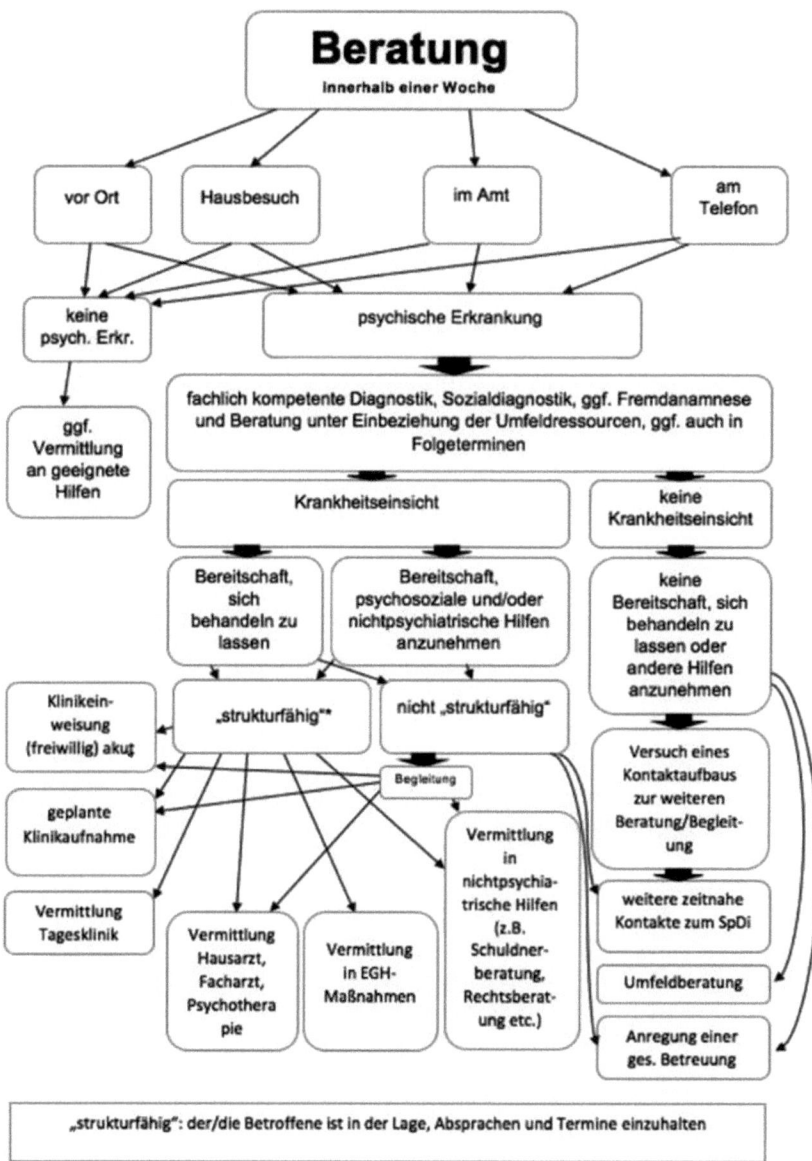

Abb. 4.13 Fluss-Schema Beratung. (Akademie für öffentliches Gesundheitswesen in Düsseldorf o.J.)

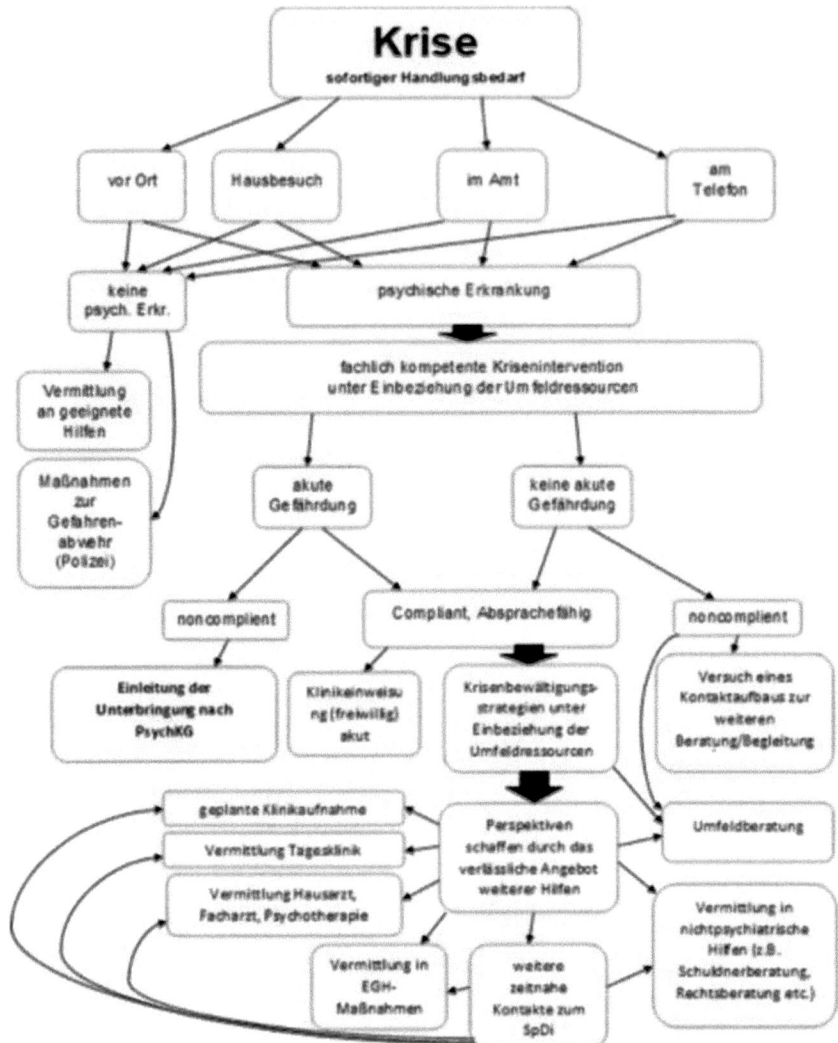

Abb. 4.14 Fluss-Schema Krisenintervention. (Akademie für öffentliches Gesundheitswesen in Düsseldorf o.J.)

4.3 Analyse der Aufbau- und Ablauforganisation

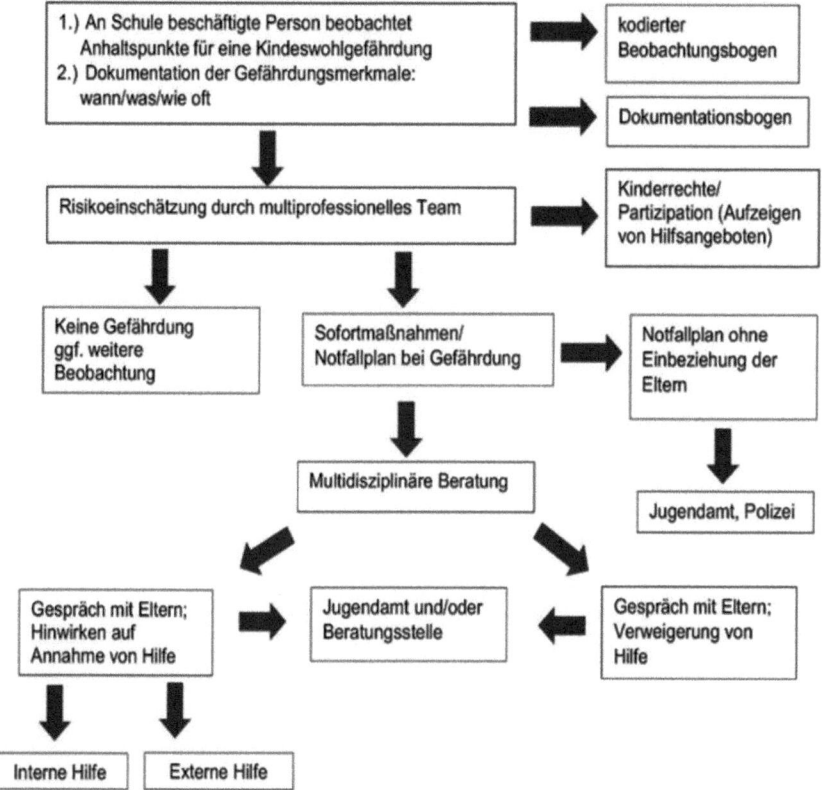

Abb. 4.15 Schutzkonzept einer Grundschule im Fall eines Verdachts auf Kindeswohlgefährdung. (Grundschule Henningstedt o.J., 8)

Zur Analyse der Ablauforganisation wird in einer Ist-Aufnahme der tatsächliche Ist-Zustand der einzelnen Arbeits- und Bewegungsabläufe ermittelt.

Hierzu stehen verschiedene Quellen zur Verfügung:

- Mitarbeiter
- organisatorische Dokumentationen
- Arbeitsmittel

Im folgenden Beispiel (Abb. 4.16) wird geklärt, ob das Kind Irene in ein Heim kommt oder nicht (Fremdunterbringung). Diese Frage wird in einem bürokratischen Prozess behandelt. Über 15 Prozessschritte hinweg sind zahlreiche Be-

Beispiel	Ablaufschritte														
Dimensionen	1	2	3	4	5	6	7	8	9	10	11	12	13	14	15
Personen	AL, Anfrage, ob Fremdunterbr. nötig	Abl 40, liest, Aktenvermerk	Sa 41 liest Aktenvermerk	SchD schreibt Vermerk	SA 41 liest und zeichnet ab, Weitergabe	Abl 40 liest Vermerk und unterschreibt	Abl 20 liest Vermerk, Weitergabe	Agl 21 liest Vermerk, Postverteilung	21 Zuarbeiter sucht Akte 21 z. Vermerk	Agl 21 liest, schreibt und diktiert Aktenvermerk/Stellungnahme	SchD schreibt	SA 41 liest, zeichnet ab, Weitergabe	Abl 20 liest, unterschreibt	Abl 40 liest Berichte, Weitergabe	Al liest Bericht und entscheidet: „Es bleibt alles beim alten"
Sachen	Akte 41 Handsch. Vermerk	Akte 41! Diktiert Vermerk	Akte 41 Diktiert Vermerk	Papier	Akte 41	Vermerk	Vermerk	Vermerk	Vermerk, Akte 21	Akte 21, Diktiermappe	Diktiermappe, Papier	Akte 21	Akte 21 und Bericht	Bericht und Akte 41	lässt Akte abheften
Zeit/Weg	10 Min.	3 Min.	5 Min.	10 Min.	5 Min.	5 Min.	5 Min.	5 Min.	5 Min.	20 Min.	15 Min.	5 Min.	5 Min.	10 Min.	5 Min.
Mittel	Postfach	Postfach	Diktiergerät, Postfach	Computer, Wiedergabegerät	Postfach	Postfach	Postfach	Postfach	Postfach Leiter	Diktiergerät	Computer, Wiedergabegerät, Postfach	Postfach	Postfach	Postfach	Postfach
Finanzen	A 15	A 13	A 10	BAT IX	A 10	A 13	A 12	A 11	BAT VIII	A 10	BAT IX	A 10	A 12	A 13	A 15

Al = Amtsleiter
Abl = Abteilungsleiter
Agl = Abteilungsgruppenleiter
SA = Sozialarbeiter
SchD = Schreibdienst
A = Gehaltsgruppen der Beamtenbesoldung
BAT = Bundesangestelltentarif
à Durchlaufzeit: 113 Minuten

Abb. 4.16 Beispiel einer IST – Ablaufanalyse, Problem: „Überprüfung der Notwendigkeit von Fremdunterbringung". (Mit kleinen Änderungen entnommen aus Müller-Schöll und Priepke 1983, S. 93 ff.)

4.3 Analyse der Aufbau- und Ablauforganisation

teiligte eingebunden: Amtsleiter, Abteilungsleiter, Gruppenleiter, Sozialarbeiter, Schreibdienste und administrative Mitarbeitende. Dokumentiert werden Zeitaufwand, verwendete Arbeitsmittel, Vermerke, Zuarbeiten und Gehaltsgruppen.

Der Vorgang beginnt damit, dass der Amtsleiter (AL) prüft, ob eine Fremdunterbringung notwendig ist. Anschließend liest der Abteilungsleiter (Abl 40) den vorhandenen Aktenvermerk. Danach wird der Aktenvermerk auch vom Sozialarbeiter (SA 41) gelesen. Im nächsten Schritt erstellt der Schreibdienst (SchD) einen Vermerk. Dieser wird wiederum vom Sozialarbeiter (SA 41) gelesen, abgezeichnet und weitergegeben. Der Abteilungsleiter (Abl 40) liest diesen Vermerk, unterschreibt ihn und leitet ihn weiter an den Abteilungsleiter (Abl 20), der ihn ebenfalls liest und weitergibt. Der Abteilungsgruppenleiter (Agl 21) liest anschließend den Vermerk und übernimmt die Postverteilung. Ein Zuarbeiter sucht daraufhin die Akte 21 heraus, um sie dem Vermerk hinzuzufügen. Danach liest, schreibt und diktiert der Abteilungsgruppenleiter (Agl 21) einen neuen Aktenvermerk oder eine Stellungnahme. Der Schreibdienst (SchD) setzt diese Stellungnahme um, welche dann erneut vom Sozialarbeiter (SA 41) gelesen, abgezeichnet und weitergegeben wird. Der Abteilungsleiter (Abl 20) liest und unterschreibt den überarbeiteten Bericht, den anschließend der ursprüngliche Abteilungsleiter (Abl 40) liest und weitergibt. Zum Schluss liest der Amtsleiter (AL) den Bericht, entscheidet sich jedoch, dass keine Änderungen vorgenommen werden müssen, und verbleibt bei der ursprünglichen Einschätzung.

In dem Beispiel erkennt man den hohen Personal-, Zeit- und Kostenaufwand bei der Bearbeitung des Sachverhalts, was eine Überprüfung der einzelnen Arbeitsschritte hinsichtlich ihrer grundsätzliche Notwendigkeit und zeitlichen Abfolge erforderlich macht.

Es stellt sich die Frage, welche Aufgaben nacheinander oder gleichzeitig erledigt werden können, wann mit welcher Aufgabe begonnen werden sollte und welche Aufgaben von welchen Mitarbeitenden übernommen werden. In der Regel werden diese Fragen durch Geschäftsordnungen und Dienstanweisungen geregelt.

Traditionell orientierten sich Organisationen an funktionsbasierten Strukturen, bei denen Abteilungen unabhängig voneinander arbeiteten. Dies führte jedoch oft zu Kommunikationsproblemen und ineffizienten Prozessen. Der Ansatz der Prozessorientierung betrachtet Arbeitsabläufe als ganzheitliche Prozesse, die Abteilungsgrenzen überschreiten und auf gemeinsam Ziele ausgerichtet sind.

Es werden Kern-, Management- und Supportprozesse unterschieden

- Die Kernprozesse sind auf den Kunden ausgerichtet und schaffen einen Kundennutzen.
- Die Managementprozesse übernehmen eine regelnde und entscheidende Funktion.
- Die Supportprozesse begleiten die Kernprozesse.

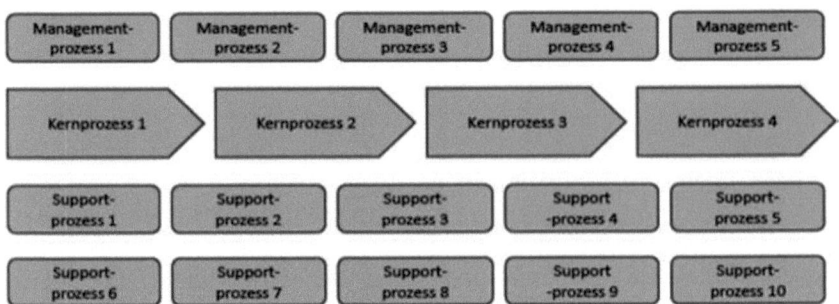

Abb. 4.17 Prozesslandkarte. (Blog der Lösungsfabrik 2017)

Neben den Kernprozessen, die direkt zur Wertschöpfung beitragen, spielen Unterstützungsprozesse eine wesentliche Rolle. Dazu zählen Tätigkeiten wie Personalwesen, IT-Support oder Finanzbuchhaltung, die einen reibungslosen Ablauf der Kernprozesse gewährleisten. Ohne diese unterstützenden Funktionen könnten die Hauptprozesse nicht effizient umgesetzt werden.

Kern-, Management- und Supportprozesse können in Prozesslandkarten grafisch dargestellt und systematisiert werden (Abb. 4.17). Anders als bei einem Organigramm, welches die Hierarchie eines Unternehmens abbildet, visualisiert die Prozesslandkarte eine hierarchielose Beziehung zwischen den Prozessen.

Die Kernprozesse in der Sozialwirtschaft können in linear-sequenzielle und interaktiv-entwicklungsoffene Prozesse unterschieden werden.

- Beispiele für linear-sequenzielle Prozesse sind Abrechnungsverfahren, Entscheidungsprozesse oder Planungsprozesse.
- Beispiele für interaktiv-entwicklungsoffene Prozesse sind Beratungsprozesse, Bildungsprozesse oder Betreuungsprozesse.

Während linear-sequenzielle Prozesse mit Flussdiagrammen gut formallogisch strukturiert und geregelt werden können, sind weiche Faktoren wie Vertrauensaufbau, Beziehungsarbeit, Kommunikation oder Empathie, die bei interaktiv-entwicklungsoffenen Prozessen von Bedeutung sind, nicht in Graphen abbildbar. Da das Prozessergebnis in interaktiv-entwicklungsoffenen Prozessen von der Mitwirkung des Kunden abhängig ist, kann Qualität hier nur in der Interaktion erzielt werden. Sie entsteht im Zusammenspiel von sozialarbeiterischer und sozialwirtschaftlicher Fachlichkeit.

Die Analyse der Ablauforganisation ist sehr viel zeitaufwendiger als die Analyse der Aufbauorganisation und liefert auch sehr viel mehr Interpretationsspielraum, denn es werden nicht nur objektive, sondern auch subjektive Probleme analysiert. Obwohl die Analyse von Schwachstellen der Prozessabläufe sehr aufwendig ist, können sie doch leicht interpretiert werden, während bei der Interpretation von subjektiven Schwachstellen, z. B. auf der Ebene des Verhaltens von Führungskräften und Mitarbeitern, ein hoher Interpretationsspielraum besteht, womit ich zum nächsten Abschnitt überleite.

4.4 Analyse formeller und informeller Verhaltensstrukturen

Die Ablauforganisationsanalyse hat in Ansätzen gezeigt, wie schwierig es ist, die informellen Informationen herauszufiltern und zu interpretieren. Systemisch betrachtet ist es gar nicht möglich, durch gezielte Eingriffe gewünschte und kalkulierbare Reaktionen zu erhalten. Stattdessen geht es darum, die Struktur eines Systems in seiner Gesamtheit zu erfassen.

Zu einem System gehören die Elemente des Systems und die Interaktionen zwischen den einzelnen Elementen. Eine reine Begrenzung auf einzelne Elemente ist unzureichend. In der Folge geht es darum, die im System vorhandenen Fähigkeiten, Strukturen und Ressourcen und den jeweiligen Bezugsrahmen zu nutzen.

Systemische Organisationsanalysen sind ein kommunikativer Prozess mit dem Ziel, Konstruktionen von Wirklichkeiten zu erfassen und mitzugestalten. Die Organisationsanalyse hat folglich die Aufgabe der Komplexitätsreduktion.

Doch insbesondere große Organisationen funktionieren nicht so, wie der Idealtypus der Bürokratie dies meint und vorschreibt, dass also Mitarbeiter wie Ameisen oder Bienen berechenbar wären und rollengerecht handeln würden (vgl. Bosetzky 1992, S. 27).

Mit Bosetzky (1992, S. 28) sind die folgenden axiomatischen Annahmen zu beachten:

- In jeder Organisation ist nur ein Teil der theoretisch vorhandenen Machtmenge fest an Personen und Positionen gebunden, der andere ist frei und verfügbar.
- Es wirken außerorganisatorische Machtpotenziale in die Organisation hinein.
- In jeder Organisation gibt es Menschen, die Macht und Einfluss suchen, und andere, die keine Machtinteressen haben.
- Wenn Organisationsmitglieder an der Erhöhung ihres Machtpotenzials interessiert sind, können sie das nur erreichen, wenn sie politisch handeln, also Koalitionen bilden, Gefolgsleute anwerben, diese für die Erreichung der eigenen Ziele arbeiten lassen und ihnen dafür ihrerseits Unterstützung gewähren.

Eine systemstrukturierte Organisationsanalyse versucht deshalb, neben den Rollen insbesondere die Autoritätsstrukturen in einer Organisation zu analysieren. Zu unterscheiden sind die hierarchische und personale Autorität und die Autorität, die aus Rollenakkumulationen eines Organisationsmitglieds entstehen (gleichzeitige Mitgliedschaft in anderen Organisationen, die für die Entscheidungen in der eigenen Organisation Gewicht haben). Letzteres ist in der öffentlichen Verwaltung und in der Sozialwirtschaft als Phänomen des „Filzes" und der „kommunizierenden Röhren" wohlbekannt.

Beispiel

Ein hochgestellter Caritas-Mitarbeiter wurde vom Bischof aufgefordert, Caritas-Direktor zu werden. Er wandte sich an einen Organisationsberater und sagte: „Mir fehlen hierzu doch sämtliche Fähigkeiten." Der Organisationsberater antwortete ihm: „Wenn der Bischof Dich aufgefordert hat, verfügst Du über die nötigen Fähigkeiten. Das konkrete Handwerkszeug im Managementbereich können andere beisteuern. Für den Direktoren-Posten ist der Rückhalt durch die „Kirchenpolitik", den Bischof, entscheidend. ◄

Soziale Organisationen sind auch politische Systeme, die formelle und informelle Strukturebenen aufweisen. Im angelsächsischen Sprachraum werden statt der Ebenen formell und informell die Begriffe Policy und Politics benutzt, um politische Prozesse zu beschreiben.

Policy vs. Politics
Unter Policy werden die formellen Steuerungsprinzipien und Handlungspläne verstanden, die das Verhalten der Akteure regeln.

Die informelle Ebene erfasst der Begriff Politics, der das Streben nach Macht bezeichnet.

Gemäß dem Sprichwort „in der Liebe und Politik ist alles erlaubt" können die vielfältigsten Taktiken und Techniken, Klugheit und Weisheit, aber auch Gerissenheit und Doppelzüngigkeit (vgl. Neuberger 2006, S. 27 f.) zum Tragen kommen.

Eine systemstrukturierte Organisationsanalyse befasst sich auf der formellen Policy-Ebene mit den geschilderten Strukturen der Aufbau- und Ablauforganisation und mit dem Verhalten der Führungskräfte und Mitarbeiter. Auf der eher informellen Politics-Ebene werden die Spiele, die in der Organisation gespielt werden, analysiert.

4.4.1 Spiele in Organisationen

Durch unterschiedliche Theorien ist versucht worden zu erklären, wie der Mensch, Strukturen, Ordnungen bzw. Kulturen geschaffen hat, z. B. als „Homo Sapiens", „Homo Oeconomicus", „Homo Faber" oder „Homo Religiosus". Anfang des 20. Jahrhunderts stellt Huizinga aus anthropologischer Perspektiven den Menschen als „Homo Ludens" dar (Huizinga 1938, 2004), der im Spiel neue Strukturen bzw. Kulturen schafft. Dies kann man auch auf Organisationen übertragen und von einem linearen Verständnis der Organisation zu einer Wahrnehmung von fließenden, sich flexibel verändernden Systemen gelangen.

Wenn Ordnungen als stabil und sicher wahrgenommen werden, fangen Menschen an, sich zu langweilen und beginnen zu spielen. Sie verändern in einem dynamischen Prozess die bestehenden Strukturen.

Da auch durch die detaillierteste Aufbau- und Ablauforganisation der Gestaltungs- und Verhandlungsspielraum der Organisationsmitglieder nicht vollkommen determiniert werden kann, haben die Organisationsmitglieder auf allen Hierarchieebenen Handlungsmöglichkeiten zum Spielen. Diese sind umso größer, je unentbehrlicher die einzelnen Akteure für die Organisation sind. Damit können die Handelnden die Fähigkeit der anderen zu „spielen" und ihre Strategien zu verfolgen, beeinflussen (vgl. Crozier und Friedberg 1993, S. 56).

Als Spiel werden Situationen bezeichnet, in denen das eigene Verhalten vom Verhalten anderer abhängt.

Typische Spielsituationen, in denen sich Handlungsfreiräume plötzlich auftun, sind Konflikt- und Konkurrenzsituationen, die im Folgenden als Spiele bezeichnet werden. Um Konflikt- und Konkurrenzsituationen in Organisationen analysieren zu können, sollten Berater über ein differenziertes Wissen von Spielstrukturen in Organisationen verfügen, damit sie die informellen Informationen komplex interpretieren und Strategien, Verhaltensmuster, Beziehungsgeflechte und Interessen herausfiltern können.

Doch oftmals ist es für Berater auch sinnvoll, die Kommunikation und Kooperation zwischen den Akteuren bewusst zu fördern und Spiele zu initiieren. Beispielsweise dann, wenn Abteilungen und Standorte Vergleichszirkel aufbauen sollen, um „Best-Practice-Modelle" zu entwickeln.

Wenn solche kooperativen Spiele initiiert werden sollen, müssen bestimmte Rahmenbedingungen erfüllt sein. So müssen die Dinge veränderbar sein, d. h. die Ergebnisse dürfen nicht von vornherein feststehen und auch die Vorgesetzten müssen ihre Rollen verändern und im Aushandlungsprozess nicht als Entscheider, sondern als Regisseure, Schiedsrichter und Koalitionspolitiker fungieren. Die Organisation sollte sich weiterhin nicht in erster Linie an formalen Dingen orientieren (Technostruktur), sondern an Personen und Gruppen (Soziostruktur) und Meta-Regeln festlegen (Systemstruktur), nach denen das Spiel ablaufen soll. Aufgabe der Organisationsanalyse ist es, diese Rahmenbedingungen und Regeln zu eruieren und zu interpretieren.

Von den fremdorganisierten, sind die selbstorganisierten Spiele zu unterscheiden, die in Organisationen entstehen, wenn Handlungsspielräume eröffnet werden, z. B. wenn Kompetenzen unklar definiert sind und neue Freiräume entstehen. Gerade im sozialen Bereich werden aufgrund unklarer Strukturen oftmals unbewusst Spiele initiiert. In der Folge kann es zu sehr kreativen und fruchtbaren Lösungen, aber auch zu lähmenden Machtkämpfen kommen, wie am folgenden Beispiel gezeigt wird.

> **Beispiel**
>
> In einer sozialen Einrichtung wurde der Leiter einer Abteilung zum Geschäftsführer befördert. Er wählte als Nachfolgerin eine schwache Persönlichkeit aus, womöglich, um keine potenzielle Konkurrenz entstehen zu lassen, und initiierte damit gleichzeitig ein nicht-kooperatives Machtspiel. Die neue Abteilungsleiterin übte einen Laissez-faire-Führungsstil aus. Das entstehende Machtvakuum bot den Rahmen für die Entstehung von Entscheidungs- und Handlungsfreiräumen, die schnell von verschiedenen Personen genutzt wurden. So wurde die Sekretärin der Abteilungsleitung, die aufgrund langjähriger Erfahrungen über detaillierte Einblicke verfügte, zur heimlichen Abteilungsleiterin. Sie spielte das Spiel „Jungtürken",[1] um das Machtzentrum zu übernehmen. Es kam zu sehr kuriosen Szenen. Da die Sekretärin aufgrund ihrer Funktion nicht an Sitzungen teilnehmen durfte, mussten z. B. auf Anweisung der Abteilungsleiterin bei Besprechungen die Türen offen bleiben, damit die Sekretärin im Vorzimmer das Gespräch mitverfolgen konnte, um mit den Informationen arbeiten zu können. Diese Situation wurde nicht von allen Mitarbeitern hingenommen. So versuchte z. B. auch ein Sozialarbeiter das entstandene Machtvakuum zu füllen und übernahm in den Besprechungen die Gesprächsleitung. Er spielte das Machtspiel „Aufruhr gegen formale Autoritäten." Doch dieses wurde von der Abteilungsleiterin und auch von anderen Mitarbeitern nicht akzeptiert. Sie spielten das Spiel „Gegenaufruhr" (Abb. 4.18). Die starken Konflikte führten dazu, dass die Abteilung gelähmt wurde. ◄

---

[1] In Organisationen bezeichnet man als „Jungtürken" Akteure, die bestehende Strukturen in Frage stellen und versuchen das Machtzentrum zu erobern. Sie stehen im Spannungsverhältnis zu etablierten Macht- und Entscheidungsträgern.

4.4 Analyse formeller und informeller Verhaltensstrukturen

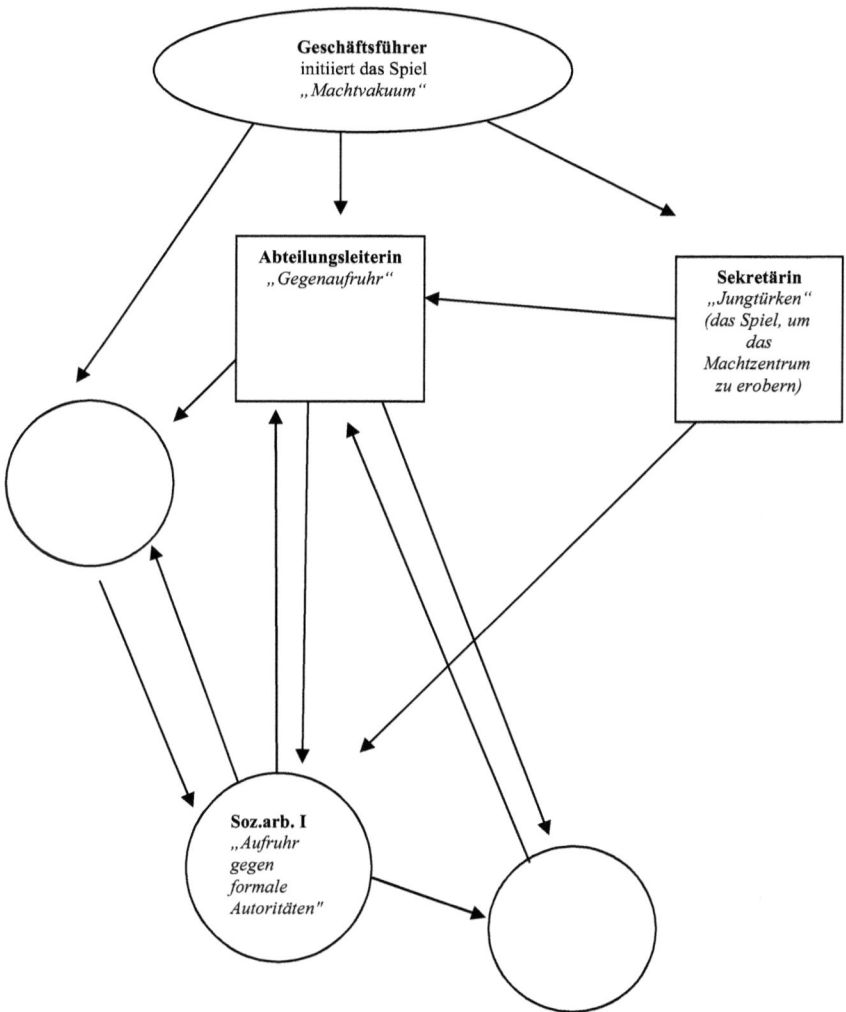

Abb. 4.18 Beispiel eines initiierten Machtspiels. (Eigene Darstellung)

Das geschilderte Machtspiel gehört zu den Wettkampfspielen und ist nur eine Variante aus der Fülle möglicher Spiele, die in Organisationen vorkommen.

Spielformen

Nach Caillois (1960, S. 46) lassen sich vier Spielformen – Agon, Alea, Mimicry und Ilinx – unterscheiden, die zwischen den beiden Pole, Paida und Ludus unterschiedliche Ausprägungen aufweisen. Abb. 4.19 verdeutlicht die Anordnung der Spiele in den einzelnen Spalten: Während das Element *Paida* nach unten hin abnimmt, nimmt das Element *Ludus* zu. *Paida* steht für Spontaneität, Ausgelassenheit und elementares Vergnügen, wohingegen *Ludus* Disziplin und regelgeleitete Aktivität bezeichnet.

	Agon (Wettkampf)	Alea (Chance)	Mimicry (Verkleidung)	Ilinx (Rausch)
Paida				
Lärm, Bewegung, unbändiges Gelächter	Nichtgeregelter Wettlauf, Kampf usw. Athletik	Auszählspiele, Zahl oder Adler	kindliche Nachahmung, Illusionsspiele, Puppe, Rüstung, Maske, Travestie	kindliche Drehspiele, Zirkus, Schaukel, Walzer
Drachen, Grillenspiel, Patiencen	Boxen, Billard, Fechten, Dame-Spiel, Fußball, Schach	Wette, Roulette		„volador" Jahrmarktsattraktion
Kreuzworträtsel	Sportwettkämpfe im Allgemeinen	einfache Lotterie, zusammengesetzte Lotterie, Lotterie auf Buchung	Theater Schaukünste im Allgemeinen	Ski Alpinismus, Kunstsprünge
Ludus				

Abb. 4.19 Einteilung/Klassifikation der Spiele. (Nach Caillois 1960, S. 46)

4.4 Analyse formeller und informeller Verhaltensstrukturen

Neuberger (1992) vertritt die Ansicht, dass die Spieltypologie nach Caillois fruchtbar für die Organisationsanalyse ist, weil im Spiel Freiräume für informelles Verhalten entstehen. Je nach Spiel gibt es unterschiedliche Objektregeln, die das konkrete Verhalten festlegen sowie Metaregeln, die die allgemeine Grundhaltung bestimmen.

Kennzeichnende Objektregel für Agon-Wettkampfspiele ist die Konkurrenz. Es gibt nur einen Sieger sowie klar feststellbare Ergebnisse. Die Überlegenheit wird direkt bestimmt, und Sieg oder Niederlage können Personen zugeschrieben werden.

Wettkampfspiele finden beispielsweise in der wirtschaftlichen Konkurrenz von Organisationen statt. Zunehmend treten sie auch in der Sozialwirtschaft auf, etwa im Rahmen von Ausschreibungsverfahren, der Einführung von Leistungsentgelten oder neuer Steuerungsansätze.

Zu den Wettkampfspielen gehören auch Machtspiele, die für den sozialen Bereich eine zentrale Rolle spielen.

Herrschaft ist die Institutionalisierung von Macht und wird im demokratischen Gemeinwesen durch Wahlen legitimiert. Politiker müssen Anschluss zur Bevölkerung herstellen, um gewählt zu werden und die Macht übertragen bekommen. Die Sozialpolitik spielt dabei eine entscheidende Rolle: Soziale Einrichtungen und Dienste decken zentrale Bedürfnisse der Bevölkerung. Der öffentliche Sektor greift daher auf den sozialen Sektor zurück, um in Legitimationsprozessen Stimmen zu sichern. Im Machtspiel kommt den Medien eine wichtige Funktion zu, da sie die Öffentlichkeit informieren und beeinflussen. Je mehr es sozialen Einrichtungen gelingt, neben dem direkten Kontakt zu Verwaltung und Politik auch Beziehungen zu den Medien aufzubauen, desto erfolgreicher agieren sie im Machtspiel.

Die bereits im Kaiserreich (1871–1914) und in der Weimarer Republik entstandenen Verbände der freien Wohlfahrtspflege entwickelten ihre Verbandsstrukturen, um Lobbyarbeit zu betreiben und Macht sowie Einfluss in Politik und Verwaltung zu gewinnen. Das für die Sozialverbände wichtige Subsidiaritätsprinzip wurde in den Sozialgesetzen verankert. Die Lebensweltorientierung der freien Wohlfahrtspflege bedeutet, dass Verbindungen zur Amtskirche bei Caritas und Diakonie oder zur Sozialdemokratie bei der AWO eine bedeutende Rolle spielen. Hier zeigt sich eine weitere Dimension des Machtspiels.

Eine Organisationsanalyse, die den Faktor Macht berücksichtigt, untersucht die Beziehungen zwischen Politik, Verwaltung und sozialen Einrichtungen. Sie analysiert sowohl die Kontakte der Akteure innerhalb der Institution als auch die Verbindungen der Institution zu prägenden gesellschaftlichen Akteuren, etwa Amtskirche, Parteien oder Gewerkschaften.

> **Beispiel**
>
> In einem konfessionell gebundenen Wohlfahrtsverband hat ein Kreisstellenleiter gute Kontakte zu Kirche und Politik. Er wird bei einem geringfügigen Anlass vom Direktor entmachtet, weil dieser in ihm einen informellen Konkurrent erkennt. ◄

Machtspiele

Auch innerhalb von Organisationen treten Machtspiele auf. Mintzberg (1991, S. 245) unterscheidet 13 Arten von Machtspielen (Abb. 4.20).

Typologie von Machtspielen

Widerstandsspiele

- Das Spiel „Aufruhr" gegen formale Autoritäten und Strukturen.
- Das Spiel „Gegenaufruhr," in dem die formale Autorität Rebellionen bekämpft.

Machtaufbauspiele

- Das Spiel „Sponsoring", in dem der Unterlegene seine Loyalität anbietet, um an der Macht zu partizipieren.
- Das Spiel „Aufbau einer Allianz" zum Aufbau einer Machtbasis.
- Das Spiel „Ausbau des Einflussbereichs".
- Das Spiel „Budgeting", der Kampf um Ressourcen.
- Das Spiel „Expertentum", um die eigene Position zu betonen.
- Das Spiel „Sich Aufspielen" z. B. durch Herumkommandieren.

Bekämpfungsspiele

- Das Spiel „Linie gegen Stab", Entscheidungsebene gegen Expertenebene.
- Das Spiel „rivalisierende Lager" um gemeinsame Ressourcen.

Veränderungsspiele

- Das Spiel „strategische Kandidaten" durch Verknüpfung verschiedener Spiele, um strategische Veränderungen zu erreichen.
- Das Spiel „Auffliegen lassen" durch Weitergabe von Insiderwissen.
- Das Spiel „Jungtürken", um das Machtzentrum zu ersetzen.

Abb. 4.20 Typologie von Machtspielen. (Mintzberg 1991)

4.4 Analyse formeller und informeller Verhaltensstrukturen

> **Beispiel**
>
> Im Rahmen der jährlichen Budgetverhandlungen werden die Jahresbudgets für die einzelnen Abteilungen einer Pflegeeinrichtung festgelegt. Dabei konkurrieren insbesondere die Pflegeabteilung und die Verwaltungsabteilung um die verfügbaren finanziellen Mittel (Spiel Budgeting). Die Pflegeabteilung argumentiert, dass eine höhere Finanzierung notwendig ist, um zusätzliches Pflegepersonal einstellen zu können, da die Unterbesetzung derzeitig zu Qualitätsmängeln in der Betreuung der Patienten führt. Die Verwaltungsabteilung hingegen fordert mehr Mittel für die Verbesserung der IT-Systeme, der Büroinfrastruktur sowie des Personalmanagements. Nach Ansicht der Verwaltungsabteilung verbessert eine optimierte Verwaltungsstruktur die Effizienz und Effektivität und wirkt sich damit positiv auf die Qualität der Pflegedienstleistungen aus. Beide Abteilungen versuchen, mit unterschiedlichen Taktiken ihre Interessen durchzusetzen. Dazu zählen etwa emotionale Appelle, das Bilden von Koalitionen mit anderen Abteilungen wie der Leitung (Spiel Aufbau einer Allianz) oder auch der Verweis darauf, dass die jeweilige Arbeit unter den bestehenden Bedingungen nicht mehr geleistet werden kann (Eigenes Beispiel). ◄

Alea – Glücksspiele
Beim Alea- Glücksspiel steht das Schicksal auf dem Prüfstand, wie bei der Börsenspekulation. Auch bei Glücksspielen unterwirft man sich freiwillig den Regeln. Man muss einen Einsatz leisten und kann diesen durch die Gunst des Schicksals zurückerhalten, erhöhen oder verlieren. Auch im sozialen Bereich werden oftmals Glücksspiele gespielt. Man setzt beispielsweise auf den Sieg einer Partei und damit ein versprochenes Förderprogramm, das möglicherweise zustande kommt oder auch nicht.

Mimicry – Verwandlungs- und Rollenspiele
Zu den Mimicry-Spielen und ihren kulturellen Formen gehören Karneval, Theater, Kino, aber auch der Starkult. Zu den Berufen, mit Mimicry-Charakter zählen Repräsentationsberufe. Der Schauspieler lebt in einer ‚Als-ob-Welt' und wechselt seine Identitäten. Bei den Mimicry-Spielen kommt es auf den Eindruck an, den man auf andere macht. Ohne Publikum sind Mimicry-Spiele sinnlos.

Auch in sozialen Organisationen findet Mimicry Anwendung, insbesondere im Bereich der Außendarstellung. Häufig werden bekannte Inhalte unter neuen Begriffen präsentiert, indem beispielsweise neue „Labels" verwendet werden, die lediglich altbekannte Konzepte in neuer Form darstellen. Diese Form der Darstellung ist besonders dann relevant, wenn soziale Einrichtungen ihre traditionellen Angebote an veränderte Erwartungen und Rahmenbedingungen anpassen müssen. Ein Beispiel hierfür ist die Arbeit von Jugendzentren, die bewährte Aktivitäten unter dem Begriff „Antigewalttraining" anbieten, um Zugang zu spezifischen Fördermitteln zu erhalten.

Auch innerhalb von Organisationen spielt Mimicry eine Rolle – etwa durch die Einführung von Leitbildern zur Förderung der Corporate Identity. Häufig handelt es sich dabei um symbolische Maßnahmen, die Motivation und Zugehörigkeitsgefühl stärken sollen, ohne inhaltlich Neues zu bieten. Ebenso kann sich Mimicry zeigen, wenn klassische Anweisungen in Form von Zielvereinbarungen oder im Rahmen des Kontraktmanagements formuliert werden.

Mimicry-Spiele werden aber auch von Individuen verlangt, etwa bei der ‚Kunst des Aufstiegs'.

> **Beispiel**
>
> In vielen Unternehmen befinden sich auf der mittleren Ebene überdurchschnittlich viele Mitarbeiter mit durchschnittlicher Leistung. Für den Aufstieg gilt es diese Ebene zu überwinden. Doch die mittlere Ebene versucht nur Mittelmäßige aufsteigen zu lassen und blockiert leistungsstärkere Kollegen, damit sie ihr nicht gefährlich werden können. Die Kunst des Aufstiegs besteht darin, Mimicry zu betreiben und sich der mittleren Ebene anzupassen. Für den Aufstieg ist es erforderlich, sich anzupassen und der mittleren Ebene den Eindruck von Durchschnittlichkeit zu vermitteln, um akzeptiert zu werden und später weiter aufsteigen zu können. ◄

Ilinx – Ekstatische Spiele
Hier geht es darum, aus Ordnungsregeln auszubrechen. Rausch, Exzess und Überschreitungen sprengen die Ketten der Normalität (vgl. Neuberger 1992, S. 76). Rennfahren, Drachenfliegen etc. sind kulturelle Formen von Rausch-Spielen, aber auch Alpinismus und Skisprung.

Im sozialen Bereich treten ekstatische Spiele auf, wenn riskante Transaktionen durchgeführt werden: So kann es geschehen, dass führende Vertreter sozialer Einrichtungen und Dienste sich bei Expansionen vom Streben nach Wachstum mitreißen lassen, manchmal ohne die wirtschaftlichen Konsequenzen zu beachten. Rauschhaft können sich Sozialmanager aber auch auf Geschäftsfelder wagen, in denen sie keine ausreichende Expertise besitzen, etwa wenn sie riskante finanzielle Operationen tätigen, um Engpässe zu beheben. Rauschhaft können auch Veränderungsprozesse sein, wenn Führungskräfte sich am Neuen berauschen und bewährte Strukturen oder Bereiche leichtfertig aufgeben. Rauschhaft kann auch der Genuss der tatsächlichen oder vermeintlichen Macht sein. Dieses Phänomen kann nicht nur bei Führungskräften, sondern auch Mitarbeitern auftreten, wenn sie, etwa im Pflegebereich, ihre Macht gegenüber Klienten ausnutzen und sich daran übermäßig erfreuen.

4.4 Analyse formeller und informeller Verhaltensstrukturen

Ein guter Organisationsanalytiker hat ein Gespür für die Spiele, die von den Führungskräften und Mitarbeitern in einer Organisation gespielt werden. Er wird nur solche Veränderungen vorschlagen, die vor dem Hintergrund des jeweiligen Spieltyps sinnvoll sind und das gespielte Spiel berücksichtigen oder dazu führen, dass neue Regeln für neue Spiele aufgestellt werden können. Weiterhin wird er auf gefährliche Spiele hinweisen und für eine Änderung der Spielregeln plädieren oder bei deren Entwicklung mitwirken. Er sollte angemessene Spiele unterstützen, die auch Formen des mitmenschlichen Umgangs berücksichtigen.

4.4.2 Analyse der Verhaltensstrukturen der Führungskräfte

Maßgeblich für die, in der Organisationsanalyse untersuchten Spiele, sind die Führungskräfte; ihnen gilt daher ein besonders kritischer Blick. Fordern sie von ihren Mitarbeitern Wettkämpfe, Rausch und Machtausübung – und sind die Mitarbeiter überhaupt in der Lage, diese geforderten Spiele zu spielen?

Erfolg oder Misserfolg von Dienstleistungsorganisationen in der Sozialwirtschaft hängen daher in hohem Maße vom Engagement und der Empathie der tätigen Führungskräfte ab.

Da es bei der Organisationsanalyse vornehmlich um Effektivitäts- und Effizienzverbesserungen geht, wird im Folgenden ein Analysemodell vorgestellt, das sich am Kontingenzmodell Fiedlers orientiert. Dieses Modell stellt die Leistungsfähigkeit der Organisation in den Mittelpunkt und die Abhängigkeit (Kontingenz) zwischen Führungssituationen und den erzielten Ergebnissen analysiert. Die folgenden drei Variablen-Gruppen werden dabei untersucht:

- Günstigkeit der Führungssituation,
- Aufgaben- oder beziehungsorientierter Führungsstil,
- Arbeitsleistung (vgl. Hentze 2005, S. 301)

1. Variablengruppe: Günstigkeit der Führungssituation.

Die Günstigkeit der Führungssituation wird anhand der drei Ebenen

- Führer-Geführten-Beziehung,
- Strukturierung der Aufgabensituation und
- Positionsmacht der Führungsperson

analysiert.

In einem ersten Schritt wird das Verhältnis zwischen Führungskraft und Mitarbeitenden untersucht. Die Führer-Geführten Beziehungen werden anhand von acht Kriterien analysiert, die Vorgesetzte bewerten sollen. Der Bereich Führer-Geführten-Beziehung wird mit den Kategorien gut und schlecht bewertet.

Aspekte zur Analyse der Führer – Geführtenbeziehung (Kategorie: gut/schlecht) (vgl. Hentze 2005, S. 301)

1. Meine Untergebenen kommen sehr gut miteinander aus.
2. Meine Untergebenen sind zuverlässig und vertrauenswürdig.
3. Unter meinen Untergebenen scheint eine freundliche Atmosphäre vorzuherrschen.
4. Meine Untergebenen sind bei der Zusammenarbeit mit mir stets kooperativ.
5. Zwischen meinen Untergebenen und mir bestehen Spannungen.
6. Meine Untergebenen leisten echte Hilfe und Unterstützung bei der Arbeit.
7. Meine Untergebenen kooperieren miteinander bei der Arbeit.
8. Meine Beziehungen zu den Untergebenen sind in Ordnung.

In einem zweiten Schritt wird analysiert, wie strukturiert die Aufgabensituation ist. Hierfür werden den Führungskräften die folgenden Fragen gestellt:

Fragen zur Analyse der Strukturierung der Aufgabensituation (Kategorien: strukturiert/unstrukturiert) (vgl. Hentze 2005, S. 302 f.):

Ist das Ziel eindeutig und bekannt?

1. Ist eine Skizze, ein Bild, ein Modell oder eine detaillierte Beschreibung des fertigen Produkts bzw. der Dienstleistung erhältlich?
2. Gibt es einen Berater, der Auskunft über das fertige Produkt bzw. die Dienstleistung oder die Arbeitsweise geben kann?

Gibt es ein mögliches Vorgehen bei der Aufgabenerfüllung?

3. Besteht ein Schritt-für-Schritt-Schema oder ein standardisiertes Verfahren, das den Verlauf der Arbeit detailliert vorschreibt?
4. Wird die Aufgabe nach einer vorbestimmten Methode in Teilaufgaben oder Schritte gegliedert?
5. Werden bestimmte Methoden zur Aufgabenerfüllung eindeutig als besonders geeignet angesehen?

4.4 Analyse formeller und informeller Verhaltensstrukturen

Gibt es eine richtige Antwort oder Lösung?
6. Ist eindeutig erkennbar, wann die Aufgabe erfüllt und die richtige Lösung gefunden ist?
7. Gibt es ein Handbuch oder eine Arbeitsanleitung, die auf die beste Lösung oder das beste Ergebnis der Aufgabe verweist?

Ist leicht zu beurteilen, ob die Aufgabe richtig durchgeführt wurde?
8. Besteht ein allgemein bekanntes Konsens darüber, nach welchen Kriterien das Produkt oder die Dienstleistung beurteilt wird?
9. Wird meist anhand quantitativer Maßstäbe beurteilt?
10. Wird dem Vorgesetzten und der Gruppe das Ergebnis der Beurteilung rechtzeitig mitgeteilt, sodass die zukünftige Arbeit verbessert werden kann?

In einem dritten Schritt wird untersucht, wie stark die formale Autorität oder Positionsmacht der Führungsperson ist.

Fragen zur Analyse der formalen Autorität oder Positionsmacht (Kategorien: stark/schwach) (vgl. Hentze 2005, S. 303)

1. Kann der Vorgesetzte seinen Untergebenen direkt oder auf dem Verfügungsweg Belohnung erteilen und Strafen verhängen?
2. Kann der Vorgesetzte direkt oder auf dem Empfehlungsweg die Beförderung, Rückversetzung, Einstellung oder Entlassung seiner Untergebenen erwirken?
3. Verfügt der Vorgesetzte über alle notwendigen Kenntnisse zur Aufgabenverteilung und zur Instruktion der Untergebenen?
4. Ist es Aufgabe des Vorgesetzten, die Leistungen seiner Untergebenen zu beurteilen?
5. Wurde dem Vorgesetzten durch die Organisation ein offizieller mit Autorität verbundener Titel verliehen (z. B. Vorarbeiter, Abteilungsleiter usw.)?

Nach Fiedler (1995) kommt der Führer-Geführten-Beziehung bei der Bestimmung der Bestimmung der Günstigkeit einer Führungssituation der höchste Stellenwert zu. Dies liegt daran, dass Führungskräfte auch bei unstrukturierten Aufgaben und geringer Positionsmacht ihre Ziele erreichen können, wenn die Beziehung zu den Mitarbeitenden gut ist.

An zweiter Stelle steht die Aufgabenstruktur, da klar strukturierte Aufgaben keine hohe Positionsmacht erfordern. Während Aufgabenstruktur und Positionsmacht weitgehend durch die Organisation vorgegeben sind, hängt die Führer-Geführten-Beziehung stark von der Person der Führungskraft ab.

Die Qualität dieser Beziehung, die Strukturierung der Aufgaben und die formale Autorität bzw. Positionsmacht bestimmen gemeinsam die Günstigkeit der Führungssituation. Am günstigsten ist die Situation, wenn die Beziehungen zwischen Führungskraft und Mitarbeitenden gut sind, die Aufgaben klar strukturiert sind und die Positionsmacht hoch ist.

Variablengruppe: Aufgabenorientierter oder beziehungsorientierter Führungsstil

Zur Untersuchung des Führungsstils dient die LPC-Skala (Least Preferred Coworker Scale). Der Least Preferred Coworker bezeichnet den Mitarbeitenden, der am wenigsten geschätzt wird. Mit dieser Skala wird gemessen, inwieweit der Führende diesen am wenigsten geschätzten Mitarbeiter noch relativ wohlwollend beschreibt.

Hierzu wird folgende Frage gestellt: „Denken Sie an einen Mitarbeiter, mit dem Sie am schlechtesten zusammenarbeiten konnten, mit dem Sie bei der Erledigung der Sachaufgaben die größten Schwierigkeiten hatten".

Auf einer Skala von 18 Adjektiven (Abb. 4.21) wird dieser am wenigsten geschätzte Mitarbeiter beschrieben.

Die Punkte werden aufsummiert. Wenn der am wenigsten geschätzte Mitarbeiter relativ negativ beurteilt wird, ergibt sich ein niedriger LPC-Wert (aufgabenorientiert). Dieser Wert weist auf eine Führungskraft hin, die sich von diesem Mitarbeiter eher trennen wird, als eine Führungskraft mit einem hohen LPC-Wert (beziehungsorientiert), die diesen Mitarbeiter eher hält. Somit stellt diese Skala den Versuch dar, zu eruieren, inwieweit die Führungskraft sich an den Ergebnissen oder an der Person des Mitarbeiters orientiert.

Policy vs. Politics
hoher LPC-Wert = beziehungsorientierter Führungsstil (der am wenigsten geschätzte Mitarbeiter wird positiv bewertet)
 niedriger LPC-Wert = aufgabenorientierter Führungsstil (der am wenigsten geschätzte Mitarbeiter wird negativ bewertet)

Während der aufgabenorientierte Führungsstil (task-orientated leadership style) leistungsorientiert ist, ist der beziehungsorientierte Führungsstil (relationship-orientated leadership style) interaktionsorientiert und versucht, das Bedürfnis nach guten menschlichen Beziehungen zwischen Führungskraft und Mitarbeitenden zu befriedigen.

Variablengruppe: Arbeitsleistung

4.4 Analyse formeller und informeller Verhaltensstrukturen

1. angenehm	87654321	unangenehm
2. zurückweisend	12345678	entgegenkommend
3. freundlich	87654321	unfreundlich
4. gespannt	12345678	entspannt
5. distanziert	87654321	persönlich
6. kalt	12345678	warm
7. unterstützend	87654321	feindselig
8. langweilig	12345678	interessant
9. streitsüchtig	87654321	ausgleichend
10. verdrießlich	12345678	heiter
11. offen	87654321	verschlossen
12. verleumderisch	12345678	loyal
13. unzuverlässig	87654321	zuverlässig
14. rücksichtslos	12345678	rücksichtsvoll
15. widerlich	87654321	nett
16. akzeptabel	12345678	nicht akzeptabel
17. unaufrichtig	87654321	aufrichtig
18. gefällig	12345678	nicht gefällig

Abb. 4.21 Least-Preffered-Coworker-Scale. (Fiedler 1995, S. 943)

In einer dritten Variablengruppe wird die Arbeitsleistung anhand der primären Aufgabenerfüllung im Sinne der Ergebnisqualität bewertet. Gemessen werden Vermittlungsquoten, Bearbeitungszeiten, Rückfallquoten, Klientenzufriedenheit, Ressourcenbeschaffung etc.

Kontingenz

Nach Fiedler besteht eine Kontingenz zwischen diesen drei Variablengruppen, also der Günstigkeit der Führungssituation, dem Führungsstil und dem Leistungsergebnis (Abb. 4.22).

> Fiedler kommt zu dem Ergebnis, dass aufgabenorientierte Führungskräfte dann zu guten Ergebnissen gelangen, wenn die Situation sehr günstig oder sehr ungünstig ist, während beziehungsorientierte Führungskräfte vor allem dann effektiv sind, wenn die Situation eine mittlere Günstigkeit aufweist.

Führungssituation \ Führertyp	günstige Führungssituation	mittlere Günstigkeit der Führungssituation	ungünstige Führungssituation
Beziehungsorientiert (hoher LPC-Wert)	Verhalten etwas egozentrisch, anscheinend mit der Aufgabe befasst, Leistung schwach	Verhalten rücksichtsvoll, offen und teilnehmend, Leistung gut	Verhalten ängstlich, zurückhaltend, übermäßig mit zwischenmenschlichen Beziehungen befasst, Leistung schwach
Aufgabenorientiert (niedriger LPC-Wert)	Verhalten hilfreich, Leistung gut	Verhalten zurückhaltend, auf die Aufgabe konzentriert, Leistung schwach	Verhalten richtungsweisend, auf die Aufgabe konzentriert, ernst, Leistung relativ gut

Abb. 4.22 Kontingenzmodell. (Vgl. Kolhoff 2005, S. 31)

In günstigen Situationen ist die Aufgabe klar. Der beziehungsorientierte Vorgesetzte hat hier kaum eine Aufgabe und wird möglicherweise sogar als störend empfunden (Hentze 2005). Auch in ungünstigen Situationen (schlechte Beziehung, unstrukturierte Aufgaben und geringe Positionsmacht) konzentriert sich der aufgabenorientierte Vorgesetzte auf die Zielerreichung. Er plant, organisiert und mahnt zur Leistung. In solchen Fällen versagt nach Fiedler der beziehungsorientierte Vorgesetzte, da er sich vorrangig um die Mitarbeitenden kümmert und die ungünstige Situation nicht bewältigen kann. Anders verhält es sich bei Aufgaben mit mittlerer Günstigkeit aus (z. B. die Aufgabe ist strukturiert, der Vorgesetzte aber unbeliebt). Hier sind diplomatische Fähigkeiten entscheidend. Wenn die Aufgaben unstrukturiert sind und die Führungsperson beliebt ist, muss der komplexe Aufgabenbereich mit der Gruppe koordiniert werden. Für diese Situation ist der beziehungsorientierte Vorgesetzte besser geeignet, da er die Mitarbeiter einbindet, während der aufgabenorientierte Vorgesetzte die Gruppe eher behindern würde.

Nach Fiedler ist der Führungsstil einer Persönlichkeit stabil und nur schwer veränderbar. Deshalb muss die Führungsperson die Situation an ihren Führungsstil anpassen.

In der Vergangenheit war die Sozialwirtschaft durch Führungssituationen gekennzeichnet, die oftmals eine mittlere Günstigkeit aufwiesen. Folglich waren beziehungsorientierte Führungspersönlichkeiten, die einen hohen LPC-Wert aufwiesen, besonders erfolgreich. Dies hat sich geändert. Die Führungssituationen wurden im Zuge der Ökonomisierung des Sozialwesens ungünstiger. Orientiert man sich an Fiedlers Modell, bedeutet dies, dass aufgabenorientierte Führungskräfte, die einen niedrigen LPC-Wert aufweisen, zum Zuge kommen, da sie in ungünstigen Situationen bessere Leistungsergebnisse erbringen können. In ungünstigen Situationen gilt also: Je klarer die Anweisungen, desto motivierter sind die Mitarbeiter.

4.4.3 Analyse der Verhaltensstrukturen der Mitarbeiter

In der Sozialen Arbeit bilden die Mitarbeitenden das zentrale Potenzial. Ihre Motivation entscheidet maßgeblich über Erfolg oder Misserfolg von Organisationen der Sozialwirtschaft. Für den Organisationsanalytiker gilt es daher, die Faktoren zu identifizieren, die das Verhalten der Mitarbeitenden beeinflussen, um gegebenenfalls Impulse für Verhaltensänderungen zu entwickeln (Schwarz 2001; Beck und Schwarz 2016). Hierfür ist die Kenntnis der vielfältigen Verhaltenstheorien hilfreich. Unterschieden wird zwischen Inhaltstheorien und Prozesstheorien:

- Inhaltstheorien beschreiben, was menschliches Verhalten hervorruft und aufrechterhält. Die Bedürfnistheorie von Maslow ist die bekannteste Inhaltstheorie.
- Prozesstheorien bieten einen Erklärungsversuch, wie ein bestimmtes Verhalten entsteht, gelenkt, erhalten und abgebrochen wird. Eine bekannte Prozesstheorie ist die Erwartungs-Valenz-Theorie von Vroom.

Bedürfnistheorie nach Maslow

Maslow (1954) geht davon aus, dass der Mensch sich selbst entfalten und verwirklichen will („self-actualisation"). Er sieht den Menschen als „wanting animal", der sich durch Bedürfnisse motivieren lässt, und geht von einer Hierarchie der menschlichen Bedürfnisse aus, die er in fünf Klassen unterteilt. An der Basis befinden sich die grundlegenden körperlichen Bedürfnisse, während an der Spitze das Bedürfnis nach Selbstverwirklichung steht, das aber erst dann verwirklicht werden kann, wenn alle grundlegenderen Bedürfnisse befriedigt sind. Folglich sind

Abb. 4.23 Bedürfnis-Pyramide nach Maslow. (Eigene Darstellung)

die einzelnen Ebenen der Hierarchie nach ihrer jeweiligen „Dringlichkeit der Erfüllung" geordnet. Ist z. B. sein Basisbedürfnis nach Nahrung, Kleidung und Schlaf befriedigt, sucht der Mensch nach höherstehenden Bedürfnissen in der Hierarchie und versucht nun diese zu befriedigen (Abb. 4.23).

Physiologische Bedürfnisse:

Dies sind die existenziellen Bedürfnisse des Menschen, die biologisch bedingt sind, wie die Sauerstoff, Nahrung, Wasser, Schlaf, Bewegung, einer relativ konstanten Körpertemperatur, Witterungsschutz und Sexualität. Wenn die physiologischen Bedürfnisse nicht erfüllt werden, fühlt sich der Mensch krank, gereizt und unwohl. Um die physiologischen Bedürfnisse sicherzustellen, muss der Mensch seine Umgebung entsprechend gestalten, z. B. indem er für seinen Unterhalt sorgt.

Sicherheitsbedürfnisse:

Wenn die physiologischen Bedürfnisse erfüllt sind, widmet sich der Mensch den Sicherheitsbedürfnissen. Dazu zählen persönliche und soziale Sicherheit,

Schutz vor Gefahren, Freiheit von Furcht, Angst und Chaos, geordnete und beherrschbare Lebens- und Arbeitsumstände, wirtschaftliche Sicherheit, Arbeitsplatzsicherheit sowie Vorsorge für eine unsichere Zukunft. Bei der Berücksichtigung der Sicherheitsbedürfnisse geht es um den Schutz vor negativen Einflüssen und die Sicherung dessen, was bereits in der ersten Stufe erreicht wurde.

Soziale Bedürfnisse:

Auf die Sicherheitsbedürfnisse folgen die sozialen Bedürfnisse. Menschen streben nach Gemeinschaft und Zugehörigkeit. Sie wollen akzeptiert und geliebt werden und haben den Wunsch nach Zuneigung, Zuwendung, Kontakt, Zugehörigkeit, Anerkennung und Freundschaft. Sie fürchten Einsamkeit, Ablehnung und Entfremdung.

Wertschätzungsbedürfnisse:

Wenn die ersten drei Bedürfniskategorien abgedeckt sind, werden die Wertschätzungsbedürfnisse dominant. Es gibt zwei Arten von Wertschätzungsbedürfnissen: 1) das Bedürfnis nach Selbstvertrauen und eigener Wertschätzung und 2) das Bedürfnis nach Anerkennung durch andere, im Sinne von Status, Feedback, Beachtung und Wertschätzung.

Menschen brauchen Selbstachtung und Achtung von anderen, um sich zufrieden, selbstbewusst und wertvoll zu fühlen. Wenn diese Bedürfnisse nicht erfüllt werden, fühlen sie sich unterlegen, hilflos, frustriert, schwach, vernachlässigt, zurückgewiesen, ohnmächtig, wertlos oder erniedrigt.

Selbstverwirklichungsbedürfnisse:

Wenn die anderen Bedürfnisse erfüllt sind, wird das Bedürfnis nach Selbstverwirklichung aktiv. Maslow versteht darunter das Bedürfnis, das zu sein und zu tun, wozu man berufen ist. Selbstverwirklichung heißt, dem eigenen inneren Drang zu folgen, sich nicht verstellen, sich mit sich im Einklang zu fühlen, weder unter- noch an überfordert zu sein, eigene Fähigkeiten einzubringen, Frieden zu finden und glücklich zu sein. Hierzu gehört die Entfaltung individueller Fähigkeiten, die Entwicklung der Persönlichkeit, das Streben nach Unabhängigkeit und Kreativität sowie die Verwirklichung des eigenen Potenzials. Wer sich nicht selbst verwirklichen kann, hat das Gefühl, dass etwas fehlt, und ist ruhelos, rastlos, nervös und angespannt.

Eine an der Maslowschen Bedürfnishierarchie orientierte Analyse des Mitarbeiterverhaltens untersucht, ob die Organisation die Bedürfnisse ihrer Mitarbeiter berücksichtigt. Zu beachten ist, dass für Mitarbeiter in sozialen Organisationen insbesondere soziale, Wertschätzungs- und Selbstverwirklichungsbedürfnisse ausschlaggebend sind. Doch sollten die Grenzen des Ansatzes beachtet werden. Das Modell ist zwar dank seiner Klarheit und Einfachheit überzeugend, doch die Begriffe sind unscharf und daher schwer zu operationalisieren. Auch trifft die lineare Hierarchie nicht auf alle Menschen zu. So überspringen beispielsweise asketische Menschen untere Stufen der Bedürfnispyramide. Weiterhin blendet Maslows Ansatz äußere Realitäten wie Gewalt und Zerstörung aus und führt Selbstverwirklichung ausschließlich auf individuelle Bedürfnisbefriedigungen zurück. Doch exzessive Bedürfnisbefriedigung führt nicht unbedingt zur Selbstverwirklichung, sondern kann auch psychische Defekte zur Folge haben. Auch ist die sich aus dem Ansatz ergebende Folgerung, dass ein Mensch so lange motivierbar ist, solange seine Bedürfnisse noch nicht gestillt sind, nicht eindeutig umsetzbar. So kann diese Folgerung einerseits so interpretiert werden, dass die Organisation zur Bedürfnisbefriedigung beitragen soll, um dem Mangel abzuhelfen und andererseits so, dass die Mangelsituation zu konservieren sei, da die Erfahrung von Mangel die Quelle der Motivation ist.

Erwartungs-Valenz-Theorie von Vroom

Das Modell von Vroom (1964) geht davon aus, dass die Leistungsbereitschaft eines Mitarbeiters nicht nur von seiner individuellen Motivstruktur bestimmt wird, sondern auch wesentlich von externen Anreizen beeinflusst werden kann. Diese Anreize können sowohl materieller (z. B. Gehaltserhöhungen, Boni) als auch immaterieller Natur sein (z. B. Anerkennung, Karrieremöglichkeiten).

Darüber hinaus hängt die tatsächliche Leistungserbringung nicht nur von der Motivation ab, sondern auch von den Fähigkeiten des Mitarbeiters – also von seiner Kompetenz, seinem Wissen und seinen Fertigkeiten. Ebenso spielen Rahmenbedingungen wie Arbeitsumgebung, Ressourcenverfügbarkeit und Führungsverhalten eine zentrale Rolle.

Diese Zusammenhänge verdeutlicht die Abb. 4.24, die zeigt, wie interne und externe Faktoren die Leistungsbereitschaft und die tatsächliche Leistungserbringung beeinflussen.

Zur Analyse des Mitarbeiterverhaltens gehört folglich nicht nur eine Untersuchung der individuellen Bedürfnisstrukturen, sondern auch die Analyse der

4.4 Analyse formeller und informeller Verhaltensstrukturen

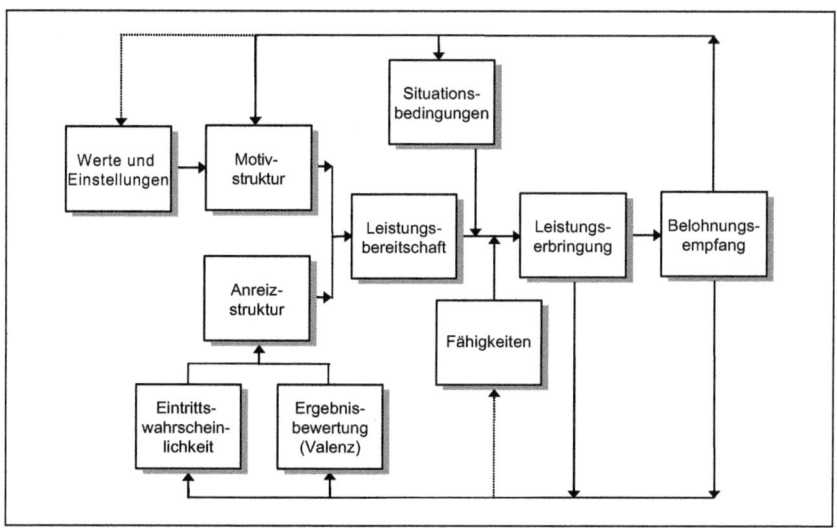

Abb. 4.24 Auswirkungen interner und externer Faktoren auf Leistungsbereitschaft und –erbringung. (Vgl. Reichard 1987, S. 201)

Situationsbedingungen. Hierzu gehören Fragen der Delegationspraxis, der Entscheidungsfindung, Fragen nach Kooperation und Information im Unternehmen, zum Betriebsklima und seinen fördernden oder hemmenden Rahmenbedingungen, sowie zur Personalentwicklung und zur Qualität der Führungskräfte. Hierfür ist der folgende Fragenkatalog geeignet:

- Werden Sie als Mitarbeiter in die Strategieentwicklung einbezogen?
- Wird das Leitbild des Unternehmens von Ihnen und den anderen Mitarbeitern getragen?
- Sind Sie selbst oder Ihre Führungskräfte regelmäßig überlastet?
- Sind Sie mit der Qualifikation und Motivation Ihrer Kollegen zufrieden?
- Sind Sie mit dem Betriebsklima zufrieden?
- Sind Sie mit den Gehalts- und Weiterbildungsmöglichkeiten zufrieden?
- Ist die Fluktuation in Ihrem Unternehmen größer als in vergleichbaren Unternehmen der Branche?
- Werden Ihnen Anreize geboten, in Ihrem Unternehmen zu bleiben?
- Wissen Ihre Vorgesetzten, was Sie im Unternehmen oder an Ihrem Arbeitsplatz verbessern würden?

- Gibt es eine klare Konzeption der Personalführung (Führungsverhalten und Führungsstil)?
- Gibt es neben den tarifvertraglichen Vereinbarungen weitergehende Formen der Entgeltfindung, um z. B. zusätzlich motivierend zu wirken? (Haberland 1993)

Neben der Befragung der Mitarbeiter kann man zur Analyse der Mitarbeitermotivation auch auf andere Indikatoren wie z. B. die Abwesenheits- oder Fluktuationsquoten zurückgreifen.

4.5 Kostenanalyse

Ungünstige Indikatoren führen zu erhöhten Kosten. Denn wenn Tätigkeiten über den zur Leistungserstellung notwendigen Umfang hinaus ausgeübt werden, entstehen zusätzliche und damit unnötige Kosten. Um entscheiden zu können, welche Kosten tatsächlich für die Leistungserstellung notwendig sind, wird die Kostenanalyse angewandt. Es stellt sich die Frage,

- durch welche Tätigkeiten welche Kosten anfallen,
- welche Schwachstellen vorhanden sind und
- welche Maßnahmen zur Kostensenkung durchzuführen sind, um Kostentreiber auf ein vernünftiges Maß zu reduzieren.

> Aufgabe: Überprüfen Sie die Funktionsbereiche Ihrer Organisation auf Verbesserungsmöglichkeiten und Handlungsbedarf bei den in Abb. 4.25 aufgeführten Kostenverursachern.

• Ängste	• Mahnungen
• Arbeitsabläufe	• Mailings
• Abfallbeseitigung	• notwendige Nachbearbeitungszeit
• Angebotskalkulationen	• Posteingang/Postausgang
• Bankkonditionen	• persönliche Konflikte von
• Bürobedarf	Mitarbeitern/Führungskräften
• Dauer von Telefonaten (Anteil: privat/beruflich)	• Registraturmaßnahmen
• Doppelte Datenerfassung	• Reisekosten
• Durchlaufzeiten	• schlecht koordinierte Klienten-/Kundenbesuche
• Eitelkeiten der Leitung	• schlechter Informationsfluss
• Energiekosten	• Schreiben von Berichten
• Entscheidungsabläufe	• starre Verwaltungsabläufe
• erneute Berechnungen/Fehlermanagement	• umständliche Bestellvorgänge
• fehlerhafte/sachfremd dimensionierte Datenverarbeitung	• umständliche Buchungsverfahren
• Gebäudereinigung	• unbemerkte Fehlerquelle jeder Art
• häufige Reklamationen	• unnötige Wege im Unternehmen
• Informationsüberlastung	• Wartezeiten/Unterbrechungen
• Instandhaltung, Reparatur, Wartung	• wenig effektive Besprechungen
• Kalkulationen	• wiederholte Überprüfungen/Kontrollen
• Komplizierte Rechnungslegungsvorgänge	• Zahlungskonditionen (Kunden/Lieferanten/Finanzamt u. a.)
• Komplizierte Textverarbeitung	• zeitaufwendige Diktate
• Kundenanzahl	• zeitliche Lage von Telefonaten
• Langwierige Entwicklungsvorhaben	• zu große Lieferantenzahl
• Liegezeiten von Akten/Kunden- und Arbeitspapieren	• zu kleine oder große Bestellmengen
	• Zusammenarbeit mit dem Betriebs-/Personalrat

Abb. 4.25 Kostenverursacher. (Vgl. Ossola-Haring 1998, S. 391–393)

4.6 Wettbewerbsanalyse

Da sich das Handlungsfeld des Sozialen durch die Einführung von Wettbewerbsstrukturen verändert hat, gewinnt die Auseinandersetzung mit Konkurrenten an Bedeutung. In Zukunft werden sich nur die Anbieter behaupten können, die preisgünstigere Dienstleistungen und/oder qualitativ hochwertigere Angebote, bessere Kontakte zu Kostenträgern und ein klareres Profil als ihre Konkurrenten aufweisen.

In diesem Kontext ist es Aufgabe der Organisationsanalyse im Sinne einer Selbstanalyse, das Potenzial der Einrichtung zu erfassen, die Organisation im Sinne einer Fremdanalyse mit Konkurrenten zu vergleichen, Stärken und Schwä-

Abb. 4.26 Schritte der Wettbewerbsanalyse. (Eigene Darstellung)

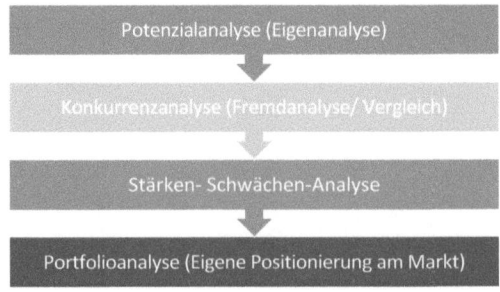

chen herauszuarbeiten und auf dieser Grundlage das Portfolio der Organisation zu bestimmen und ggf. neu zu positionieren (Abb. 4.26).

4.6.1 Potenzialanalyse

In der Potenzialanalyse wird das Potenzial der Organisation durch eine Eigenanalyse erfasst. Hierzu gehört die Untersuchung der vorhandenen Ressourcen und Leistungspotenziale sowie der Strategien und der Kundenorientierung.

Die Potenzialanalyse kann anhand der folgenden W-Fragen erfolgen:

- warum (Leitbild),
- wohin (Vision),
- weshalb (Ziele),
- wodurch/wie (Strategie),
- womit (Maßnahmen),
- wann (Zeitplanung),
- wozu (Effizienzplanung).

Checklisten:

Da eine Potenzialanalyse auf der Grundlage offener W-Fragen sehr schnell ausufern kann, werden zur Eingrenzung Checklisten empfohlen (Abb. 4.27, 4.28 und 4.29).

Kundenorientierung

4.6 Wettbewerbsanalyse

	Beurteilung
	schlecht mittel gut 9, 8, 7, 6, 5, 4, 3, 2, 1
innerer Leistungsbereich • fachlicher Standard • Innovationsfähigkeit • Kostensituation • Entwicklungspotenziale • Finanzsituation • Qualität der Führungskräfte • Know-how	
externe Leistungsbereiche • Marktstellung • Neue Problemlösungen • Bekanntheitsgrad • Service • Image	
Strategien • Bezug zum Wettbewerb • Nutzen vorhandener und schon knapper Ressourcen • Konzentrieren • Marketingkonzept • Führungskonzept • Management	

Abb. 4.27 Checkliste Analyse der Ressourcen/Leistungspotenziale. (Vgl. Bussiek 1993, S. 2)

Erfolgsposition und Wettbewerbs-Vorteile	Geklärt	noch offen	nächste Schritte
Wo liegen die entscheidenden Stärken und Kompetenzen des Unternehmens?	☐	☐	_____
Wie unterscheidet sich das eigene Angebot gegenüber dem der Wettbewerber?	☐	☐	_____
In welchem Bereich kann den Kunden der größte Nutzen geboten werden?	☐	☐	_____
Wo müssen Kompetenzen ausgebaut werden, um die Ziele zu erreichen?	☐	☐	_____

Abb. 4.28 Checkliste Erfolgsposition und Wettbewerbsvorteile. (Vgl. Ossola-Haring 1998, S. 336)

Im Zuge der Ökonomisierung des Sozialen Sektors spielen für soziale Einrichtungen und Dienste Markt- und Wettbewerbsstrukturen eine zunehmende Rolle. In diesem Kontext gilt es auch die Erwartungen und Wünsche der Kunden bzw. Klienten zu analysieren. Hierfür sind die folgenden Fragen hilfreich:

- Nutzt die Organisation Informationen, die ihre Mitarbeiter vom Kunden bzw. Klienten mitbringen?
- Analysiert die Organisation systematisch die Zufriedenheit ihrer Kunden?
- Weiß die Organisation, welchen Zusatznutzen sich ihre Kunden wünschen?
- Ist das Angebot des Unternehmens allen potenziellen Kunden bekannt?
- Bietet die Organisation ihren Kunden ein Qualitätsmerkmal, das ihre Wettbewerber nicht bieten?
- Sind die Kunden mit dem Service und der Betreuungsqualität zufrieden?
- Entspricht die Qualität der Dienstleistung (Geschwindigkeit, Zuverlässigkeit) den Wünschen der Kunden?
- Wertet die Organisation Reklamationen regelmäßig aus? (vgl. Ossola-Haring 1998, S. 381)

4.6 Wettbewerbsanalyse

	nein	Priorität	notwendige Schritte
Ist die Strategie des Unternehmens schriftlich festgelegt?			
Kennen die Mitarbeiter die Ziele des Unternehmens?			
Analysiert die Organisation regelmäßig die Wettbewerbssituation?			
Weiß die Organisation, welche gesellschaftlichen, politischen und wirtschaftlichen Entwicklungen den Markt künftig beeinflussen werden?			
Werden regelmäßig Kundenbefragungen durchgeführt?			
Werden Marktanalysen durchgeführt?			
Entspricht das Angebot auch in Zukunft noch den Kundenwünschen?			
Wo sind die Schwachstellen der Organisation?			
Liefert das Controlling ausreichende Entscheidungsgrundlagen?			
Gibt das Controlling konkrete Planvorgaben vor?			
Werden die Vorgaben des Controllings zur regelmäßigen Zielerreichungskontrolle genutzt?			
Existiert im Unternehmen eine systematische Liquiditätsplanung?			
Nutzt die Organisation für die Finanz- und Investitionsplanung Investitionsrechenverfahren?			

Abb. 4.29 Checkliste Unternehmensstrategie. (Vgl. Ossola-Haring 1998, S. 379)

Da die Sozialwirtschaft stark von politischen, öffentlich-rechtlich determinierten Rahmenbedingungen abhängig ist, gehört zur Potenzialanalyse auch eine Analyse gesellschaftspolitischer Entwicklungen.

Auf der Basis der Potenzialanalyse kann eine Konkurrenzanalyse erfolgen, die im Folgenden dargestellt wird.

4.6.2 Konkurrenzanalyse

In der Konkurrenzanalyse erfolgt eine Untersuchung der Branche und ein Vergleich mit konkurrierenden Organisationen, d. h. mit Anbietern der gleichen Dienstleistungen und potenziellen Neuanbietern. Auch hierfür eignen sich Checklisten (Abb. 4.30 und 4.31).

Kriterien / Beurteilung	Gut mittel schlecht 1, 2, 3, 4, 5, 6, 8, 9
Branchenstruktur • Anzahl der Anbieter • Anbietertypen (Verhaltensweise, Größe) • Organisationsstrukturen (Verbandsstrukturen, Netzwerke) Kunden- / Klientenstruktur • Anzahl der Kunden / Klienten • Kunden- / Kliententyp Wettbewerbssituation • Kapazitätsauslastung • Wettbewerbsintensität Einsatz von Wettbewerbsinstrumenten • Qualität • Preise • Service • Innovationstendenzen	

Abb. 4.30 Checkliste Branchenanalyse. (Vgl. Bussiek 1993, S. 7)

Kriterien / Beurteilung	Diese Konkurrenz ist im Vergleich mit uns
	besser gleich schlechter
	1, 2, 3, 4, 5 6, 7, 8, 9
Konkurrent A • Wettbewerbsfähigkeit • Einschätzung der Strategie des Konkurrenten • Umsatzgröße • Marktanteil insgesamt • Marktanteil an uns betreffenden Bereichen • Imagestärke • Preis • Kostenstruktur • Finanzkraft	

Abb. 4.31 Checkliste Konkurrenten. (Vgl. Bussiek 1993, S. 9)

Wenn die Konkurrenzanalyse nur zum Vergleich mit anderen genutzt wird, entstehen in der Regel keine neuen Erkenntnisse, und die Organisation verharrt im Alten. Andererseits kann die Organisation im Rahmen der Konkurrenzanalyse auch neue, bisher unbekannte Strategien entdecken und übernehmen.

4.6.3 Stärken-Schwächen-Analyse

Eine Organisation kann nur dann am Markt bestehen, wenn sie in wesentlichen Bereichen gleich gut oder besser ist als die Konkurrenz.

Auf Grundlage der Potenzial- und Konkurrenzanalyse werden in der Stärken-Schwächen-Analyse Aussagen zur Wettbewerbsfähigkeit der Organisation getroffen, indem die Potenziale der eigenen Organisation mit denen der Konkurrenz verglichen werden. Die Analyse erfolgt unter Berücksichtigung der maßgeblichen Erfolgsfaktoren, die für jeden Anwendungsfall zu definieren sind (Abb. 4.32).

In einer Matrix werden die Stärken und Schwächen des Unternehmens den Stärken und Schwächen eines Konkurrenten gegenübergestellt (Abb. 4.33)

Stärken-Schwäche-Analyse

Finanzielle Ressourcen,

- Liquidität,
- Kreditwürdigkeit,
- Kapitalverfügbarkeit,

Wirtschaftliche Faktoren:

- Abrechnungsmodus,
- Quartalsanalyse,
- Controllingsysteme,

Humanressourcen, hauptamtliche Mitarbeiter, Ehrenamtliche, Zivildienstleistende:

- Personalausstattung,
- Einarbeitung und Beurteilung neuer Mitarbeiter,
- Dienst- und Personaleinsatzplanung,
- Erfassung des Personalstandes,

Organisatorische Ressourcen

- Informationssysteme,
- Beziehungssysteme,
- Leistungspalette,
- Vorhandensein interner Strukturen,
- Betriebsleitbild,
- Stellenbeschreibungen,
- Durchführung von Dienst- und Mitarbeiterbesprechungen,
- Einhaltung von Pflegestandards,
- Haushalts- und Stellenpläne,
- Leistungsanalyse,
- Pflegeorganisation,
- Planungsüberlegungen,
- Zielformulierungen,
- Umsetzungsschritte und Aufgabenverteilung,

Physische Ressourcen:

- Gebäude,
- Anlagen,
- Geräte,

Technologische Ressourcen:

- Know-how,
- Nutzungsrechte.

Abb. 4.32 Stärken-Schwächen-Analyse. (Nach Arnold et al. 2014, S. 636)

4.6 Wettbewerbsanalyse

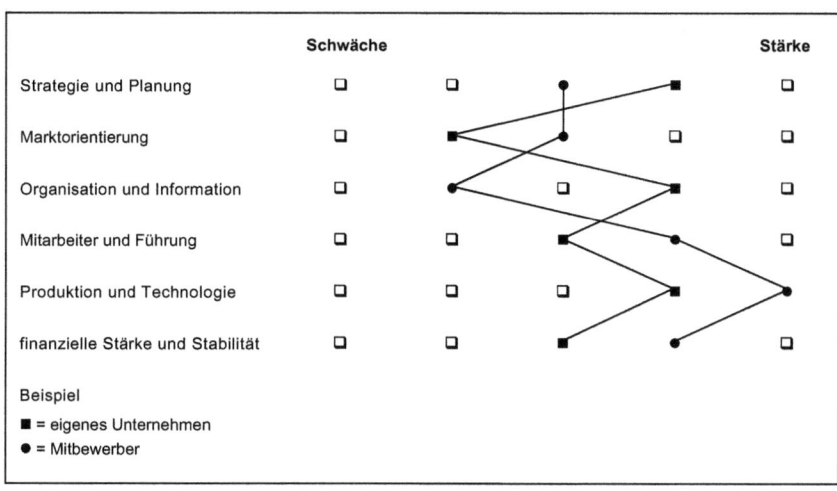

Abb. 4.33 Matrix: Stärken-Schwächen-Analyse. (Vgl. Ossola-Haring 1998, S. 390)

4.6.4 Portfolio-Analyse

Vor dem Hintergrund der Potenzial-, Konkurrenz- und Stärken-Schwächen-Analyse wird in der Portfolioanalyse die Marktpositionierung der Einrichtung untersucht. Der Ansatz stammt aus dem finanzwirtschaftlichen Bereich und bezeichnet eine optimale Mischung mehrerer Investitionsmöglichkeiten, doch wird dieser Ansatz auch auf die Kombinationen von Geschäftsfeldern und Ressourcen übertragen. In einer Matrix werden verschiedene Dimensionen miteinander verglichen. Chancen und Risiken lassen sich auf diese Weise bewerten und daraus Strategien und Entwicklungsmöglichkeiten ableiten.

Beispielsweise lässt sich die Attraktivität oder Qualität eines Angebots in einem Portfolio analysieren, wie die folgenden Beispielen zeigen.

Zur Erstellung eines Portfolios zur Analyse von Wettbewerbsvorteilen und Marktattraktivität dienen die folgenden Checklisten (Abb. 4.34).

In einem ersten Schritt erfolgt eine Bewertung der Wettbewerbsvorteile.

Statt der in diesem Beispiel verwendeten Kriterien können auch andere Kriterien zueinander in Beziehung gesetzt werden, z. B.:

- Marktwachstum,
- Marktanteil,

Position/ Potenzial　　　Wettbewerbsvorteil	gering	durch-schnittlich	gut	Gewich-tung
relative Marktposition: • Marktanteil • relative Produktqualität, Beratung • Unternehmens- und Produktimage, Bekanntheitsgrad • Wachstumsrate des Unternehmens im Vergleich zur Konkurrenz				
relatives Dienstleistungs- und Finanzpotenzial: • Standortvorteile • Kostenstruktur und Flexibilität • finanzielle Stärke und Stabilität • Dienstleistungskapazitäten				
relatives Entwicklungspotenzial: • vorhandenes Know-how • Erfahrung mit der Dienstleistung • (bzw. ähnlichen Dienstleistungen)				

Abb. 4.34 Checkliste Portfolioanalyse: Kriterium Wettbewerbsvorteile. (Vgl. Ossola-Haring 1998, S. 476)

- Investitionsstrategien,
- Innovationsfähigkeit,
- Human-Ressourcen,

In einem zweiten Schritt wird der Attraktivität des Marktes eruiert, von dem der Markterfolg des Unternehmens oder Geschäftsfeldes wesentlich abhängt (Abb. 4.35).

Auf der Grundlage der Auswertung der Checklisten wird das Portfolio in Form einer Matrix mit den beiden Dimensionen Wettbewerbsvorteil und Attraktivität des betrachteten Marktes erstellt. Die Kreise stehen für verschiedene Mitbewerber A, B und C (Abb. 4.36).

4.6 Wettbewerbsanalyse

Marktattraktivität	gering	durch-schnittlich	gut
bestehende Wettbewerber/Wettbewerbsintensität			
neue Konkurrenten/Markteintrittsbarrieren			
Marktvolumen			
Marktwachstum/Marktpotenzial			
Umfeldfaktoren			
Änderung von Wünschen der Klienten			
Risiko von Veränderungen öffentlicher Fördermöglichkeiten			
Preisstabilität			
Versorgungssicherheita			

Abb. 4.35 Checkliste Portfolioanalyse – Kriterium Marktattraktivität. (Vgl. Ossola-Haring 1998, S. 478)

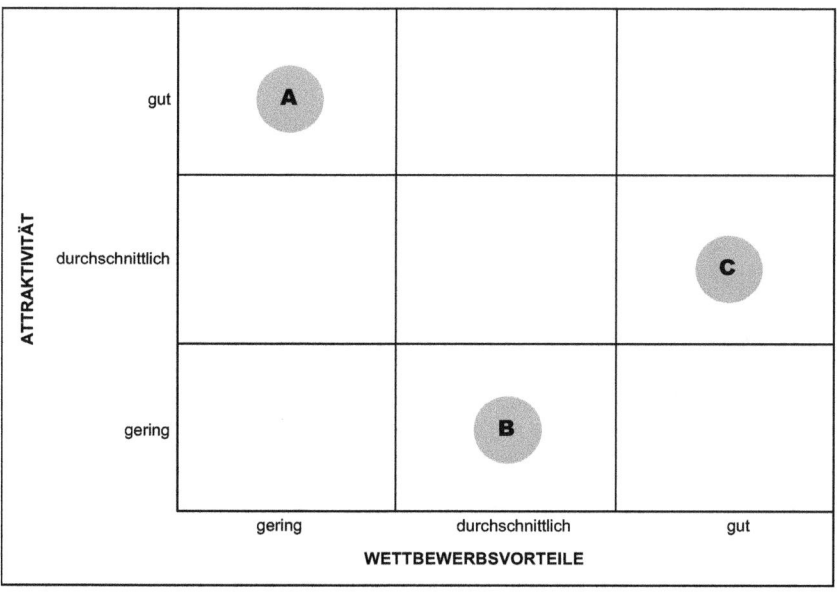

Abb. 4.36 Wettbewerbs und Attraktivitätsportfolio einer sozialen Dienstleistung. (Nach Ossola-Haring 1998, S. 475)

	hoch			Qualitätsführerschaft
Bedeutung der Qualität bei Nachfragen	mittel			
	gering	Kostenführerschaft		
		gering	mittel	hoch
		relative Qualitätsposition der Anbieterorganisation		

Abb. 4.37 Qualitätsportfolio für sozialwirtschaftliche Organisationen. (Vgl. Arnold et al. 2014, S. 295)

Die Qualitätsdimension spielt für die Positionierung von Einrichtungen am Markt eine wichtige Rolle. Im folgenden Beispiel wird deshalb die Qualität der Dienstleistung in den Mittelpunkt der Portfolioanalyse gestellt (Abb. 4.37).

In vielen Bereichen der Sozialen Arbeit ist die Qualität der Leistungserbringung zum Maßstab für die Gewährung von Leistungsentgelten geworden. So heißt es etwa im § 78c Abs. 2 SGB VIII „Grundlage der Entgeltvereinbarung sind die in der Leistungs- und der Qualitätsentwicklungsvereinbarung festgelegten Leistungs- und Qualitätsmerkmale." Soziale Einrichtungen und Dienste müssen qualitativ hochwertige Leistungen anbieten, wenn sie am Markt bestehen wollen.

Der Wettbewerb zwischen den Trägern sozialer Einrichtungen und Dienste erfolgt jedoch nicht nur auf der qualitativen, sondern auch auf der Kostenebene. Auch hierfür sind gesetzliche Bestimmungen maßgebend. So heißt z. B. in § 75 Abs. 3 SGB XII „Sind mehrere Leistungserbringer im gleichen Maße geeignet, hat der Träger der Sozialhilfe Vereinbarungen vorrangig mit Leistungserbringern abzuschließen, deren Vergütung bei vergleichbarem Inhalt, Umfang und vergleichbarer Qualität der Leistung nicht höher ist als die anderer Leistungserbringer." Ähnliche Bestimmungen finden sich auch in anderen Sozialgesetzen, sodass viele soziale Einrichtungen und Dienste gezwungen sind, sich einem Wettbewerb zu stellen, der nicht nur auf der qualitativen, sondern insbesondere auch auf der Kostenebene entschieden wird. Vor dem Hintergrund knapper Kassen verlieren Qualitätsgesichtspunkte gegenüber Kostengesichtspunkten an Bedeutung. Anbieter, die die Kostenführerschaft übernehmen, dominieren zunehmend den Markt der Sozialwirtschaft.

4.7 Zielerstellung für Handlungsfeldveränderungen

Die größte Motivation für Handlungsfeldveränderungen ergibt sich aus dem Verhältnis von Analyse und Zielbestimmung. Durch eine kreative Unzufriedenheit mit der aktuellen Situation im Vergleich zur gewünschten Situation wird ein positiver Entwicklungswille geweckt.

Zur Zielbestimmung werden:

- Ziele aus der Organisationsanalyse abgeleitet,
- die abgeleiteten Ziele in Grundsatz-, Rahmen- und Ergebnisziele differenziert,
- fördernde und hemmende Bedingungen für jedes Ziel aufgelistet und
- die Realisierbarkeit der Ziele geprüft.

4.7.1 Ziele aus der Organisationsanalyse ableiten

Die Ziele für Handlungsfeldveränderungen können aus der Analysephase z. B. durch ein „Reframing" abgeleitet werden. Bei dieser Technik geht es darum, einem Problem einen neuen Rahmen (englisch frame) und damit eine neue Bedeutung zu geben.

Ziel des Reframings ist es, die Interpretation und Wahrnehmungsperspektive und in der Folge auch den kognitiven Zugang zu einer Problemstellung zu verändern, um neue Wahrnehmungs- und Handlungsmöglichkeiten zu eröffnen.

Da es bekanntermaßen ein Unterschied ist, ob man ein Glas als halb leer oder halb voll oder anstehende Veränderungen als Bedrohung oder Chance wahrnimmt, werden beim Reframing Begriffe mit positiver Bedeutung genutzt, um die Bedeutung einer Situation zu ändern, Einstellungsveränderungen auszulösen und neue Entwicklungsoptionen zu ermöglichen. Ein bekanntes Sprichwort lautet: „Jede Krise ist eine Chance". Auch in Organisationen können z. B. Konflikte negativ als Bedrohung und unproduktives Störpotenzial wahrgenommen werden oder im Sinne des Reframings positiv als kreative Störung, die im Rahmen einer konstruktiven Streitkultur die Weiterentwicklung der Organisation fördert.

Auch Aussagen wie: ‚Die Zusammensetzung der Arbeitsgruppe hat sich seit Jahren nicht geändert', können positiv interpretiert werden, etwa als ‚Beständigkeit bewährt sich'. Ebenso lässt sich die Weitschweifigkeit mancher Sitzung als notwendiges Redundanzpotenzial verstehen.

Reframing kann somit sowohl im Hinblick auf den situativen Kontext als auch auf verfestigte Bedeutungsstrukturen erfolgen.

In der Organisationsanalyse wird die Methode eingesetzt, um durch einen Perspektivenwechsel neue Wege zu beschreiten.

Das Ziel der Organisationsanalyse besteht darin, die analysierten Probleme aus einer neuen Perspektive zu betrachten und damit veränderte Handlungsmöglichkeiten einzuleiten.

Das folgende Beispiel verdeutlicht diesen Ansatz anhand eines Ausschnitts aus einer Organisationsanalyse in einem Jugendamt.

Analysephase

In einer Analysephase wurden vorhandene Probleme des Jugendamtes, ihre Auswirkungen auf die Arbeit, das Image des Amtes und die Motivation der Mitarbeiter sowie die zu Grunde liegenden Ursachen diagnostiziert und als „Ursache-Problem-Wirkungsbaum" visualisiert (Abb. 4.38).

Reframing

Auf der Grundlage der Problem-, Wirkungs- und Ursachenanalyse wird durch ein Perspektivenwechsel und Umdeuten ein „Handlungsmöglichkeiten-Ziel-Wirkungsbaum" definiert (Abb. 4.39).

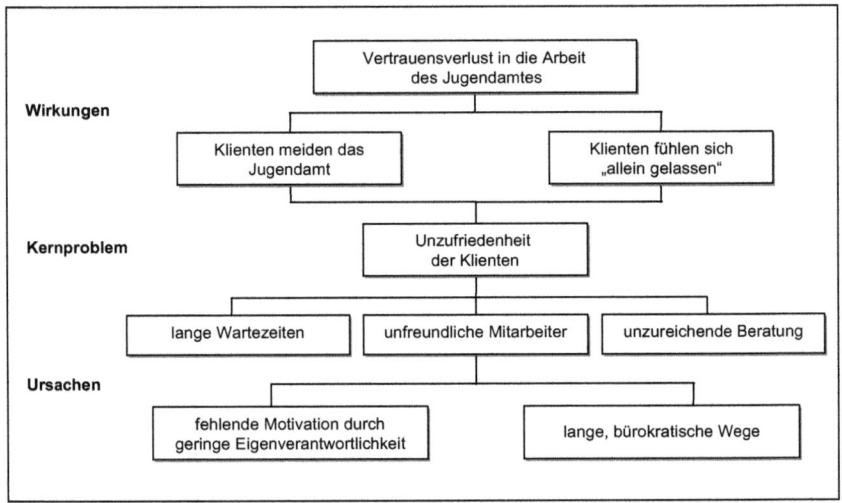

Abb. 4.38 Ursache-Problem-Wirkungsbaum. (Ausschnitt aus einer Organisationsanalyse in einem Jugendamt, vgl. Kolhoff 2005, S. 46)

4.7 Zielerstellung für Handlungsfeldveränderungen

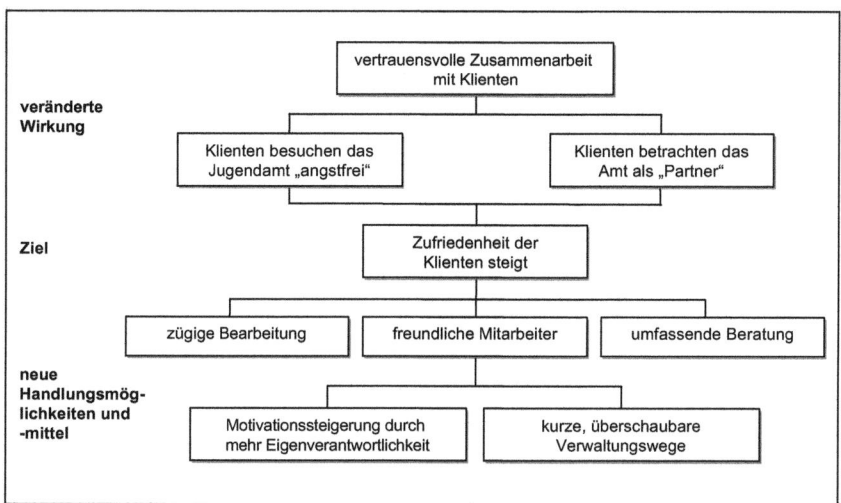

Abb. 4.39 Handlungsmöglichkeiten-Ziel-Wirkungsbaum. (Organisationsanalyse Jugendamt, vgl. Kolhoff 2005, S. 47)

Auf einen einfachen Nenner gebracht bedeutet ‚Reframing' im Wesentlichen, eine Situation so zu deuten, wie es dem gesunden Menschenverstand entspricht. Doch manchmal steckt der Teufel im Detail. Denn je banaler die Umdeutung ist, desto schwieriger ist es manchmal, sie zu vermitteln. Häufig ist die Einstellung wichtiger als die Technik. So kann ein Manager, der seine Mitarbeiter grundsätzlich für faul und unfähig hält, die Technik des Reframings nicht glaubwürdig und nachhaltig anwenden, da sie sonst schnell als Manipulation durchschaut würde. Folglich scheitern viele Change-Management-Prozesse, weil die Veränderungen nicht mit der Einstellung der Akteure übereinstimmen.

4.7.2 Ziele differenzieren

Grundsatzziele (GZ)

Aus der in der Analysephase durch Reframing gewonnenen Zielesammlung werden in einem ersten Schritt strategische Grundsatzziele (GZ) ermittelt. Sie steuern die Planung von Anpassungs- oder Veränderungsprozessen und sind für das strategische Management maßgeblich. Diese Grundsatzziele werden mit der Unternehmensstrategie abgeglichen.

Da Wettbewerbsregeln auch die Sozialwirtschaft beeinflussen, können in Zukunft auch die folgenden Unternehmensstrategien zum Tragen kommen:

Mögliche Grundsatzziele:
Soziale Einrichtungen und Dienste können:
sich spezialisieren
• (Denkbar sind regionale und zielgruppenspezifische Spezialisierungen)
kostengünstiger produzieren als andere Unternehmen
• (Auch in der Sozialwirtschaft gibt es ‚Discounter' des Wohlfahrtsmarkts)
Größenvorteile aufweisen
• (Ein Beispiel für Organisationen, die aufgrund ihrer Größe Vorteile haben, sind die Spitzenverbände. Diese decken vom Kindergarten bis zum Pflegedienst sämtliche Bereiche der Wohlfahrt ab)
eine unverwechselbare, qualitativ hochwertige Premiummarke entwickeln
oder
innovative Dienstleistungen anbieten und sich somit im Wettbewerb behaupten.

Rahmenziele (RZ) und Ergebnisziele (EZ)

Aus den Grundsatzzielen werden in einem zweiten Schritt Rahmenziele abgeleitet, die der Verwirklichung der Grundsatzziele dienen. Aus den Rahmenzielen werden in einem dritten Schritt Ergebnisziele abgeleitet. Sie füllen die Rahmenziele mit konkreten Inhalten und Ideen (Vorschlägen). Grundsatz-, Rahmen- und Ergebnisziele bilden zusammen eine Zielpyramide (Abb. 4.40).

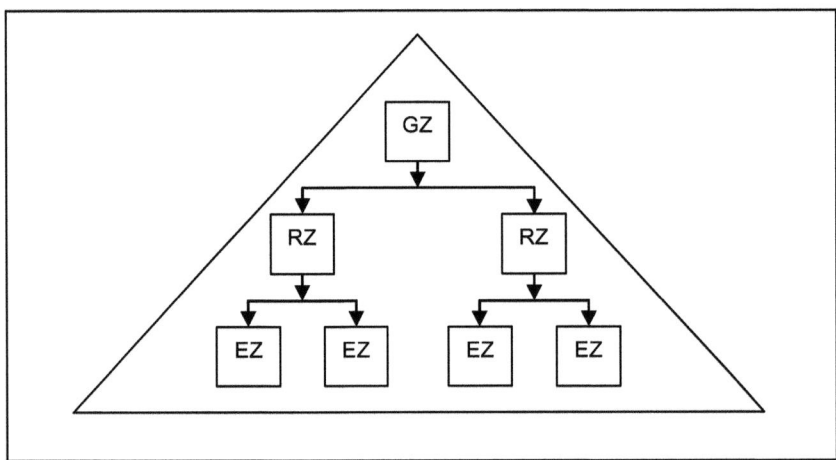

Abb. 4.40 Zielpyramide. (Vgl. Kolhoff 2005, S. 48)

4.7 Zielerstellung für Handlungsfeldveränderungen

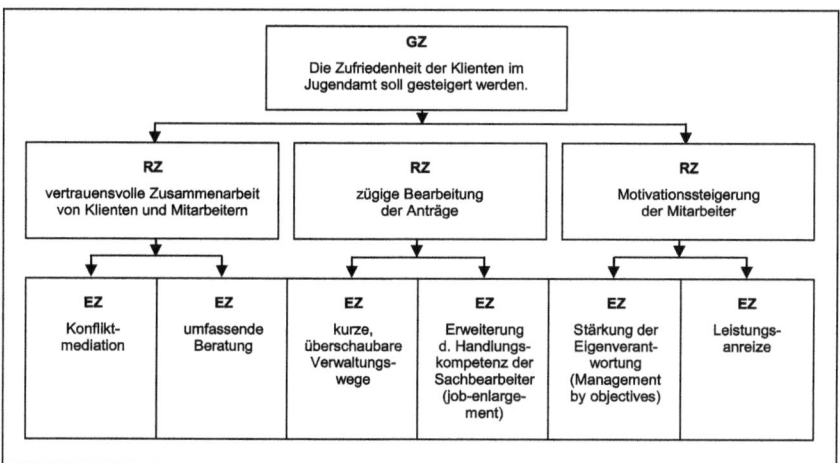

Abb. 4.41 Beispiel einer Zielpyramide eines Jugendamtes. (Vgl. Kolhoff 2005, S. 49)

Am Beispiel des schon genannten Jugendamtes könnte die Zielpyramide aus Grundsatzzielen, Rahmenzielen und Ergebniszielen wie folgt aussehen (Abb. 4.41)

Erst durch die Zieldifferenzierung, die Zerlegung in Teilziele, ist es möglich, Handlungsfeldveränderungen zu planen. Die Erreichung der kurzfristigen Ergebnisziele führt zum mittelfristigen Rahmenziel und die Erreichung der Rahmenziele zum langfristigen Grundsatzziel.

4.7.3 Fördernde und hemmende Bedingungen auflisten

Zur Umsetzung der Handlungsfeldveränderungen wird für jedes Ergebnisziel der Bedarf zur Zielerreichung ermittelt. In einem weiteren Schritt werden die fördernden und hemmenden Bedingungen erfasst, die für die Zielerreichung maßgeblich sind. Es werden personelle, zeitliche, finanzielle, sachliche oder rechtliche Faktoren gesammelt, die für die Realisierung eines Zieles als entscheidend angesehen werden (Abb. 4.42).

Bedingungen				Realisierbarkeit		
Dimension (Faktor)	Bedarf	fördernde Bedingungen	hemmende Bedingungen	gegeben	nicht gegeben, aber realisierbar	nicht gegeben und nicht realisierbar
Personen						
Sachen						
Zeit						
Finanzen						
Sonstiges						

Abb. 4.42 Bedingungs- und Realisierbarkeitsanalyse. (Vgl. Kolhoff 2005, S. 50)

4.7.4 Realisierbarkeit der Ziele prüfen

Im nächsten Schritt wird die Realisierbarkeit der Ziele nachfolgenden Kriterien geprüft:

- bereits gegeben.
- nicht gegeben, aber realisierbar.
- nicht gegeben und nicht realisierbar.

Zur Erreichung des Ergebniszieles: ....
wird benötigt:

5 Methoden der Organisationsanalyse

Welche Methoden bieten sich an, um Stärken und Schwächen in einer Organisation zu identifizieren?

> **Zusammenfassung**
>
> Die Organisationsanalyse nutzt quantitative und qualitative Methoden der empirischen Sozialforschung, um Strukturen, Prozesse und Wirkungen in sozialen Einrichtungen systematisch zu erfassen. Quantitative Verfahren ermöglichen messbare Auswertungen, während qualitative Ansätze tiefer gehende Einblicke in Sinnzusammenhänge und Handlungsmuster liefern.

Da soziale Einrichtungen und Dienste ihre Leistungsfähigkeit überzeugend nachweisen müssen, wenn sie am Markt bestehen wollen, benötigen Leitungskräfte Kenntnisse der empirischen Sozialforschung. Wissenschaftlich-analytisches Denken und Forschungskompetenz, die den Einsatz und den kompetenten Umgang mit empirischen Forschungsmethoden voraussetzen, werden insbesondere für den Bereich der Organisationsanalyse benötigt. Es werden die Methoden der empirischen Sozialforschung genutzt. Dabei wird systematisch nach expliziten Regeln und mit standardisierten Verfahren vorgegangen. Es stehen quantitative und qualitative Untersuchungsmethoden zur Verfügung (Abb. 5.1).

Die qualitative Untersuchung dient dazu, z. B. in Form von Pilotstudien, explorativ vorzugehen und erste Hypothesen zu entwickeln. Des Weiteren dient sie zur Theoriebildung und zur Kategorienfindung bzw. zur Findung von Klassifikationen. Während in der qualitativen Untersuchung Hypothesen gebildet werden, werden diese in der quantitativen Untersuchung überprüft.

© Springer Fachmedien Wiesbaden GmbH, ein Teil von Springer Nature 2026
L. Kolhoff, *Organisation der Sozialwirtschaft*, Basiswissen Sozialwirtschaft und Sozialmanagement,
https://doi.org/10.1007/978-3-658-27891-5_6

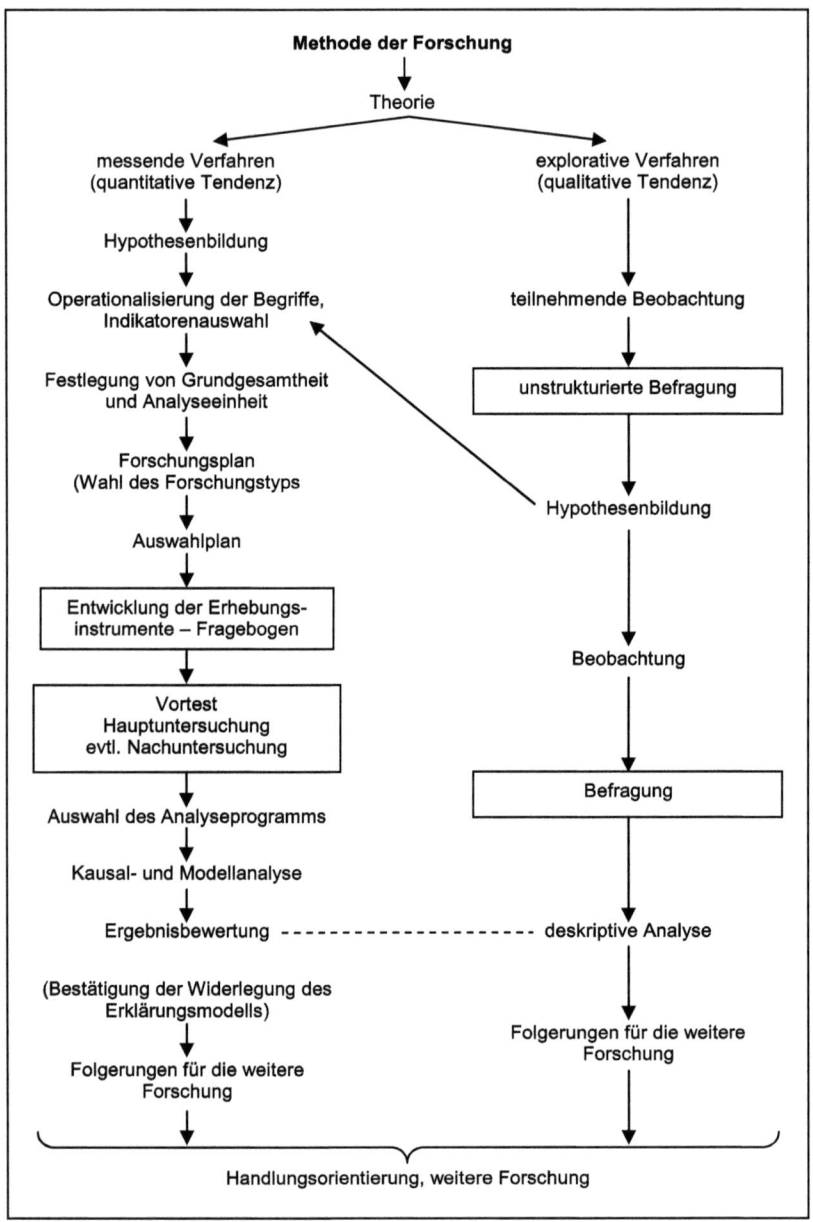

Abb. 5.1 Methoden der Forschung. (Atteslander 2010)

Aus der Fülle der quantitativen Untersuchungsmethoden werden im Folgenden im Überblick die Methoden der Frequenz-, Bewertungs- und Kontingenzanalyse vorgestellt. Sie werden u. a. bei der Content-Analyse (Inhaltsanalyse) von Kommunikationsinhalten angewandt, die in irgendeiner Form, z. B. als schriftlich fixierte Texte, festgehalten wurden (vgl. Atteslander 2010, S. 202) und eignen sich besonders gut für das Handlungsfeld der Organisationsanalyse.

5.1 Quantitative Analysemethoden

5.1.1 Frequenzanalyse

Mit der Frequenzanalyse werden anhand eines Kategorienschemas z. B. Akten, Erhebungsbögen, Vermerke, Verfügungen, Berichte, Gutachten, Briefe u. ä. ausgezählt, um die Häufigkeit bestimmter, zuvor definierter Verhaltensweisen festzustellen und anhand dieser Häufigkeit Aussagen im Sinne einer Bewertungsanalyse vorzunehmen.

5.1.2 Valenzsanalyse

Die Valenzanalyse ist eine Methode, bei der bestimmte Elemente systematisch anhand eines zuvor definierten Kategorienschemas beurteilt und in Skalen oder Matrizen eingeordnet werden. Dadurch können beispielsweise betriebliche Schwerpunkte, Ressourcennutzung oder Optimierungspotenziale sichtbar gemacht werden. Im Folgenden werden zwei konkrete Anwendungsbeispiele dieser Methode vorgestellt: eine ABC-Analyse zur Kostenverteilung in einem Krankenhaus sowie die Auswertung einer Mitarbeiterbefragung anhand verschiedener Dimensionen.

Beispiel ABC-Analyse zur Kostenverteilung
Abb. 5.2 zeigt die Anwendung der Bewertungsanalyse in Form einer ABC-Analyse auf die Kostenstruktur eines Krankenhauses. Ziel dieser Analyse ist es, die wesentlichen Kostentreiber zu identifizieren, um gegebenenfalls Maßnahmen zur Effizienzsteigerung ableiten zu können. Die Einteilung erfolgt auf Basis des relativen Anteils an den Gesamtkosten:

- A-Kategorie: Bereiche mit einem Kostenanteil von mehr als 10 %
- B-Kategorie: Bereiche mit einem Anteil zwischen 1,5 % und 10 %
- C-Kategorie: Bereiche mit einem Anteil von weniger als 1,5 %

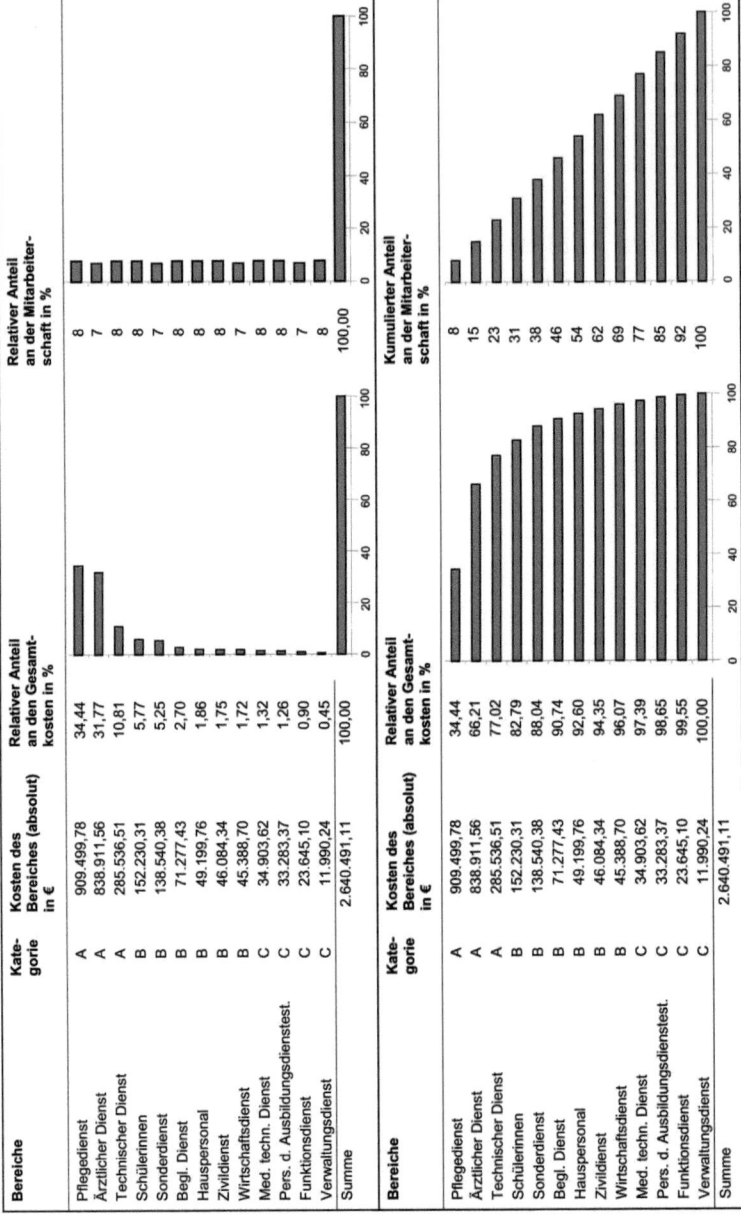

Abb. 5.2 ABC-Analyse in einem Krankenhaus. (Kolhoff 2005, S. 55)

Die Analyse zeigt, dass drei Bereiche – der Pflegedienst, der ärztliche Dienst und der technische Dienst – zur A-Kategorie gehören. Diese Bereiche verursachen gemeinsam rund 77 % der Gesamtkosten, obwohl sie lediglich 23 % der Mitarbeiterschaft ausmachen. Daraus lässt sich ein signifikanter Konzentrationseffekt ableiten: Ein verhältnismäßig kleiner Teil der Belegschaft generiert den Großteil der Kosten.

Die weiteren Bereiche gehören zur B- oder C-Kategorie. Sie weisen geringere Kostenanteile auf, machen jedoch den überwiegenden Teil der Mitarbeitenden aus. Diese Verteilung kann als Grundlage für weitere strategische Überlegungen dienen, etwa im Bereich der Personalplanung oder Prozessoptimierung.

Beispiel Bewertung von Mitarbeiterfeedback
In Abb. 5.3 wird eine weitere Form der Valenzanalyse dargestellt, bei der die Ergebnisse einer Mitarbeiterbefragung systematisch nach verschiedenen Dimensionen auf einer Skala bewertet werden. Die verwendeten Dimensionen umfassen unter anderem das Verhalten von Vorgesetzten, das Kommunikationsklima, das Betriebsklima, die Vergütung, die Qualität der Einrichtung, das Image sowie die Informationsstrukturen.

Die Auswertung erfolgt anhand einer Skala von 1 bis 6, auf der die Ergebnisse eingeordnet werden. Die Ergebnisse ermöglichen Aussagen über Stärken und Schwächen innerhalb der Organisation und dienen als Grundlage für gezielte Verbesserungsmaßnahmen im Personal- und Qualitätsmanagement.

Diese Ergebnisse bieten einen Überblick über die Wahrnehmung zentraler Arbeitsbedingungen durch die Mitarbeitenden und unterstützen die Organisation dabei, gezielt auf Handlungsbedarfe zu reagieren.

5.1.3 Kontingenzanalyse

Hier wird versucht, Strukturen zwischen verschiedenen Elementen (Stärken, Schwächen, Wettbewerb, eigene Positionierung etc.) herauszuarbeiten

Beispiel Aktenanalyse
Auch Akten können mit der Kontingenzanalyse untersucht werden. In diesem Ansatz werden in einem sequenziellen feinanalytischen Vorgehen Textstellen Schritt für Schritt und Sinnelement für Sinnelement ausinterpretiert mit dem Ziel, hinter den Besonderheiten des Falls den allgemeinen Strukturtypus zu erkennen.

Die Aktenanalyse erfolgt anhand der Kriterien Häufigkeit, Wichtigkeit und Vernetzung (Abb. 5.4).

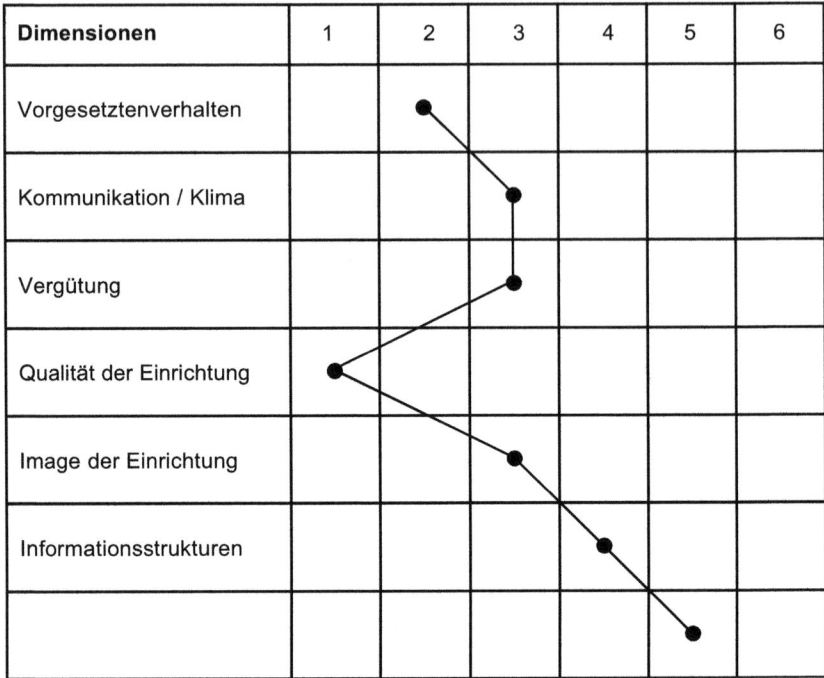

Abb. 5.3 Ergebnisse der Mitarbeiterbefragung. (Kolhoff 2005, S. 56)

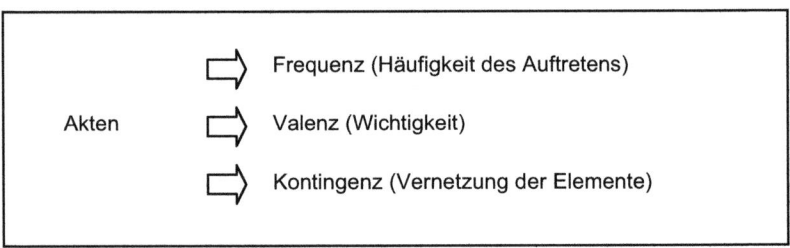

Abb. 5.4 Kriterien zur Aktenanalyse. (Kolhoff 2005, S. 57)

Entscheidend für das Analyseergebnis ist die Kategorienbildung, denn bei der Erstellung der Kategorien wird interpretiert. Doch dann wird gezählt. Die Analyse ist somit eine Messung und prinzipiell wiederholbar. Es handelt sich um ein nonreaktives Verhalten, d. h. es gibt keine Interaktionen zwischen der Person, die analysiert, und der Person, die analysiert wird. Der Gegenstand wird nicht verändert und bleibt präsent.

Beispiel

Im Rahmen der Studie „Kinder im Kinderschutz – Zur Partizipation von Kindern und Jugendlichen im Hilfeprozess", durchgeführt im Kontext des Forschungs- und Qualitätsentwicklungsprojekts „Aus Fehlern lernen. Qualitätsmanagement im Kinderschutz", wurde eine Aktenanalyse eingesetzt, um die Beteiligung von Kindern und Jugendlichen in Kinderschutzverfahren und ihre Sichtbarkeit im Hilfeprozess zu untersuchen. Dafür wurden zehn Fallakten aus fünf verschiedenen Jugendämtern ausgewertet, in denen insgesamt 18 Kinder im Alter von einem Monat bis 20 Jahren involviert waren. Dabei wurden unter anderem Hilfepläne, interne Vermerke, Stellungnahmen von Fachkräften sowie Gesprächsprotokolle analysiert. Aus der Auswertung ließen sich drei zentrale Typisierungen hinsichtlich der Beteiligung von Kindern und Jugendlichen herausarbeiten: das abwesende Kind, das Kind als Objekt der Sorge und das Kind als Akteur. In den Fallakten fanden sich häufig Mischformen, bei denen Merkmale mehrerer Typen gleichzeitig auftraten. Insgesamt wurde deutlich, dass Partizipation häufig nur unzureichend und wenig systematisch umgesetzt wurde (vgl. Wolff et al. 2016, S. 29–52). ◄

5.2 Qualitative Analysemethoden

Während man bei standardisierten quantitativen Verfahren bestmöglich versucht, das Verhältnis zwischen Befrager und Befragtem aus dem Zusammenhang auszukoppeln, wird bei qualitativen Verfahren dieses Verhältnis mitberücksichtigt. Ziel ist es, Struktureigenschaften sowie Sinn- und Bedeutungsgehalt von Informationen zu erfassen. Qualitative Verfahren sind ressourcenintensiv und komplex, weshalb die Fallzahl der Untersuchungen in der Regel begrenzt ist. Folglich sind die erhobenen Erkenntnisse auch nur eingeschränkt valide.

5.2.1 Mündliche Befragung (Interview)

Die wichtigste qualitative Methode ist die mündliche Befragung. Interviews können standardisiert, halbstandardisiert oder als nicht standardisierte offene, bzw. narrative Interviews durchgeführt werden.

- Beim standardisierten Interview wird ein Fragebogen vorgelesen. Der Interviewer liest die Fragen wörtlich vor, die Antwortmöglichkeiten sind festgelegt.
- Beim halbstandardisierten Interview existiert ein festgelegter Themenblock oder ein Frageschema.

Folgende Regeln sollten beachtet werden (Abb. 5.5):

5.2.2 Schriftliche Befragung

Neben der direkten Face-to-Face-Kommunikation werden insbesondere in der Organisationsanalyse schriftliche Fragebögen eingesetzt, wenn folgende Bedingungen erfüllt sind:

- Durch den Fragebogen soll Anonymität hergestellt werden.
- Es ist bekannt, zu welchem Sachverhalt Informationen erhoben werden müssen.
- Die Thematik betrifft eine große Anzahl von Mitarbeitern.
- Die Fragen sind nicht erklärungsbedürftig.
- Die Inhalte liegen auf der rationalen und nicht auf der emotionalen Ebene.
- Der Kreis der Befragten ist homogen, und die Befragten sprechen ungefähr dieselbe Sprache.
- Es sollen objektive Eigenschaften (Alter, Beruf, Familienstand) und subjektive Eigenschaften (Fähigkeiten, Bewertung etc.) erhoben werden.
- Es geht um Informationssammlung ohne Verhaltensbeeinflussung (vgl. Schmidt 2014, S. 214)

Bei einer Fragebogenerhebung ist zunächst der Kreis der Befragten festzulegen, anschließend wird die Befragung inhaltlich vorbereitet. Hierfür sind oftmals nicht standardisierte Interviews erforderlich, um den Themenbereich einzugrenzen. In der Folge wird ein Entwurf erstellt und getestet. Geprüft wird, ob die Fragen richtig verstanden werden, die Formulierungen eindeutig, die Antwortmöglichkeiten klar abgegrenzt und vollständig sind, die Kontrollfragen funktionieren und das Auswertungsverfahren geeignet ist (vgl. Schmidt 2014, S. 215).

5.2 Qualitative Analysemethoden

Fragetyp/Regel	Wirkungen des Fragetyps/der Regel
kurze Fragen stellen	Interviewer wird besser seiner Steuerungsform gerecht höhere Chance, dass Antwort ebenfalls kurz ausfällt Befragter wird nicht überfordert
redundante Fragen vermeiden	geringe zeitliche Belastung für den Befragten roter Faden besser erkennbar Dokumentation erleichtert
offene Fragen stellen	wecken Auskunftsbereitschaft geben dem Befragten Zeit zum Nachdenken vermeiden Manipulation und Spekulation fördern neue Gesichtspunkte keine Einengung des Befragten wie es bei geschlossenen Fragen der Fall ist
konkrete Fragen stellen	straffen den Ablauf bremsen Vielredner fördern Verständnis
Unterfragen und Kettenfragen vermeiden	Fragen werden vollständig beantwortet (bei Unterfragen wird häufig nur die letzte beantwortet)
suggestive Fragen vermeiden	der Befragte sagt, was er denkt, nicht was der andere erwartet wecken weniger Widerspruch

Abb. 5.5 Frageregeln für ein nicht standardisiertes Interview. (Vgl. Schmidt 2014, S. 211)

5.2.3 Beobachtung

Unter Beobachtung versteht man die systematische Wahrnehmung und die Interpretation von Vorgängen, Sachverhalten und Prozessen.
Die Beobachtung kann offen oder verdeckt erfolgen.

- Bei der offenen Beobachtung tritt der Beobachter als Untersuchender auf. Die Beobachtung kann aktiv teilnehmend oder passiv teilnehmend erfolgen.
- Bei der verdeckten Beobachtung gibt der Beobachtende seine Identität nicht preis.

Die Beobachtung kann strukturiert oder unstrukturiert erfolgen.

- Bei der strukturierten Beobachtung werden Kategorien der Beobachtung zugrunde gelegt.
- Die unstrukturierte Beobachtung orientiert sich nur an groben Hauptkategorien.

Beispiel

In der Studie *„Schulbegleitung im Fokus – Teilhabe und Exklusion im schulischen Alltag"* (Weinbach et al. 2023) wurde die teilnehmende Beobachtung als zentrale Methode eingesetzt, um die Bedeutung und Wirkung von Schulbegleitung im schulischen Alltag jenseits des Unterrichts zu erfassen. Die Forschenden nahmen an verschiedenen schulischen Settings teil, darunter Pausen, Mittagessen, Ganztagsbetreuung, Arbeitsgemeinschaften, Sportfeste, Klassenfahrten und Ausflüge. Die Beobachtungen umfassten teils mehrere Stunden bis hin zu vollständigen Schultagen. Im Rahmen der Analyse wurden zwei zentrale Formen der Schulbegleitung herausgearbeitet: Erstens das Modell „Das Boot", bei dem die Schulbegleitung eine stabile Bezugsperson für das Kind darstellt. Diese Form vermittelt Sicherheit, kann jedoch auch soziale Abgrenzung gegenüber Gleichaltrigen zur Folge haben. Zweitens das Modell „Das unsichtbare Band", bei dem sich die Schulbegleitung im Hintergrund hält und nur bei Bedarf unterstützend eingreift. Diese Form begünstigt tendenziell die Integration der Kinder in die Peergroup (Weinbach et al. 2023). ◄

5.2 Qualitative Analysemethoden

Tagesbericht	Name:		Vorname:			
	Abteilung:					
Datum:	Unterschrift:	Stellenbez.:		Stellennr.:		
		Raum:		Telefon:		
Aufgabe/ Tätigkeit		Einzelfälle in Minuten	Telefon		Besprechung	Zusammenarbeit mit
			Ein	Aus		
a		b	c	d	e	f
Zeichen Vorgesetzter				Blatt		

Abb. 5.6 Tagesbericht. (Schmidt 2014)

Selbstanalyse

Die Beobachtung kann sich auch auf den Beobachtenden selbst im Sinne einer Selbstanalyse beziehen. Ein Beispiel für die Selbstanalyse ist ein Tagesbericht, in dem Aufgaben und Tätigkeiten eingetragen werden (Abb. 5.6).

Auf der Grundlage der Analyse werden ggf. Organisationsentwicklungsmaßnahmen eingeleitet, auf die in den folgenden Kapiteln eingegangen wird.

6 Organisationsentwicklung in der Sozialwirtschaft

Wie können Organisationen weiterentwickelt werden?

> **Zusammenfassung**
>
> Organisationsentwicklung bezeichnet einen langfristig angelegten, partizipativen Veränderungsprozess, der darauf abzielt, soziale Organisationen unter Berücksichtigung struktureller, prozessualer und kultureller Aspekte an sich wandelnde Umweltbedingungen anzupassen und dabei sowohl deren Effektivität als auch die Qualität des Arbeitslebens zu steigern.

Vor dem Hintergrund der eingangs geschilderten Veränderungsprozesse gewinnt Organisationsentwicklung an Bedeutung, um Systeme an sich wandelnde Umweltanforderungen anzupassen. Dabei versucht die Leitung des jeweiligen Trägers Sozialer Arbeit bzw. die entsprechende Managementebene planmäßig und betriebsumfassend die Wirksamkeit der Organisation zu verbessern (Becker und Langosch 2002; Engelhardt et al. 2000).

Organisationsentwicklung bezieht sich nicht nur auf organisatorische Fragen oder auf Individuen, sondern umfasst das gesamte System mit seinen Strukturen, Verfahren, Prozessen und der Organisationskultur. Die Organisationskultur ist ein Zusammenspiel von Tätigkeiten, Interaktionen, Normen, Empfindungen, Einstellungen, Überzeugungen, Werten und Produkten (vgl. French und Bell 1994, S. 32).

Die Gesellschaft für Organisationsentwicklung e.V. „versteht Organisationsentwicklung als einen längerfristig angelegten Entwicklungs- und Veränderungsprozess von Organisationen und der in ihr tätigen Menschen. Der Prozess beruht auf Lernen aller Betroffenen durch direkte Mitwirkung und praktische Erfahrung. Sein Ziel besteht in der gleichzeitigen Verbesserung der Leistungsfähigkeit der Organisation (Effektivität) und der Qualität des Arbeitslebens (Humanität)." (Gesellschaft für Organisationsentwicklung, zitiert in Gairing 2008, S. 12.)

Es werden verschiedene Modelle und Methoden eingesetzt, die in Abb. 6.1 den in Abschn. 3.2 vorgestellten sozio- und systemstrukturierten Organisationstheorien zugeordnet und in den folgenden Kapiteln vorgestellt werden.

6 Organisationsentwicklung in der Sozialwirtschaft

Modelle und Methoden der Organisationsentwicklung

Technostruktur (bis ca. 1940) Soziostruktur (von 1940 – 1960) Systemstruktur (ab 1960)
scientific-management   human-relation   human-integration
administrative-management   human-ressources
⇩   ⇩

Organisationsentwicklung
Veränderung von technostrukturierten zu sozio- und systemstrukturierten Organisationsformen mit dem Ziel, der
Verbesserung der Effektivität und Effizienz
Verbesserung der Arbeitsbedingungen
Lösung von Sach- und Kommunikationsproblemen
Festigung und Unterstützung beruflicher Handlungskompetenz

durch folgende Modelle und Methoden:

Methoden des klassischen Modells (Sozio- und Systemstruktur)
Aktionsforschung
Survey-Feedback
Laboratoriumstraining
Einsatz von Change-agents
Unfreezing-moving-freezing
Analyse, Konzeptentwicklung, Umsetzung und Kontrolle

Methoden des Modells „lebensfähige Organisation" (Systemstruktur)
Aufbau lebensfähiger, autonomer, rekursiver Strukturen
Prozessorientiertes systemisches Vorgehen (unter Beachtung von Kontrollparametern, Instabilitätspunkten, Ordnern und Rückbezüglichkeiten)

Methoden des Modells „lernende Organisation" (Sozio- und Systemstruktur)
Personalentwicklung (Stärkung der persönlichen Handlungskompetenz)
Organisationslernen (lernende Organisationskultur, Lernmöglichkeiten, „into, on und near the job")

Abb. 6.1 Modelle und Methoden der Organisationsentwicklung. (Eigene Darstellung)

7 Das klassische Modell der Organisationsentwicklung

Welche Konzepte prägen das klassische Modell der Organisationsentwicklung?

> **Zusammenfassung**
>
> Das klassische Modell der Organisationsentwicklung beruht auf den theoretischen Grundlagen von Kurt Lewin sowie dem Human-Relation-Ansatz, der informelle Beziehungen und Gruppenkultur in den Mittelpunkt stellt. Zentrale Elemente sind das Drei-Phasen-Modell (Unfreezing, Moving, Refreezing) sowie Methoden wie Laboratoriumstraining, Survey-Feedback und der Einsatz von Change Agents.

Die Ursprünge der Organisationsentwicklung liegen im Human-Relation-Ansatz, der – wie in Abschn. 3.2 skizziert, davon ausgeht, dass informelle Beziehungen zwischen den Mitarbeitern einer Organisation wichtiger für den Erfolg eines Unternehmens sind als formelle Anweisungen.

Organisationsentwicklung basiert auf zwei Quellen:

1. der Laboratoriumsmethode, die sich aus der Aktionsforschung Kurt Lewins (1963/1981) entwickelte, und
2. der Survey-Feedback-Methode, die die Erkenntnisse der Laboratorien in den realen Praxiskontext komplexer Organisationssystemen überführte (vgl. Gairing 2008, S. 11).

Kurt Lewin (1890–1947), Begründer der Organisationsentwicklung, hat linear-kausale, technokratische Ansätze in Frage gestellt. Er lehrte ursprünglich in Berlin und wurde von den Erkenntnissen berühmter Physiker wie Heisenberg (1901–1976)

© Springer Fachmedien Wiesbaden GmbH, ein Teil von Springer Nature 2026
L. Kolhoff, *Organisation der Sozialwirtschaft*, Basiswissen Sozialwirtschaft und Sozialmanagement,
https://doi.org/10.1007/978-3-658-27891-5_8

angeregt. Die Quantentheorie und die Unschärferelation stellen das klassische Newtonsche Weltbild auf den Kopf. Denn Materie und Energie werden nicht mehr klar voneinander getrennt. Licht ist nicht mehr eindeutig Welle (Energie) oder Teilchen (Materie), sondern beides, je nach Erklärungszusammenhang.

Lewin überträgt diesen Denkansatz auf die Individual- und später die Sozialpsychologie. Die auf ihn zurückgeführten „klassischen" Organisationsentwicklungsmodelle stehen folglich zwischen Sozio- und Systemstruktur und sind durch Feldtheorie und Aktionsforschung gekennzeichnet. Lewin betreibt seine Forschung nicht als Laborexperiment, sondern als breit angelegte Feldforschung, in der er die Komplexität der Einflussfaktoren für menschliches Verhalten möglichst angemessen abbildete und analysierte. Er ist der Ansicht, dass eine Veränderung in einem Individuum nur erfolgen kann, wenn eine Veränderung der Gruppenkultur bewirkt wird, deren soziale Mitgliedschaft für das Individuum wichtig ist. Für Lewin ist Kultur kein feststehendes Gefüge, sondern ein lebendiger Vorgang, der aus zahllosen sozialen Wechselwirkungen zusammengesetzt ist. Er benutzt das Bild eines Flusses, dessen Form und Schnelligkeit von dem Ausgleich der Kräfte bestimmt wird. Ähnliches gelte auch für das kulturelle Zusammenspiel. Sobald ein bestimmtes Niveau erreicht ist, kommen nach Lewin Kräfte der Selbstregulierung zum Zuge, die das Leben der Gruppen auf einem bestimmten Niveau zu halten versuchen. Wenn man eine Veränderung herbeiführen will, muss der Ausgleich zwischen diesen Kräften gestört werden. Parallel zum Abbau der Kräfte, die das alte Gleichgewicht stützen, müssen Kräfte geschaffen werden, die auf ein neues Gleichgewicht hinwirken. Für Lewin ist es daher nicht nur wesentlich, die für eine Veränderung nötige Fluidität zu schaffen und die Veränderung selbst herbeizuführen. Es ist für ihn ebenso unerlässlich, Schritte zu unternehmen, die die Dauerhaftigkeit der neuen Situation durch Selbstregulierung garantieren (vgl. Muldoon 2020, S. 622).

Die Forschungsergebnisse Lewins haben maßgeblich die Methoden der Sozialarbeit Gruppenarbeit („groupwork") und Gemeinwesenarbeit („Community Organization" oder „Community Development") beeinflusst. So wird in der Gruppenarbeit die Feedback-Methode eingesetzt, um Verhaltensänderungen zu bewirken und in der Gemeinwesenarbeit die Aktionsforschung mit ihren Instrumenten. Beispielsweise wird das Instrument der aktivierenden Befragung mit dem Ziel eingesetzt, um Kompetenzen und potenzielle Interessen zu erfassen, damit im Rahmen einer Gemeinwesenaktivierung Potenziale und Veränderungsmöglichkeiten identifiziert und in Kooperation mit den betroffenen Personen Veränderungsprozesse in Gang gesetzt werden können.

In vielen sozialen Einrichtungen und Diensten haben sich Strukturen verfestigt, die aufgebrochen werden müssen, um neue passende Strukturen und Verfahren zu entwickeln. Die von Lewin entwickelten Forschungsergebnisse sind deshalb für die Organisationsentwicklung sozialer Einrichtungen und Dienste von aktueller Bedeutung. Soziale Einrichtungen und Dienste befinden sich in komplexen Strukturen, die mit Lewin als Felder bezeichnet werden können, womit zum nächsten Begriff übergeleitet wird.

7.1 Feldtheorie

Für Lewin sind die menschliche Persönlichkeit und ihre Entwicklung, das Erleben und Handeln sowie die zwischenmenschlichen Prozesse, die Summe einer Gesamtheit von Bedingungen, in welcher die Gegebenheiten der Person und der Umwelt ein strukturiertes und dynamisches System oder Feld bilden (vgl. Gairing 2008, S. 40). Das Feld ist für Lewin kein abstraktes Bezugssystem wie etwa die grafische Darstellung von Eigenschaften (z. B. von Gewicht und Alter), sondern eine Vielzahl von Elementen bzw. Bereichen, die alle zur gleichen Zeit existieren und untereinander in Wechselwirkung stehen.

Es sind für ihn zwei Fragen zu beantworten:

- Wie beeinflussen Randbedingungen die Eigenschaften des Feldes und
- in welcher Weise stehen die verschiedenen Teile des Feldes zueinander in Beziehung? (vgl. Gairing 2008, S. 40 f.).

Die Feldtheorie ist durch sechs Merkmale gekennzeichnet:

1. Die konstruktive Methode: Ein konkreter Fall wird unter Einbeziehung von Konstruktionselementen dargestellt.
2. Der dynamische Ansatz: Es werden nicht nur phänomenologisch deskriptiv Verhaltensweisen untersucht, sondern auch die dem Verhalten zugrunde liegenden Kräfte werden behandelt. (Dynamisch bezieht sich auf den griechischen Begriff dynamos = Kraft).
3. Der sozialpsychologische Ansatz: Die Feldtheorie nach Lewin ist keine physikalische Feldtheorie wie z. B. in der Elektrotechnik, sondern eine sozialpsychologische.
4. Der Ausgang der Analyse von der Gesamtsituation: Lewin geht von der komplexen Gesamtsituation aus und untersucht dann unterschiedliche Aspekte und Elemente.
5. Das Verhalten ist eine Funktion des gegenwärtigen Feldes: Für Lewin ist der Schwerpunkt seiner Analyse und Intervention das Hier und Jetzt im Verhalten des Individuums.
6. Die mathematische Darstellung sozialpsychologischer Situationen: Lewin benutzt geometrische Darstellungsformen. Das Verhalten ist für ihn eine Funktion des Lebensraumes und dieser ist eine Funktion der Wechselwirkung von Person und Umwelt.

Da in sozialen Organisationen viele Komponenten im Sinne eines Feldes aufeinander einwirken und sich gegenseitig beeinflussen, ist ein kausales Ursache-Wirkungsverständnis nicht ausreichend, um Entwicklungsprozesse zu initiieren. Sinnvoller ist es, das Feld als Ganzes zu betrachten und im Sinne einer definierten Zielsetzung zu verschieben. Hierfür gilt es, in einem ersten Schritt das Problem zu definieren. Dabei werden jedoch – anders als bei kausalen Problemlösungsansätzen – nicht die Ursachen des Problems lokalisiert, sondern die fördernden und hemmenden Bedingungen zur Zielerreichung analysiert und die Einflusskräfte gewichtet, um dadurch das Feld zielgerichtet beeinflussen zu können (Abb. 7.1).

Kräftefeld-Analyse nach LEWIN

1. Probleme beschreiben:
Uns stört, dass …

2. Ziel definieren:
Wie können wir erreichen, dass …

3. Einflusskräfte und Bedingungen auflisten:

Was hemmt	Was fördert
1.	1.
2.	2.
3.	3.

4. Einflusskräfte gewichten und analysieren:

Der am stärksten hemmende Faktor ist	Der am stärksten fördernde Faktor ist

5. Vorschläge zur Veränderung:

Um die hemmenden Faktoren zu beseitigen oder abzuschwächen	Um die fördernden Faktoren zu verstärken und zu unterstützen

6. Aktionsplan erstellen:
Konkrete Maßnahmen vereinbaren:
Wer tut **was**, **wann** und **mit wem** …, um die gewünschten Veränderungen zu bewirken

---

Abb. 7.1 Kräftefeld-Analyse nach Lewin. (Vgl. Becker und Langosch 2002, S. 216)

7.2 Aktionsforschung

Die Feldtheorie allein reicht nicht aus, um bei den Menschen tiefgreifende Einsichten zu bewirken, die ihr Handeln verändern. Nach Lewins nach muss zusätzlich eine Veränderung in der Handlung selbst ausgelöst werden, um Einsicht in den Prozess zu gewinnen. Er bezeichnet dies als Aktionsforschung und versteht darunter eine vergleichende Erforschung der Bedingungen und Wirkungen verschiedener Formen des sozialen Handelns (vgl. Lewin 1963, S. 280).

Neben der Erforschung des Handelns soll die Forschung auch dem Handeln dienen und Handeln bewirken. Demzufolge sind die Betroffenen für Lewin nicht nur Forschungsobjekte, sondern kooperierende und interagierende Partner des Forschers. Gleichzeitig ist der Forscher teilnehmender und mitagierender Beobachter. Das Aktionsforschungsmodell bedingt folglich die Kooperation von Wissenschaftlern und Praktikern bei Planung, Design und Auswertung der Forschung. Forscher sowie Rat- und Hilfesuchende bilden ein gemeinsames Handlungssystem (vgl. Sievers 1977, S. 26; Altrichter et al., S. 553 f.). Lewin fordert, Handeln, Forschung und Erziehung als ein Dreieck zu betrachten, das um jeder seiner Ecken willen zusammenzuhalten ist (vgl. Lewin 1963, S. 291; Abb. 7.2).

7.2.1 Survey-Feedback-Methode

Aus dem Aktionsforschungsansatz wurde die Survey-Feedback-Methode entwickelt. Dabei werden Zusammenhänge erforscht (Survey), die gewonnen Daten in das System zurückgespeist (Feedback), dort diskutiert und an-

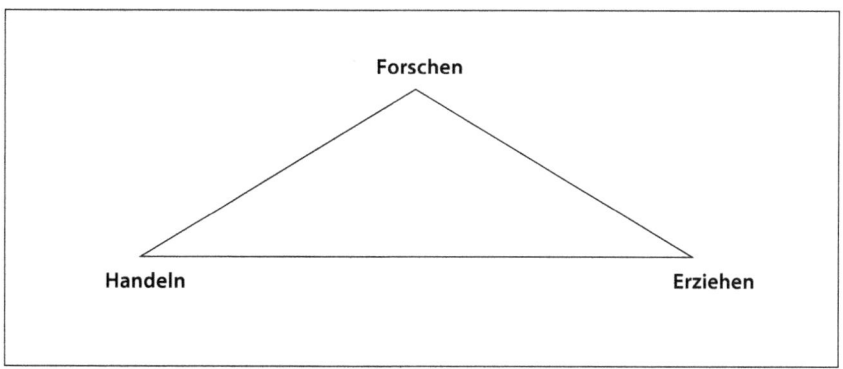

Abb. 7.2 Forschen, Handeln und Erziehen. (Nach Lewin 1963, S. 291)

Abb. 7.3 Komponenten der Survey-Feedback-Methode

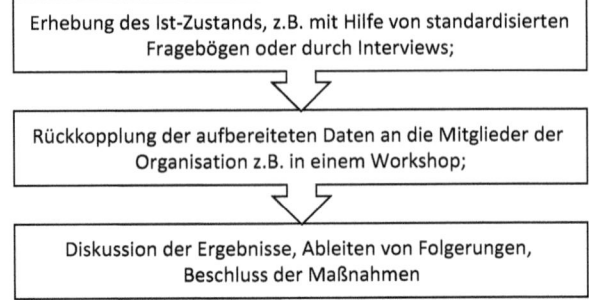

schließend Aktionen vorbereitet (vgl. Becker und Langosch 2002, S. 53 ff.). Sie besteht aus drei Komponenten (Abb. 7.3):.

Der systemstrukturierte Survey-Feedback-Ansatz erfolgt in wiederkehrenden Zyklen und hat das Ziel, Veränderungen im System einzuleiten. Der neue Systemzustand wird erfasst, in das System zurückgespeist, evaluiert und führt wiederum zu weiteren Aktionen (vgl. Kauffeld et al. 2019, S. 84 f.). Als Feedback-Methode bietet sich das Laboratoriumstraining an. Es hat einen sozialstrukturellen Hintergrund und dient dazu, in Kleingruppen die Interaktion und Gruppendynamik zu trainieren. Ziel ist die Steigerung der Wahrnehmungsfähigkeiten für eigene und fremde Gefühle, Stimmungen, Einstellungen und Reaktionen (vgl. Kauffeld et al. 2019, S. 84). Die Methode entstand 1946 eher zufällig im Rahmen eines Trainings für Pädagogen und Sozialarbeiter. Einige Teilnehmer fragten, ob sie an der Auswertung teilnehmen könnten. Diese abendlichen Auswertungen wurden schließlich zum eigentlichen Inhalt des Trainings. Dabei wurde Feedback als wirksame Methode zur Verhaltensänderung entdeckt (vgl. Lesjak 2009, S. 9). Sechs Monate später wurden die Teilnehmer erneut interviewt; es zeigte sich, dass sie neue Methoden anwendeten. Aufgabe des Gruppenleiters war es, im Sinne der Reaktionsforschung die Gruppe bei der Auswertung und Analyse zu unterstützen. Ein Nebeneffekt der Laboratoriums- oder Trainingsgruppen war die Einführung des Innovationsagenten (change agent). Change agents sollen Veränderungen in Einsichten und Einstellungen von Menschen und Gruppen bewirken. Dazu müssen sie Betroffenen helfen, ihre Probleme zu diagnostizieren, Lösungspläne zu entwickeln sowie diese zu prüfen und zu bewerten. Auch die Organisationsentwicklung bedarf der Mitwirkung eines change agents, eines externen Begleiters, der nicht Teil des Systems ist und somit das System beschreiben (survey) und als Katalysator für Veränderungsprozesse wirken kann. Denn ein System kann sich nicht wie Münchhausen am eigenen Schopf aus dem Sumpf ziehen, sondern benötigt einen Beobachter als Innovationsagenten.

In der Organisationsentwicklung besteht seine Aufgabe darin, als Außenstehender dazu beizutragen, „... dass die Organisation und die in ihr tätigen Menschen nicht in ihren Schwierigkeiten stecken bleiben, sondern erkennen und erfahren,

(1) dass sie ihre Probleme tatsächlich selbst lösen können,
(2) wie sie dabei vorgehen müssen und
(3) was dadurch letztlich erreicht wird." (Becker und Langosch 2002, S. 26)

Der change agent als Organisationsentwicklungsberater ist kein Fachberater, sondern ein Prozessberater. Er muss über Methodenkompetenz (Vorgehensweisen, Instrumente, Techniken und Verfahren des Entwicklungsprozesses) und über Sozialkompetenz verfügen, um aktiv Gruppenprozesse gestalten zu können.

Im Folgenden wird ein von French und Bell (1994, S. 112) geschilderter Ablauf eines Aktionsforschungs- und Survey-Feedback-Prozesses auf ein Beispiel aus dem sozialen Sektor bezogen (Abb. 7.4).

7.2.2 Phasen- und Planungsmethoden

Lewin hat für die Organisationsentwicklung ein Drei-Phasen-Modell entwickelt: Unfreezing, Moving, und Refreezing (Abb. 7.5). Nach Becker und Langosch (2002) können den drei Phasen Lewins die klassischen Planungsphasen Analyse, Konzeptentwicklung, Umsetzung und Kontrolle zugeordnet werden.

Phasen

Unfreezing Strukturen werden ‚aufgetaut', in Frage gestellt und Motivation für Veränderungen geweckt.

Soziale Einrichtungen und Dienste müssen zunächst ihre bestehenden Strukturen hinterfragen. Ohne ein Problembewusstsein werden die Mitglieder des Systems sich gegen Veränderungen sträuben. Das „Unfreezing" (Auftauen) ist also der Einstieg in jeden Veränderungsprozess. Erst wenn alte Strukturen in Frage gestellt werden, ist das System bereit, sich zu verändern. Hierzu müssen veraltete Strukturen gezielt gestört werden. Becker und Langosch ordnen der Unfreezing-Phase von Lewin, mit der jeder Organisationsentwicklungsprozess beginnt, eine Analysephase zu, in der Chancen und Entwicklungen der relevanten Umwelt sowie Stärken, Schwächen und Probleme der Organisation dargestellt werden. Dazu gehören die Diagnosephase (Umweltanalyse, Organisationsanalyse, Problemanalyse) und der Soll-Ist-Vergleich.

Ablauf eines Aktionsforschungs- und Survey-Feedback-Prozesses:	Beispiel aus dem sozialen Sektor:
1. Ein einflussreicher Manager stellt das Problem fest.	Die Eigenmittel der sozialen Einrichtung und das Engagement Ehrenamtlicher sind drastisch zurückgegangen.
2. Besprechung mit sozialwissenschaftlichem Berater	Ein Unternehmensberater wird eingeschaltet.
3. Datensammlung und Diagnose durch Berater	Die Beratungsgesellschaft führt eine Organisations- und Umfeldanalyse durch.
4. Weiteres Sammeln von Daten	Die soziale Einrichtung stellt eigene Daten zur Verfügung.
5. Feedback an den Klienten bzw. das Klientensystem	Das Ergebnis der Organisations- und Umfeldanalyse wird dem Direktor und den leitenden Mitarbeitern der Einrichtung präsentiert. Diese führen eine Mitarbeiterbesprechung durch.
6. Gemeinsame Handlungsplanung (Ziele des Organisationsentwicklungsprogramms und Wege zur Verwirklichung, z. B. Teamentwicklung)	In einem moderierten Planungsworkshop mit den Mitarbeitern der Einrichtung wird beschlossen, dass die hauptamtlichen Mitarbeiter verstärkt mit Ehrenamtlichen zusammenarbeiten und das Fundraising intensiviert werden soll.
7. Sammeln von Daten	Das Engagement und das Interesse der Ehrenamtlichen und der Spender und Sponsoren wird erfasst.
8. Feedback zur Klientengruppe (z. B. Maßnahmen zur Teamentwicklung, zusammenfassendes Feedback durch den Berater, Aufarbeitung durch die Gruppe)	Anhand der Analyse wird deutlich, dass die bürokratische Struktur der Organisation dem Engagement Ehrenamtlicher entgegensteht. Hinzu kommt, dass die weltanschauliche Orientierung vieler potenzieller Ehrenamtlicher sich nicht mehr mit der Kultur der Organisation deckt.
9. Diskussion und Bearbeitung des Datenfeedbacks und der Daten durch die Klientengruppe (neue Einstellungen und Perspektiven tauchen auf)	Es werden Veränderungen des Leitbildes diskutiert und organisatorische Veränderungen geplant, damit Haupt- und Ehrenamtliche besser zusammenarbeiten können.
10. Handlungsplan (Bestimmung der Ziele und Wege dorthin)	Es wird eine Veränderung der Aufbauorganisation diskutiert.
11. Aktion (neues Verhalten)	Projektbeauftrage werden ernannt und eine Stabsstelle für Öffentlichkeitsarbeit und Fundraising wird eingerichtet.
12. Datensammlung, Neubeurteilung des Systemzustands	Der Organisationsberater eruiert das veränderte Image der Organisation; die Finanzabteilung liefert Zahlen zum Fundraising.
13. Feedback	Die Ergebnisse werden aufbereitet.
14. Diskussion und Aufarbeitung des Feedbacks	Die Ergebnisse werden in einem Workshop präsentiert und diskutiert.
15. Handlungsplanung	Die eingeleiteten Maßnahmen werden modifiziert.
16. Aktion usw.	usw.

Abb. 7.4 Ablauf eines Aktionsforschungs- und Survey-Feedback-Prozesses in der Sozialwirtschaft. (Vgl. French und Bell 1994, S. 112)

7.2 Aktionsforschung

Drei-Phasen-Modell	Planungstechniken
Unfreezing – in Frage stellen; – Motivation für Veränderungen; – Strukturen auftauen.	**Analyse** – Diagnose; – Soll/Ist-Vergleich.
Moving – Neue Ziele und Verhaltensweisen entwickeln; – Situationen verändern	**Konzeptentwicklung** – Zielbeschreibung; – Entwicklung von Lösungsansätzen; – Entscheidung; – Planung des Ablaufs; – Ermittlung und Analyse potenzieller Durchführungsprobleme
Refreezing – veränderte Verhaltensweisen stabilisieren.	**Umsetzung** – Veränderung der Organisationsstruktur, Realisierungsplanung, Projektüberwachung; – Veränderung von Einstellung und Verhaltensweisen, gruppendynamische Intervention und Verhaltenstraining **Kontrolle** – Rückmeldungen Evaluationsverfahren mit entsprechenden Datenerhebungen mittels empirischer Methoden; – Interpretation

Abb. 7.5 Drei-Phasen-Modell nach Lewin. (Kolhoff 2009, S. 28)

Moving Situationen werden verändert, in Bewegung gesetzt, neue Verhaltensweisen und Arbeitsabläufe entwickelt. In der „Moving"-Phase nimmt das System einen neuen Platz ein.

Lewins „Moving"-phase ordnen Becker und Langosch die Konzeptionsphase zu. Da Konzeptentwicklung die geistige Vorwegnahme zielgerichteter Handlungen ist, steht am Anfang des Prozesses die Zielsetzung, die Ermittlung eines Leitbildes sowie die Festlegung qualitativer und quantitativer Ziele. Anschließend werden Strategien und Maßnahmen entwickelt und entschieden, welche Alternative am besten zur Zielerreichung beiträgt.

Refreezing Einfrieren veränderter Verhaltensweisen und Stabilisierung veränderter Verhältnisse.

Genauso wichtig wie das Moving ist das Refreezing, damit das System einen neuen stabilen Zustand einnehmen kann. Die Veränderung ist kein Selbstzweck, sondern dient dazu, dass das System seine Aufgaben besser wahrnehmen kann.

Lewins Refreezing-Phase ordnen Becker und Langosch die Umsetzungs- und Kontrollphase zu. In der Umsetzungsphase werden Aktivitätspläne zur Einführung und Erprobung von Maßnahmen erstellt, konkrete Durchführungsbeschlüsse gefällt und die geplanten Maßnahmen abgesichert (vgl. Becker und Langosch 2002, S. 50). Die Kontrollphase dient der Überwachung von Organisationsentwicklungskonzeptionen (vgl. Becker und Langosch 2002, S. 50). Kontrolle ist ein Vergleich zwischen Zielen, Planwerten und Realisationswerten (Soll-Ist Vergleich). Zu unterscheiden sind in diesem Kontext:

- Ergebniskontrolle (Vergleich der geplanten mit den eingetretenen Ergebnissen) und
- Prozess- bzw. Verfahrenskontrolle (Optimierung der Geschäftsprozesse).

Techniken

In der klassischen Organisationsentwicklung kommen folgende Organisations- und Kommunikationstechniken zum Einsatz (vgl. Becker und Langosch 2002, S. 52; Abb. 7.6):

Die Abb. 7.7 stellt eine strukturierte Übersicht zur klassischen Organisationsentwicklung dar.

Organisationstechniken	Kommunikationstechniken
Ist- Aufnahme Analysetechniken Problemlösungstechniken Zielfindungsmethoden Entscheidungs- und Bewertungstechniken Kontrolltechniken	Gruppendynamische Trainingsmethoden zur Teamentwicklung Survey-Feedback-Methode Konfrontationstechniken Rollenanalysetechniken Techniken zur Lebens- und Laufbahnplanung Arbeitsstrukturierungstechniken

Abb. 7.6 Organisations- und Kommunikationstechniken in der klassischen Organisationsentwicklung. (Eigene Darstellung)

Systematik aller Komponenten der klassischen Organisationsentwicklung

Ziele und Leitbild:
- Produktivität und Menschlichkeit,
- Entwicklung von Mensch und Organisation.

Kriterien:
- Problembewusstsein,
- Mitwirkung des Beraters,
- Beteiligung der Betroffenen,
- Behandlung von Sach- und Kommunikationsproblemen,
- erfahrungsorientiertes Lernen,
- prozessorientiertes Vorgehen,
- Systemdenken.

Vorgehensweise:
- Diagnose,
- Planung,
- Aktion und Auswertung in sich wiederholenden Zyklen.

Instrumentarium (Wissenschaftliche Theorien und Methoden):
- Systemtheorie und Systemtechnik,
- Organisationstheorie und Organisationsplanung,
- Sozialpsychologie und Gruppendynamik,
- Kommunikationstheorie und
- Gesprächs- und Beratungstechnik.

Anwendungsfelder:
- Gesamtorganisation,
- Gruppen und ihre Wechselwirkungen,
- Individuen.

Maßnahmen:
Diverse Interventionen, Strategien und Techniken wie
- Survey-Feedback,
- Teamentwickung,
- Management-Techniken etc.

Abb. 7.7 Komponenten der klassischen Organisationsentwicklung. (Vgl. Becker und Langosch 2002, S. 98)

8 Neuere Modelle der Organisationsentwicklung

Wie können die Konzepte der lernenden und lebensfähigen Organisation zur systemischen Organisationsentwicklung in sozialen Einrichtungen unterstützen und eine wirksame Reaktion auf komplexe Umweltveränderungen ermöglichen?

> **Zusammenfassung**
>
> In diesem Kapitel werden die Konzepte der lernenden und lebensfähigen Organisation vorgestellt. Während lernende Organisationen durch Reflexion, Teamlernen und systemisches Denken geprägt sind, betonen lebensfähige Systeme strukturelle Voraussetzungen wie Autonomie, Koordination und Selbststeuerung. Beide Ansätze fördern die Anpassungsfähigkeit, Stabilität und Entwicklungsfähigkeit sozialer Organisationen – selbst unter instabilen Umweltbedingungen.

8.1 „Lernende Organisationen"

Gerade heute ist es wichtiger denn je, zu verstehen, wie Organisationen lernen – und wie sich dieser Lernprozess beschleunigen lässt. Die Zeiten, in denen Persönlichkeiten wie Henry Ford (Ford), Alfred Sloan (General Motors) oder Tom Watson (IBM) Unternehmen prägten, gehören der Vergangenheit an. In einer Welt, die zunehmend dynamisch, komplex und unvorhersehbar ist, kann niemand mehr allein an der Spitze alle Entscheidungen durchdenken. Das traditionelle Modell – oben wird gedacht, unten gehandelt – muss einem vernetzten, integrativen Denken und Handeln auf allen Ebenen weichen (vgl. Senge 1993, S. 146).

Das Konzept der lernenden Organisation, das maßgeblich von Senge (1993/2017) geprägt wurde, stellt den Lernbegriff in den Vordergrund der Betrachtung von Organisationsentwicklungsprozessen und versucht individuelle und Gruppenlernprozesse mit Veränderungen der Organisationsstruktur zu verbinden, um die Humanressourcen und die soziale Struktur im Sinne eines systemischen Lernens zu stärken. Folglich gehören das Einzel- und Gruppentraining ebenso zum Konzept, wie Veränderungen der Organisationskultur.

Chris Argyris und Donald A. Schön (2024) ergänzen dieses Konzept um eine praxisorientierte Perspektive: Organisationales Lernen tritt auf, wenn Mitglieder der Organisation problematische Situationen analysieren und daraus Schlussfolgerungen für die Organisation ziehen. Organisationen lernen, indem sie auf eine Diskrepanz zwischen erwarteten und tatsächlichen Ergebnissen reagieren, ihre handlungsleitenden Theorien hinterfragen und ihre Prozesse entsprechend anpassen (vgl. Argyris und Schön 2024, S. 31). Dieses Lernen muss in den Vorstellungen der Organisation und ihrer Mitglieder verankert werden, um nachhaltig zu sein.

Da der Lernbegriff im Mittelpunkt dieser Betrachtungen steht, erfolgt in einem ersten Schritt unter Bezug auf Bateson, Argyris/Schön und Piaget eine Begriffsklärung und in einem zweiten Schritt eine Übertragung auf Fragen der Organisationsentwicklung. Hierzu werden die Disziplinen (Senge) und Methoden der lernenden Organisation vorgestellt.

Lernen
Lernprozesse können mit Bateson (1964) hierarchisch gegliedert werden.

- Eine Vorstufe des Lernens ist die Reaktion, die Bateson als Lernen 0 bezeichnet: Hierbei wird die Informationsaufnahme an wiederkehrende äußere Reize gekoppelt, z. B. an Gesten oder Klänge.
- Die erste Lernstufe ist für Bateson dann die Konditionierung (Lernen 1) Das klassische Beispiel hierfür ist der Pawlowsche Hund, der Speichel absondert, wenn er eine Glocke hört, da immer dann, wenn er etwas zu fressen bekommt, die Glocke geläutet wird. Der Hund reagiert auf das Signal.
- Die zweite Lernstufe ist durch eine Kontextbestimmung des Lernverhaltens gekennzeichnet (Lernen 2 = Kontextbestimmung). So lernt man beispielsweise beim Einprägen von Vokabeln oder Formeln, wie man lernt.
- Die nächste Stufe kennzeichnet die Reflexionsebene (Lernen 3). Sie ist für Organisationsentwicklungsprozesse besonders wichtig, denn erst wenn Muster von Prozessen reflektiert werden, können diese auch verändert werden.

8.1 „Lernende Organisationen"

- Religiöse Bekehrungen oder andere tiefgreifende Erlebnisse, die zu einer grundlegenden Umstrukturierung des Charakters führen, bezeichnet Bateson als Lernen 4.
- Gattungsgeschichtliche Lernschritte kennzeichnet er als Lernen 5 (Lernen 5 = gattungsgeschichtliche Lernschritte).

Auch Chris Argyris und Donald A. Schön (2024) verfolgen einen differenzierten, hierarchisch strukturierten Zugang zum organisationalen Lernen und prägen die Begriffe Single-Loop-Lernen (SLL) und Double-Loop-Lernen (DLL). Beim Single-Loop-Lernen handelt es sich um das Erkennen und Korrigieren von Fehlern innerhalb eines bestehenden Handlungssystems, ohne die dahinterliegenden Annahmen, Werte oder Strategien zu hinterfragen. Diese Form des Lernens steigert die Effizienz, bleibt jedoch an der Oberfläche. Im Gegensatz dazu zielt Double-Loop-Lernen auf eine tiefere Reflexion und Veränderung der zugrunde liegenden Denkmodelle. Double-Loop-Lernen ermöglicht nachhaltige, transformative Lernprozesse, indem Annahmen und Routinen systematisch hinterfragt und angepasst werden (vgl. Argyris und Schön 2024, S. 36).

Ein zentrales Unterscheidungsmerkmal organisationaler Lernprozesse liegt somit in der Tiefe der Reflexion. Während beim Single-Loop-Lernen lediglich auf Abweichungen von erwarteten Ergebnissen reagiert wird, bietet Double-Loop-Lernen einen Ansatz, der grundlegende Denk- und Handlungslogiken hinterfragt und weiterentwickelt. Letzteres gilt als zentrale Voraussetzung für Innovation, Wandlungsfähigkeit und langfristige Entwicklung in Organisationen.

> **Beispiel**
>
> Ein klassisches Beispiel für Single-Loop-Lernen lässt sich im wirtschaftlichen Kontext beobachten: Reagiert ein Unternehmen auf sinkende Umsätze lediglich mit einer Erhöhung der Marketingaktivitäten, ohne die zugrunde liegende Produktstrategie oder veränderte Kundenbedürfnisse zu hinterfragen, bleibt es beim oberflächlichen Reagieren. Double-Loop-Lernen würde dagegen bedeuten, die Relevanz des Produkts infrage zu stellen und strategische Anpassungen vorzunehmen. ◄

Voraussetzung ist ein organisationales Umfeld, das Reflexion, Feedback und Fehlertoleranz fördert. In diesem Zusammenhang betonen Argyris und Schön (2024) die Bedeutung sogenannter defensiver Routinen: habitualisierte Verhaltensmuster, die Individuen oder Gruppen vor Kritik, Konflikten und Unsicherheit schützen sollen. Diese Routinen blockieren jedoch tiefgreifende Lernprozesse, da sie kritische Auseinandersetzungen verhindern. Um solche Barrieren zu überwinden, bedarf es einer offenen Lernkultur, in der Feedback als Ressource verstanden und Fehler als potenzielle Lerngelegenheiten betrachtet werden.

> **Beispiel**
>
> Ein praktisches Beispiel für Single-Loop-Lernen zeigt sich in einem Krankenhaus, in dem sich sich die Wartezeiten für Patienten verlängert haben. Die Managementebene reagiert, indem sie zusätzliches Personal einstellt – basierend auf der Annahme, dass Personalmangel die Hauptursache sei. Eine vertiefte Analyse möglicher struktureller Ursachen – wie ineffiziente Einsatzplanung oder unzureichende Terminvergabe – unterbleibt. Die Maßnahme bleibt auf der Symptomebene und reflektiert ein klassisches Single-Loop-Muster (Cuofano 2024). ◄

> **Beispiel**
>
> Demgegenüber veranschaulicht eine Kindertagesstätte ein Beispiel für Double-Loop-Lernen: Die Kita möchte inklusiver werden und startet zunächst mit Fortbildungen für das Personal sowie der Einführung pädagogischer Leitfäden. Als die erhofften Veränderungen ausbleiben, reflektieren Leitung und Team gemeinsam die organisationalen Routinen und Werte. In der Folge wird beschlossen, die Kita tiefgreifend anhand inklusiver Qualitätsstandards neu zu strukturieren. Der Prozess berücksichtigt Aspekte wie Konzeption und Leitbild, Teamstrukturen, Kooperation mit dem sozialen Umfeld sowie individuelle Diagnostik. Die Organisation verändert sich somit nicht nur operativ, sondern auch strukturell und kulturell (vgl. Heimlich und Ueffing 2018, S. 10 ff.). ◄

Diese Fallbeispiele verdeutlichen, dass nachhaltiges organisationales Lernen nicht allein durch Handlungsanpassung erreicht werden kann. Vielmehr bedarf es der kritischen Reflexion tief verankerter Annahmen und Routinen. Double-Loop-Lernen stellt damit eine zentrale Grundlage für eine zukunftsfähige, lernende Organisation dar.

Anders als Bateson und Argyris/Schön wählt Piaget 1992 keinen hierarchischen, sondern einen prozessorientierten Zugang, indem er Lernen durch die Schritte Assimilation, Akkomodation und Äquilibration kennzeichnet.

Individuelles Lernen erfolgt, indem Erfahrungen, die durch Handeln entstehen, im Gehirn Assimilationsschemata oder Wahrnehmungsmuster verarbeitet werden, in die Neues integriert wird. Das Neue wird mit bereits Bekanntem, dem

8.1 „Lernende Organisationen"

vorhandenen Wissen verknüpft. Den Vorgang nennt man Assimilation; assimiliert wird nur, was in bestehende Schemata passt. Das heißt, der Mensch nimmt selektiv wahr (Watzlawick et al. 1995), er reduziert die Komplexität, um Ordnung zu schaffen und gleichzeitig bezieht er sich rekursiv immer wieder auf seine aufgebauten Wahrnehmungsschemata. Man kann auch sagen, der Mensch ist strukturdeterminiert, um im Chaos überleben zu können. Nach Piaget ist Kognition keine Abbildung von äußerer Realität, sondern eine Konstruktion von Wirklichkeit, die sich in Handlungssituationen als passungsfähig erweisen muss.

Aus Erfahrungen, die durch Handeln entstehen, bilden sich Wirklichkeitsbilder (Assimilation), nur wenn diese gestört werden (Perturbation), beginnt ein Lernvorgang. Werden Störungen als relevant angenommen, so tritt eine Korrektur der Wahrnehmungsmuster und Handlungsschemata auf, die sich Akkomodation nennt. Assimilation – Perturbation – Akkomodation. Es wurde gelernt.

Ziel der Assimilation und Akkomodation ist es nach Piaget, ein Gleichgewicht zwischen sich selbst und der Umwelt zu erreichen, wo die Störung aufgehoben ist. Piaget bezeichnet diesen Zustand als Äquilibration. Nach Piaget ist Lernen eine Leistung des Menschen, nicht das Ergebnis von Belehrung und Erziehung. Lernprozesse sind also Passungsleistungen, um diesen Begriff des Konstruktivisten Glasersfeld (1985) zu benutzen.

In der Abb. 8.1 werden die Lernmodelle nach Bateson, Argyris/Schön und Piaget nebeneinandergestellt.

BATESON	ARGYRIS	PIAGET	
– Reaktion – Konditionierung	– Single-Loop- und	– Assimilation – Akkomodation und	
– Kontext- bestimmung – Reflexion	– Double-Loop- Lernen	– Äquilibration	⇒ Lernen in der Organisations- entwicklung
– Charakter- strukturierung			
– gattungs- geschichtliches Lernen			

Abb. 8.1 Lernen in der Organisationsentwicklung. (Kolhoff 2009, S. 32)

Organisationsentwicklung kann als Lernprozess verstanden werden, der auf der Ebene 2 und 3 der Lernhierarchie von Bateson durch Störungen und Anpassungen, durch Akkomodation und Reflexionsprozesse (Double-Loop) stattfindet. Besonders wichtig für Organisationsentwicklungsprozesse sind Störungen im Sinne Piagets. Denn erst, wenn eine Organisation gestört wird, kann sie ihre Wirklichkeitskonstruktion verändern und an die Umweltbedingungen anpassen. Durch bloße Assimilation kann die Organisation nicht lernen, sondern die Störungen von außen müssen die bisherigen Wahrnehmungsschemata erweitern, verändern und neu strukturieren.

Organisationsentwicklungsprozesse finden erst dann statt, wenn die vorhandenen Schemata und Strukturen nicht mehr tragfähig, das heißt geeignet für die Problemlösungen sind. Dann ist ein Umlernen, eine Korrektur der Wahrnehmungsmuster erforderlich. Ähnlich wie der Mensch im Alltag versucht auch die Organisationsleitung, das eigene Handeln und die Umwelt wieder in ein ausgewogenes Gleichgewicht zu bringen, zu äquilibrieren. Je mehr konstruktive Störungen stattfinden, desto mehr werden Werte und Normen ständig neu hinterfragt oder auch neu entwickelt. Lernen ist dementsprechend als ein ununterbrochenes Reagieren oder Nicht-Reagieren auf erfolgreiche Perturbationen zu verstehen und die Auslöser für Organisationsentwicklungsprozesse sind erfolgreiche Störungen.

8.1.1 Disziplinen und Methoden der lernenden Organisation

In lernenden Organisationen soll das Lernen der Organisation mit dem Lernen der Organisationsmitglieder einhergehen. Es geht also neben dem individuellen Lernen im Sinne einer soziostrukturierten Personalentwicklung um das Lernen der Organisation als Gesamtsystem (Organisationslernen). Oftmals wird in diesem Kontext die Frage gestellt, ob es wichtiger ist, durch die Methoden der Personalentwicklung zuerst die Menschen zu „stören" und zu hoffen, dass sich dann die Organisation verändert oder ob die Organisation zuerst strukturell umgebaut werden muss und die Menschen in der Folge sich an die neue Struktur anpassen. Systemisch betrachtet ist ein Lernen von Menschen und Systemen nicht voneinander zu trennen (vgl. Gairing 2008, S. 213), denn personales Lernen kann nur im Kontext des Systems stattfinden und Systemlernen nur, wenn auch die Systemmitglieder lernen. Für Senge (2017) kommt es deshalb darauf an, dass sich das Lernen der Mitglieder und das Lernen der Organisation gegenseitig stützen und dadurch die lernende Organisation entsteht. Damit das Lernen in der lernenden Organisation so organisiert ist, dass die Mitarbeiter ihre eigenen Ziele und Entwicklungsmöglichkeiten mit der Entwicklung der Einrichtung verbinden, benennt Senge fünf Disziplinen der lernenden Organisation (Senge 2017).

1. Persönliche Entwicklung (Personal Mastery)

Senge geht davon aus, dass Organisationen nur dann lernen, wenn die Menschen in ihnen lernen. Hierzu ist es notwendig, dass sie ihre persönlichen Kompetenzen verbessern, um Ergebnisse zu erzielen, die ihnen wirklich wichtig sind. Eine Bedingung hierfür ist eine kreative und offene Organisationskultur, damit die Mitarbeiter ihre selbstbestimmten Ziele und Vorstellungen entwickeln können. „Personal Mastery bedeutet, dass man seine persönliche Vision kontinuierlich klärt und vertieft, dass man seine Energien bündelt, Geduld entwickelt und die Realität objektiv betrachtet" (Senge 2017, S. 17). Es geht hier um die Schnittstelle zwischen Organisationslernen und individuellem Lernen. „Die Mitarbeiter weisen ein klares Verständnis der eigenen Wirklichkeit und Ziele auf, das sie in Beziehung zur Unternehmensentwicklung und ihren Möglichkeiten setzen können" (Wanner 2000, S. 8).

2. Veränderung der mentalen Modelle (Mental Models)

Für Senge werden viele Erkenntnisse über neue Möglichkeiten nicht umgesetzt, weil sie im Widerspruch zu stummen, aber machtvollen mentalen Modellen stehen (Senge 2017). Es geht um ungeschriebene Spielregeln, die den Wandel behindern. Um Veränderungen zu ermöglichen, sind Ehrlichkeit und Pragmatismus sowie eine Abstimmung von Unternehmens- und Mitarbeitersicht erforderlich. Vertraute Denk- und Handlungsweisen, die den Menschen Sicherheit im Handeln geben, müssen in Frage gestellt werden. Um diese zu verändern, ist Exformation, also ein gezieltes Verlernen, notwendig, denn Menschen halten an vertrauten Modellen auch dann noch fest, wenn diese nicht mehr funktional sind.

3. Gemeinsame Visionen (Shared Vision)

Mit Senge (2017) ist schöpferisches Lernen nur möglich, wenn Menschen nach etwas streben, das ihnen wirklich am Herzen liegt. Es geht also um eine gemeinsame Vision und in der Folge um eine Veränderung der Unternehmenskultur (Leitbildentwicklung, normatives Management). „Lernende Organisationen sind in der Lage, eine gemeinsame Vision als erstrebenswertes Bild der Zukunft zu entwickeln, dem sie sich verpflichtet fühlen und das dauerhaft Energie freisetzt" (Wanner 2000, S. 8). Lernen in Organisationen bedeutet deshalb persönliche Visionen mit gemeinsam geteilten Visionen in Zusammenhang zu bringen, da gemeinsame Visionen Mut verleihen und das Zusammengehörigkeitsgefühl in einer Organisation stärken.

4. Teamlernen (Team Learning)

Da Organisationsentwicklungsmaßnahmen mit einer Veränderung technostrukturierter Organisationen einhergehen und soziostrukturierte Organisationen gefordert werden, geht es darum, aus Mitarbeitern Teams zu bilden, die gemeinsam Probleme lösen. Hierzu müssen Führungskräfte und Mitarbeiter ihre Dialogfähigkeit entwickeln, um teamfähig zu werden.

5. Systemisches Denken (Systems Thinking)

Da Organisationen keine trivialen Maschinen sind, sondern sehr komplex, sind Ursache und Wirkung nicht direkt miteinander verbunden. Es geht darum, systemische Denkweisen zu entwickeln. Dies hat für Senge eine übergeordnete Bedeutung. Es ist die fünfte, die zentrale Disziplin, die in allen anderen Aspekten wieder auftaucht und „sie zu einer ganzheitlichen Theorie und Praxis zusammenfügt" (Senge 2017, S. 23). Zu der Eigenlogik komplexer Systeme gehören, wie Senge hervorhebt, vor allem zirkuläre Verknüpfungen von Ursachen und Wirkungen, Verzögerungs- und Beschleunigungsmomenten in den Rückkopplungsschleifen sowie versteckte und progressiv wachsende Widerstände im System gegen externe Beeinflussung.

> **Beispiel**
>
> Ein Beispiel für eine lernende Organisation bietet der Verein *Tausche Bildung für Wohnen e. V.* Der Verein initiiert Bildungspartnerschaften zwischen jungen Erwachsenen – den sogenannten Bildungspaten – und Kindern aus sozial benachteiligten Stadtteilen. Im Gegenzug für ihr Engagement erhalten die Paten mietfreies Wohnen in vereinseigenen Wohngemeinschaften. Damit wird ein Raum geschaffen, der über ein klassisches Geben-und-Nehmen-Prinzip hinausgeht: Alle Beteiligten erhalten die Möglichkeit zur persönlichen und gemeinschaftlichen Entwicklung.
>
> Die erste Disziplin – Persönliche Entwicklung – zeigt sich in der intensiven Vorbereitung der Bildungspaten auf ihre pädagogische Tätigkeit. Dies umfasst sowohl die Auseinandersetzung mit der eigenen Biografie als auch das Erlernen pädagogischer Grundhaltungen, kooperativen Arbeitens und selbstverantwort-

licher Führung. Ziel ist es, die Selbstwirksamkeit und Resilienz der jungen Erwachsenen zu stärken und deren Verantwortungsbewusstsein zu fördern.

Die zweite Disziplin – Veränderung der mentalen Modelle – wird im Umgang des Vereins mit wirtschaftlichen Zielsetzungen sichtbar. Anstelle einer ökonomischen Verwertungslogik steht die Sinnhaftigkeit des eigenen Handelns im Vordergrund. Mitarbeiter werden ermutigt, tradierte Denk- und Handlungsmuster zu hinterfragen und den Fokus auf soziale Wirksamkeit zu richten. Gleichzeitig werden Selbstverantwortung und partizipative Entscheidungsfindung gefördert, wodurch klassische hierarchische Strukturen relativiert werden.

Die dritte Disziplin – Gemeinsame Visionen – verfolgt die Idee eines inklusiven, gesellschaftsübergreifenden Zusammenkommens. Ziel ist es, Menschen aus unterschiedlichen sozialen Milieus in Begegnung zu bringen, gegenseitiges Lernen zu ermöglichen und persönliche Entwicklungsprozesse anzustoßen. Langfristig sollen alle Beteiligten ihr Leben aktiv und selbstbestimmt gestalten können, um gemeinsam auf eine gerechtere und zukunftsfähigere Gesellschaft hinzuwirken.

Auch die vierte Disziplin – Teamlernen – ist fest im Konzept des Vereins verankert. Regelmäßige Gruppen-Mentorings, Supervisionen und Fallbesprechungen dienen der fachlichen Reflexion und der gemeinsamen Problemlösung. Teamübergreifende Aktivitäten wie Teambuilding-Tage oder gemeinsame Ausflüge (z. B. Kanufahren) fördern zusätzlich die Kommunikations- und Kooperationsfähigkeit und tragen zur Entwicklung einer lernförderlichen Teamkultur bei.

Schließlich wird auch die fünfte Disziplin – Systemisches Denken – in der Praxis des Vereins deutlich. *Tausche Bildung für Wohnen* begreift gesellschaftliche Probleme nicht als isolierte Herausforderungen, die durch einfache Interventionen lösbar sind. Vielmehr wird das eigene Handeln als Teil eines umfassenden gesellschaftlichen Zusammenhangs verstanden, in dem vielfältige Akteure zusammenwirken. Das Denken in Kreisläufen ist zentral: Die Erfahrungen der Bildungspaten sowie die Reflexionen im Team führen dazu, dass bestehende gesellschaftliche Strukturen immer wieder neu bewertet und Veränderungsprozesse eingeleitet werden können.

Insgesamt verdeutlicht das Beispiel, wie die fünf Disziplinen nach Senge konkret in einem sozialen Projekt Anwendung finden und so die Grundlage für eine lernende Organisation geschaffen wird, in der individuelles und kollektives Lernen ineinandergreifen und gesellschaftlicher Wandel aktiv mitgestaltet wird (Tausche Bildung für Wohnen e. V. 2023). ◄

8.1.2 Stärkung der individuellen Handlungskompetenz

Die Erkenntnisse der Lern- und Lehrforschung finden sich auch in der Personalentwicklung lernender Organisationen wieder. In der klassischen lernzielorientierten Didaktik werden kognitive Lernziele (Denken, Wissen, Kenntnisse, intellektuelle Fähigkeiten), psychomotorische Lernziele (manipulative und motorische Fertigkeiten) und affektive Lernziele (Veränderung von Interessenslagen, Einstellungen, Werten) unterschieden. Diese Ebenen lassen sich den Kategorien Wissen, Können, Haltung bzw. Kopf, Herz und Hand zuordnen (Johann Heinrich Pestalozzi, 1746–1827).

Bezüglich der Personalentwicklung definiert Münch (1997, S. 11) Handlungskompetenz als die Fähigkeit, betriebliche Aufgaben und Probleme entweder allein oder in der Gruppe aufgabengemäß, zielgerichtet, situationsbedingt und verantwortungsbewusst zu lösen. Die wichtigsten Komponenten der Handlungskompetenz sind:

- Fachkompetenz: Fähigkeit, auf der Grundlage von Fachkenntnissen und fachspezifischen Fertigkeiten fachliche Probleme zu lösen.
- Methodenkompetenz: Fähigkeit, selbstständige Wege und Mittel für die Aufgabenbewältigung zu entdecken und anzuwenden.
- Sozialkompetenz: Fähigkeit, im Team zu handeln und gemeinsam mit anderen Problemen zu lösen.

Diese drei Ebenen zusammen bilden die Handlungskompetenz als ganzheitliche Qualifikation und Motivation (Abb. 8.2).

> **Beispiel**
>
> Die Handlungskompetenz sozialpädagogischer Fachkräfte lässt sich exemplarisch an der Einführung von Partizipationsstrukturen in stationären Jugendhilfeeinrichtungen verdeutlichen. Ziel dieser Strukturen ist es, Kindern und Jugend-

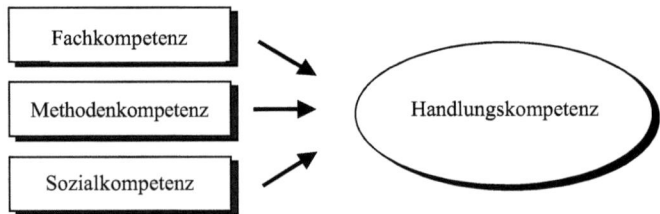

Abb. 8.2 Komponenten der Handlungskompetenz. (Eigene Darstellung)

lichen mehr Mitsprachemöglichkeiten im Alltag der Einrichtung zu ermöglichen und sie aktiv in Entscheidungsprozesse einzubeziehen. Die professionelle Umsetzung eines solchen Beteiligungskonzepts erfordert ein Zusammenspiel aus Fachkompetenz, Methodenkompetenz und Sozialkompetenz.

Die Fachkompetenz zeigt sich darin, dass sich die Fachkräfte fundiertes Wissen zu relevanten Themen aneignen. Dazu zählen Kenntnisse über Kinderrechte, die Bedeutung von Mitbestimmung für die psychosoziale Entwicklung sowie über die Prozesse der Demokratisierung innerhalb pädagogischer Institutionen. Dieses Wissen bildet die Grundlage dafür, Beteiligung nicht als punktuelle Maßnahme, sondern als systemisch verankertes Prinzip zu verstehen und umzusetzen.

Im Rahmen ihrer Methodenkompetenz wenden die Fachkräfte altersgerechte, ressourcenorientierte Methoden an, um die Teilhabe von Kindern und Jugendlichen aktiv zu fördern. Ein Beispiel hierfür ist der Einsatz von Emotionskarten, die es auch jüngeren oder sprachlich weniger geübten Kindern ermöglichen, ihre Gefühle, Stimmungen und Meinungen auszudrücken. Diese Methoden unterstützen nicht nur die Selbstwirksamkeit der jungen Menschen, sondern fördern auch den kontinuierlichen Dialog zwischen pädagogischen Fachkräften und den Betreuten.

Die Umsetzung partizipativer Strukturen erfordert zudem ein hohes Maß an Sozialkompetenz. Fachkräfte müssen in der Lage sein, empathisch mit unterschiedlichen Sichtweisen umzugehen und ein respektvolles, dialogisches Miteinander zu gestalten. Dabei ist es zentral, die Kinder und Jugendlichen als ernstzunehmende Akteure im gemeinsamen Entwicklungsprozess anzuerkennen. Durch ihre professionelle Haltung und Kommunikation tragen die Fachkräfte maßgeblich dazu bei, dass sich junge Menschen als wirksame Mitgestalter erleben und Vertrauen in ihre eigenen Gestaltungsmöglichkeiten entwickeln (Ministerium für Schule und Bildung NRW 2017).

Insgesamt zeigt das Beispiel, dass professionelle Handlungskompetenz in der Sozialen Arbeit weit über reines Fachwissen hinausgeht. Erst durch das Zusammenspiel von fachlicher Qualifikation, methodischer Handlungssicherheit und einer empathisch-dialogischen Haltung können Beteiligungsprozesse wirksam und nachhaltig in der pädagogischen Praxis verankert werden. ◄

8.1.3 Veränderung der Organisationskultur hin zur lernenden Organisation

Unter Organisationskultur ist ein Muster gemeinsamer Grundprämissen zu verstehen, das die Gruppe bei der Bewältigung ihrer Probleme erlernt hat, das sich bewährt hat und somit als bindend gilt und das daher neuen Mitgliedern als rational und emotional korrekter Ansatz für den Umgang mit diesen Problemen weitergegeben wird (vgl. Schein 1995, S. 27).

Organisationsentwicklung umfasst nicht nur die Personalentwicklung, denn wenn sich das Personal verändert, heißt das nicht unbedingt, dass sich die Organisation verändert. Für Sievers (1977, S. 11) bedeutet dies, „dass einerseits Organisationen als soziale Systeme nicht durch eine bloße Veränderung der personalen Systeme ihrer Mitglieder veränderbar sind und dass andererseits gelernte Verhaltensweisen, die sich für Individuen und Kleingruppen als funktional und adäquat erweisen mögen, zur Realisierung von Organisationszielen häufig dysfunktional sein können. Über die Veränderung und das Lernen personaler Systeme hinaus bedarf es vielmehr eines nachhaltigen Wandels der jeweiligen Organisationskultur, der ihr zugrunde liegenden Erwartungen, Ideologien und Werte sowie der daraus abgeleiteten Strategien der Zielverwirklichung." (Sievers 1977, S. 11 ff.).

Auch für Gairing (2008, S. 10) besteht die Gefahr, dass die Alltagskultur die persönlichen kleinen Veränderungsschritte relativ schnell wieder dem kulturellen Standard anpasst. Folglich geht es darum, Personalentwicklungsprozesse im Sinne eines individuellen Lernens mit Veränderungsprozessen der Organisationskultur zu verbinden.

Schein fordert zur Veränderung der Unternehmenskultur eine zeitliche Orientierung, die zwischen ferner und naher Zukunft liegt. Man müsse weit genug vorausdenken können, um die systemischen Konsequenzen verschiedener Handlungsstrategien abzusehen, sich aber auch auf die nahe Zukunft einstellen, um die Wirksamkeit der eigenen Lösung beurteilen zu können. Er empfiehlt daher eine Orientierung an mittelfristigen Zeiteinheiten.

Zur konkreten Umsetzung fordert er eine Mischung aus individuellen und gruppenorientierten Verfahren und Verhaltensweisen und keine Monokultur, da diese das Lernen behindere. Hierfür sind Einzel- und Gruppentrainingsmaßnahmen erforderlich, die im Folgenden vorgestellt werden (vgl. Kolhoff 1999, S. 167 ff.).

Die Grundsatzfrage für Organisationsentwicklungsprozesse in lernenden Organisationen lautet: Wie kann das System sich unter den Herausforderungen der Umwelt anpassen und weiterentwickeln? Es geht um die Fähigkeit zu lernen, d. h. also darum, Sinnzusammenhänge herzustellen, um Informationen einordnen zu können. In der Folge muss das lernende soziale Unternehmen Anschlussfähigkeit für das individuelle Lernen der Mitarbeiter im Rahmen des Organisationslernens schaffen. Das Training ‚Into-the-Job', ‚On-the-Job' und ‚Near-the-Job' (Abb. 8.3) dient der Stärkung der individuellen Handlungskompetenz und der Veränderung der Organisationskultur.

8.1 „Lernende Organisationen"

Training:		
Into-the-Job	On-the-Job	Near-the-Job
Berufliche Erstausbildung Praktika Traineeprogramm Einführung neuer Mitarbeiter	Job-enlargement Job-enrichment Job-rotation Auslandsassignments Gruppenarbeit	Qualitätszirkel Lernstatt Coaching

Abb. 8.3 Training into-the-Job, on-the-Job und near-the-Job

Training „into the Job"
Berufliche Erstausbildung: Lernende Organisationen nehmen schon in der Phase der Ausbildung zum Sozialarbeiter/Sozialpädagogen Einfluss auf Ausbildungsinhalte und deren Gestaltung. Denkbar ist, dass leitende Mitarbeiter Seminare an den Fach- und Fachhochschulen anbieten oder für Gastvorträge zur Verfügung stehen. Sinnvoll ist auch die Mitarbeit in Projekten der Fachhochschulen. Ziel ist der Aufbau einer Erstausbildung, die sich am modularen Modell der betrieblichen Ausbildung orientiert und Theorie und Praxis miteinander verzahnt.

Praktika: Um Lernprozesse möglichst feldorientiert zu gestalten, sollten soziale Einrichtungen und Dienste Praktikumsstellen anbieten, damit angehende Sozialarbeiter und Sozialpädagogen ihre Kenntnisse in der Praxis erproben und praktische Erfahrungen an der Hochschule reflektieren können.

Traineeprogramme: Klassischerweise richten sich Traineeprogramme an Hochschulabsolventen, denen der Übergang von der vorwiegend theoretischen Ausbildung in die Praxis erleichtert werden soll. Ein Traineeprogramm dauert in der Regel zwischen 12 und 24 Monaten. Während dieses Zeitraums werden Tätigkeiten in unterschiedlichen Abteilungen durchgeführt und begleitende Seminare angeboten. Den Trainees bietet sich die Möglichkeit, in der Praxis Stärken und Schwächen zu erkennen. Die Führungskräfte können testen, ob der Trainee ein geeigneter Mitarbeiter in ihrem Bereich sein könnte (vgl. Heeg und Münch 1993, S. 361; Thom und Nesemann 2011, S. 26 f.).

Einführung neuer Mitarbeiter: Der erste Eindruck eines Mitarbeiters hat einen großen Einfluss auf die weitere Entwicklung und zukünftige Leistungsbereitschaft.

Aus diesem Grund ist in einer lernenden Organisation eine spezielle Einführung vorzunehmen. Hierzu gehört ein Einblick in den Aufbau und die Leitung der sozialen Einrichtungen bzw. Dienste ebenso wie eine erfolgende aufgabenspezifische Einarbeitung anhand eines Einarbeitungsplans.

Training „On the Job"
Job-enlargement (Arbeitserweiterung): Beim Job-enlargement werden Arbeitsspezialisierungen aufgehoben, indem Mitarbeiter mehr Teilaufgaben erhalten. Während sich die Anzahl der Teilaufgaben erhöht, verringert sich die Zahl wiederholter Ausführungen derselben Aufgaben. Mitarbeiter sind für mehr Teilaufgaben verantwortlich, der Sinnzusammenhang der Arbeit wird deutlicher. Mehr Abwechslung ist möglich. Job-enlargement bedeutet also die Ausweitung des Arbeitsinhaltes durch Hinzufügen qualitativ gleichwertiger Tätigkeiten, sodass Aufgaben größeren Umfangs entstehen. Als Beispiel für das Job-enlargement sind Betreuungstätigkeiten im sozialen Bereich zu nennen, die um Organisations- und Koordinationstätigkeiten erweitert werden.

Job-enrichment (Arbeitsbereicherung): Während es beim Job-enlargement um die Ausweitung von ausführenden Aufgaben geht, wird hier eine Anreicherung der Arbeit durch Führungsaufgaben (Planungs-, Entscheidungs-, Anordnungs- und Kontrollaufgaben) vorgenommen. Job-enrichment beinhaltet die Integration verschiedener zusammenhängender Tätigkeiten zu abgrenzbaren Verantwortungsbereichen. Als Beispiel für das Job-enrichment dienen wiederum Betreuungstätigkeiten im sozialen Bereich. So können z. B. Teams von Sozialarbeitern und Sozialpädagogen, die benachteiligte Jugendliche betreuen, bei der Konzeptionierung und Akquirierung von Folgeprojekten beteiligt werden.

Job-rotation (Arbeitsplatzwechsel): (Mobilität steigern, Ressortdenken abbauen, Handlungskompetenz erhöhen). Wenn, wie derzur, massive Veränderungen den Bereich der Sozialen Arbeit treffen und gleichzeitig Mitarbeiter ein ganzes Berufsleben lang nur in einem Gebiet tätig waren, wird es schwierig, für diese Mitarbeiter neue Aufgabenfelder zu finden, die ihrem Qualifikationsniveau angemessen sind. Die Job-rotation (planmäßiger Wechsel von Arbeitsplätzen und Arbeitsaufgaben) will dem im Rahmen der lernenden Organisation entgegenwirken. Durch den Arbeitsplatzwechsel soll die Mobilität gesteigert, Ressortdenken abgebaut und die berufliche Handlungskompetenz erhöht werden.

Auslands-Assignments: In der Industrie wird der Auslandseinsatz propagiert, da das Zurechtfinden in unterschiedlichen Kulturkreisen zur Horizonterweiterung beiträgt und Flexibilität, Durchsetzungsvermögen und Belastbarkeit erhöht werden sollen. Der soziale Bereich bietet sich für Auslands-Assignments eher selten an. Gleichwohl ist die Auseinandersetzung mit Lösungsmöglichkeiten in fremden

Ländern hilfreich, um eigene Strukturen unter einem neuen Blickwinkel zu betrachten, denn der „Blick über den Tellerrand" führt zur Entwicklung neuer kreativer Lösungsmöglichkeiten im eigenen Land.

Gruppenarbeit/Teamarbeit: Hier handelt es sich um ein komplexes eigenständiges Feld, das mit den Stichworten „Interaktion" und „Kommunikation" (= Sozialkompetenz), also mit Wechselbeziehungen zwischen sozialen Einheiten (Interaktion) und dem Austausch von Informationen zwischen sozialen Einheiten in einem ersten Zugriff zu beschreiben ist. Gruppenarbeit kann z. B. in Form von Projekten/Projektgruppen, durchgeführt werden oder durch spezifische Einsatzgruppen, Task Forces, teilautonome Gruppen wie z. B. ASD-Teams, denen umfassende Aufgaben übertragen werden.

Training „Near the Job"
Qualitätszirkel: „Ein Qualitätszirkel besteht aus einer Gruppe von Mitarbeitern, die sich meist wöchentlich für eine Stunde zusammensetzen, um Qualitätsprobleme zu erörtern, deren Ursachen nachzugehen, Lösungen zu empfehlen und Verbesserungen zu veranlassen, wenn das in ihren Verantwortungsbereich fällt. Dadurch wird die Möglichkeit geboten, die kreative und innovative Kraft, die in den Mitarbeitern steckt, freizusetzen." (Deever in: Heeg und Münch 1993, S. 376).

Folgende Merkmale kennzeichnen einen Qualitätszirkel

- Eine begrenzte Zahl von Mitarbeitern eines Arbeitsbereichs bildet einen solchen Zirkel.
- Die Mitglieder treffen sich in regelmäßigen Abständen.
- Die Treffen finden auf freiwilliger Basis statt.
- Es werden gemeinsame arbeitsbezogene Probleme, genauer gesagt Qualitätsprobleme, untersucht.
- Die Probleme werden selbst gelöst oder die erarbeiteten Lösungsvorschläge an die zuständigen Stellen weitergeleitet (vgl. Zink in Heeg und Münch 1993, S. 376).

Beispiel

Ein Beispiel für die institutionalisierte Anwendung von Qualitätszirkeln in der Sozialen Arbeit ist deren Einsatz in der Evangelischen Jugendhilfe Geltow. Der dortige Qualitätszirkel setzt sich aus Mitarbeitenden unterschiedlicher pädagogischer Fachbereiche zusammen. Um eine dynamische Zusammensetzung und Perspektivvielfalt sicherzustellen, ist die Mitarbeit auf maximal zwei Jahre begrenzt. Die Sitzungen des Qualitätszirkels finden regelmäßig einmal im Monat statt und dauern jeweils etwa drei Stunden. Zusätzlich wird einmal jährlich eine ganztägige Klausurtagung durchgeführt, um übergeordnete Themen vertieft zu bearbeiten und strategische Entwicklungsziele zu definieren.

Der Aufgabenbereich des Qualitätszirkels konzentriert sich auf die kontinuierliche Weiterentwicklung sowie die Überprüfung des trägerinternen Qualitätsmanagementsystems. Dies umfasst insbesondere die Überarbeitung und Pflege des internen Qualitätsmanagement-Handbuchs. Dabei werden neue Richtlinien gemeinsam erarbeitet, implementiert und organisationsweit verbreitet. Ergänzend dazu erfolgt eine systematische Evaluation der Qualitätssicherungsmaßnahmen durch interne Audits und Befragungen, wodurch eine fortlaufende Rückkopplung und Qualitätsanpassung gewährleistet wird (Evangelische Jugendhilfe Geltow o. J.). ◄

Beispiel

Die Abb. 8.4 verdeutlicht den Ablauf eines Qualitätszirkels in der ambulanten Pflege. Ausgangspunkt ist die Vorbereitungsphase, in der ein aktuelles Thema ausgewählt und der zeitliche Rahmen für die Bearbeitung festgelegt wird. Daran schließt sich die Vorstellungsphase an, in der das Thema allen Teilnehmenden erläutert wird, um ein gemeinsames Verständnis zu schaffen und die Grundlage für eine konstruktive Bearbeitung zu legen. Es folgt die Diskussions-

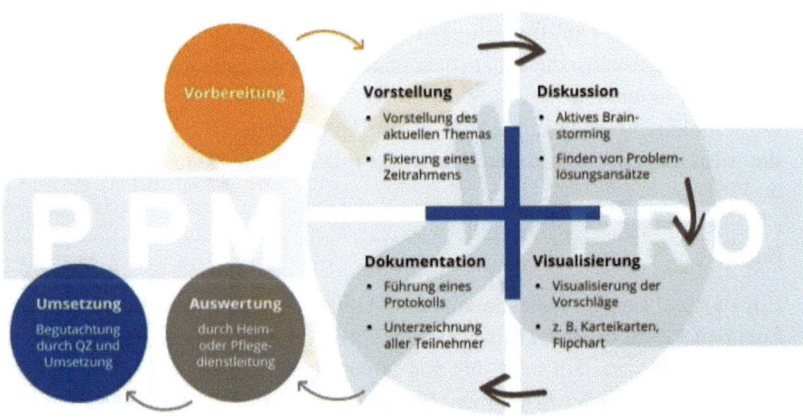

Abb. 8.4 Ablauf eines Qualitätszirkels in der ambulanten Pflege. (PPM PRO PflegeManagement Verlag & Akademie o. J.)

phase, in der mittels aktiven Brainstormings erste Lösungsideen gesammelt werden. Ziel ist es, geeignete Problemlösungsansätze zu entwickeln, die sowohl praxisnah als auch umsetzbar sind. Die darauf folgende Visualisierungsphase dient dazu, die erarbeiteten Vorschläge für alle sichtbar zu machen – beispielsweise durch die Nutzung von Flipcharts oder Karten. Dies fördert die Nachvollziehbarkeit und unterstützt eine strukturierte Diskussion. Die Ergebnisse der Diskussion werden anschließend in der Dokumentationsphase festgehalten. Ein Protokoll wird erstellt und von allen Teilnehmenden unterzeichnet, wodurch eine verbindliche Grundlage für das weitere Vorgehen geschaffen wird. In der darauf folgenden Auswertungsphase prüft die Heim- oder Pflegedienstleitung die vorgeschlagenen Maßnahmen hinsichtlich ihrer Umsetzbarkeit und Relevanz. Abschließend erfolgt in der Umsetzungsphase die praktische Implementierung der ausgewählten Maßnahmen, begleitet durch den Qualitätszirkel. ◄

Lernstatt: Das Modell der Lernstatt wurde von der Firma Hoechst entwickelt. Ursprünglich handelte es sich um Unterweisung in Werkstätten für ausländische Arbeitnehmer, bei der neben Deutsch- und Fachkenntnissen auch Aspekte der Organisation vermittelt wurden. Auch deutsche Arbeitnehmer zeigten Interesse an diesen Inhalten. Das Modell wurde daraufhin zur Lernstatt – zum Lernen in der Werkstatt, weiterentwickelt. Der Lernstatt-Ansatz eignet sich auch für den sozialen Sektor, wenn z. B. im Rahmen der Jugendsozialarbeit (§ 13 SGB VIII) regelmäßig über fachliche und organisatorische Aspekte in der Einrichtung gelehrt und gelernt wird.

Coaching – Mentorenschaft: Lernende Organisationen wenden das Coaching an. Coaching bedeutet Begleitung, Beratung oder Training. Der Begriff stammt aus dem Englischen, Coach = Kutsche, Coachman = engl. Kutscher (im Sport: Trainer, Betreuer). Unter Coaching ist personenbezogene Einzelberatung zu Fragen der Rollengestaltung zu verstehen. Der Coach (Trainer) ist nicht notwendigerweise der beste Spieler (Fachmann), sondern jemand, der weiß, was erforderlich ist, um ein exzellenter Spieler (Fachmann) zu werden. Coaching dient der Unterstützung der persönlichen Effektivität im Sinne einer zielorientierten Effizienzsteigerung. Der Coach fungiert als Spiegel (Fremdbild). Coaching-Maßnahmen setzen vor allem an folgenden Ebenen an: mentale Ebene, Visionen (Zukunft), Glaubenssätze, Kreativität, Identität (Selbst- und Fremdbild). Es geht schwerpunktmäßig um eine Rollenveränderung der Führungskraft: weg von Leitungs- und Steuerungsaufgaben, hin zu Führungs- und Motivationstätigkeiten im Rahmen der lernenden Organisation (Fischer und Graf 2000).

> **Beispiel**
>
> Im Fort- und Weiterbildungswerk der Arbeiterwohlfahrt (AWO) werden spezifische Coaching-Angebote für unterschiedliche berufsbezogene Lebenslagen von Mitarbeitern bereitgestellt. Diese richten sich beispielsweise an Personen, die nach einer längeren beruflichen Pause wieder einsteigen möchten, an Mitarbeitende mit dem Ziel des Aufstiegs in eine Führungsposition oder an solche, die Unterstützung bei der Vereinbarkeit von Beruf und Familie benötigen. Das Coaching zielt darauf ab, gemeinsam mit den Teilnehmenden individuelle Handlungsoptionen zu entwickeln und diese gezielt in den beruflichen Alltag zu integrieren. Im Zentrum steht dabei nicht nur die Erweiterung beruflicher Handlungskompetenz, sondern auch die Stärkung persönlicher Entscheidungsfähigkeit und Selbstwirksamkeit. Besonderer Wert wird auf die Vertraulichkeit der Beratung gelegt: Das Coaching findet bewusst außerhalb des regulären Arbeitgeber-Mitarbeiter-Verhältnisses statt, um einen geschützten Raum für Offenheit und persönliche Reflexion zu gewährleisten (AWO o. J.). ◄

> **Beispiel**
>
> Ein exemplarisches Modell strategischer Personalentwicklung bietet der Caritasverband für die Stadt Köln e. V. mit seinem mehrdimensionalen Konzept, das verschiedene Elemente des „Training into the Job", „Training on the Job" sowie „Training near the Job" integriert.
>
> Im Rahmen des „Training into the Job" bietet der Träger interessierten Personen – sowohl mit als auch ohne praktische Vorerfahrung – strukturierte Möglichkeiten zur Berufsorientierung. Über Hospitationen, Praktika oder den Bundesfreiwilligendienst können Einblicke in die Arbeitsbereiche, insbesondere in die Altenpflege, gewonnen werden. Bei entsprechender Eignung und Interesse besteht im Anschluss die Möglichkeit, eine trägerinterne Ausbildung zu beginnen, wodurch bereits frühzeitig eine Verbindung zwischen Theorie und spezifischen Praxisanforderungen hergestellt wird. Diese enge Verzahnung zwischen Qualifizierung und betrieblicher Praxis erleichtert die spätere Übernahme in ein unbefristetes Arbeitsverhältnis.
>
> Auch die Einarbeitung neuer Mitarbeiter wird systematisch begleitet. Dazu zählen ein strukturiertes Einarbeitungsgespräch mit Erstellung eines individuellen Einarbeitungsplans sowie ein trägerweiter Einführungstag, der der allgemeinen Orientierung und der interkollegialen Vernetzung dient. Ergänzend hierzu wird ein Patenschaftssystem eingesetzt, in dem erfahrene Kollegen neue

Mitarbeitende in formelle und informelle Abläufe einführen. Den Abschluss dieses Prozesses bildet ein Probezeitgespräch zur gemeinsamen Reflexion des bisherigen Verlaufs.

Das „Training on the Job" fokussiert auf kontinuierliche Weiterentwicklung im Arbeitsalltag. Ein zentrales Instrument ist das jährlich stattfindende Mitarbeitergespräch, das der Reflexion des zurückliegenden Jahres dient und gleichzeitig die Ziel- und Aufgabenplanung für die kommende Periode unterstützt (vgl. Caritasverband für die Stadt Köln e.V. 2013, S. 16). Neben klassischen Aufstiegsoptionen in Führungspositionen wird explizit auch die Entwicklung von Fachkarrieren gefördert. Im Sinne des „Job Enrichment" erhalten Mitarbeitende die Möglichkeit, durch die Übernahme zusätzlicher fachlicher Verantwortung, wie beispielsweise Projektleitungen, ihre Tätigkeiten zu erweitern und damit qualitativ aufzuwerten.

Trägerinterne Mobilität wird durch Hospitationen in anderen Fachbereichen gefördert. Darüber hinaus werden interne Bewerber bei Stellenausschreibungen bevorzugt berücksichtigt. Auch langfristige Weiterentwicklungsmaßnahmen wie Sabbaticals, berufsbegleitende Studiengänge, Auslandspraktika oder der temporäre Wechsel in ein anderes Berufsfeld sind Bestandteil des strategischen Personalentwicklungskonzepts.

Im Bereich des „Training near the Job" ergänzt der Verband seine Maßnahmen durch individuelle Coachingangebote für angehende Führungskräfte. Diese sollen gezielt in ihrer persönlichen und fachlichen Kompetenzentwicklung gestärkt werden, um langfristig eine nachhaltige Leitungskultur im Träger zu etablieren (Caritasverband für die Stadt Köln e.V. 2013). ◀

Das Konzept der lernenden Organisation verbindet sozio- und systemstrukturierte Elemente miteinander. Da im Rahmen lernender Organisationen das Lernen der Individuen eine wichtige Rolle spielt, stehen sozialstrukturierte Modelle stärker im Zentrum von Organisationsentwicklungsprozessen als bei dem Konzept der lebensfähigen Organisation, das im Folgenden vorgestellt wird und das systemisch weitgehend von den beteiligten Menschen abstrahiert.

8.2 „Lebensfähige Organisationen"

Der Biologe Beer entwickelte das Modell des lebensfähigen Systems. Er beschreibt strukturelle Anforderungen an Organismen, die in ihrer Umwelt bestehen wollen (Beer 1972). Als Beispiel wählt er das menschliche Zentralnervensystem (Abb. 8.5), in dem er fünf verschiedene „Informationsverarbeitungsebenen" lokalisiert. Es

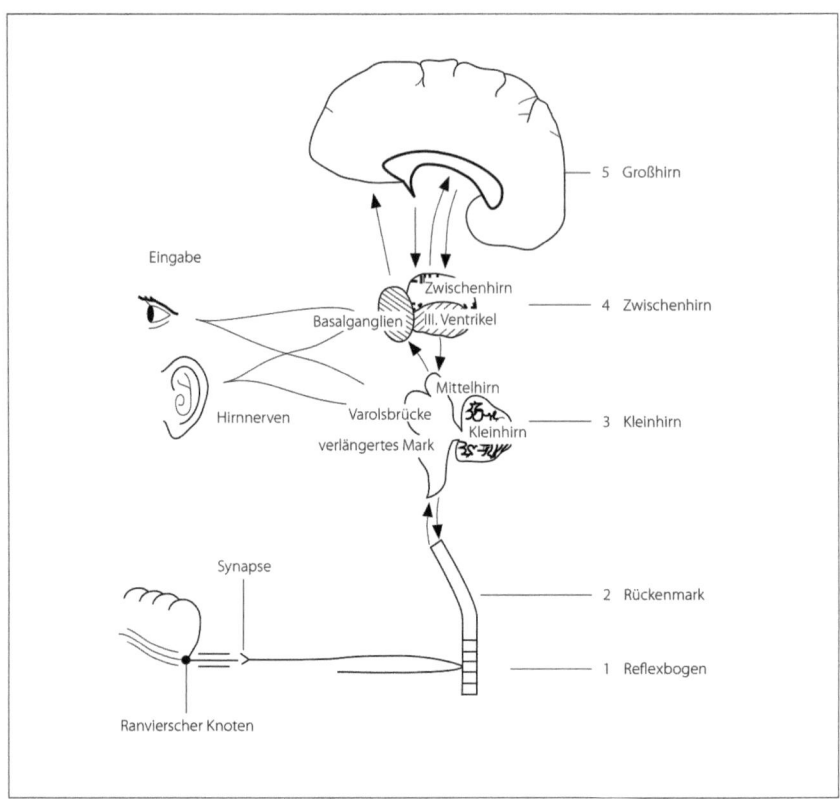

Abb. 8.5 Das Zentralnervensystem. (Vgl. Malik 2015, S. 84)

handelt sich um die Ebene 1 (Reflexbogen), Ebene 2 (Rückenmark), Ebene 3 (Kleinhirn), Ebene 4 (Zwischenhirn) und Ebene 5 (Großhirn).

Dieses Modell ist von der St. Gallener Schule (Gomez 1981; Malik 2015) auf ökonomische Systeme übertragen worden. Es handelt sich um einen systemtheoretischen Organisationsansatz, der auf Prinzipien der Kybernetik und Selbstregulation beruht. Ziel dieses Modells ist es, komplexe Unternehmensstrukturen so zu gestalten, dass Steuerung, Kommunikation und Koordination effizient und dynamisch aufeinander abgestimmt sind.

Im linken Teil des Modells in Abb. 8.6 ist ein klassisches Organigramm dargestellt, das die funktionale Gliederung der Organisation aufzeigt – beispielsweise in Bereiche wie Marketing, Finanzen, Forschung oder Produktion. In der Mitte und

8.2 „Lebensfähige Organisationen"

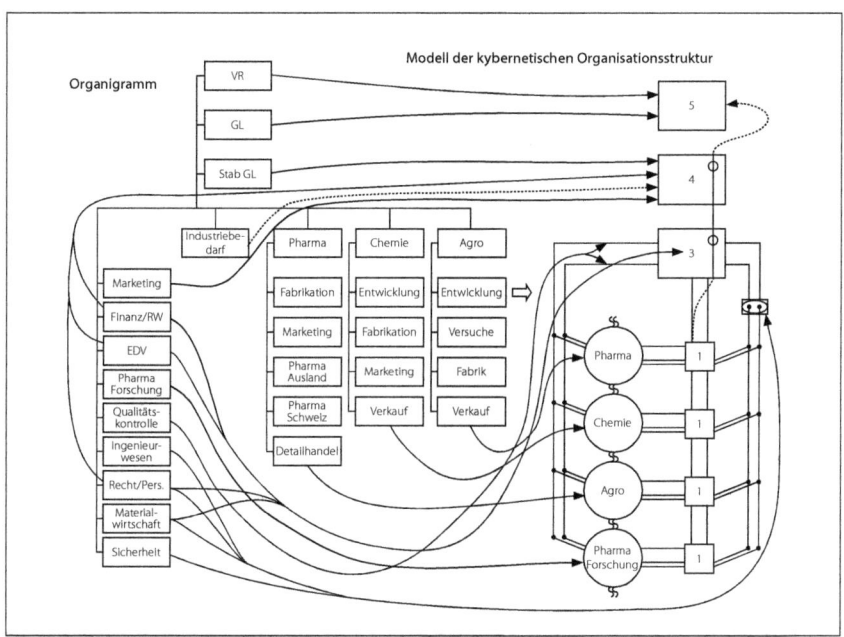

Abb. 8.6 Modell der kybernetischen Organisationsstruktur. (Vgl. Malik 2015, S. 97)

im rechten Teil des Schaubildes wird dieses hierarchisch gegliederte System durch kybernetische Steuerungskreise ergänzt. Diese bestehen aus verschiedenen Systemebenen, die durchnummeriert sind (Systeme 1 bis 5), wobei jede Ebene eine spezifische Rolle im Sinne der Steuerung und Regulation übernimmt.

- System 1 bildet die operative Ebene ab, bestehend aus den einzelnen Geschäftsbereichen wie Pharma, Chemie, Agro oder Forschung.
- System 2 dient der Koordination dieser operativen Einheiten und sorgt für reibungslose Abläufe und Konfliktvermeidung.
- System 3 übernimmt die operative Führung, d. h. die laufende Steuerung und Optimierung der Geschäftsprozesse.
- System 4 ist für die strategische Planung und Weiterentwicklung zuständig. Es beobachtet Umweltveränderungen und erarbeitet langfristige Anpassungsstrategien.
- System 5 repräsentiert die normative Ebene der Organisation, in der Vision, Werte und grundlegende Ausrichtungen festgelegt werden.

Die Kommunikation und Rückkopplung zwischen den Ebenen erfolgt über klar definierte Regelkreise und Feedbackschleifen. Dadurch wird gewährleistet, dass sowohl die Stabilität als auch die Anpassungsfähigkeit des Systems erhalten bleiben – ein zentrales Anliegen kybernetischer Organisationsgestaltung.

Das Modell betont damit die Notwendigkeit, in komplexen Organisationen nicht nur funktionale Zuständigkeiten zu klären, sondern auch die Fähigkeit zur Selbststeuerung durch klar definierte Rollen, Informationsflüsse und Entscheidungsprozesse sicherzustellen (vgl. Malik 2015, S. 97).

Lebensfähige Systeme brauchen keinen Lenker, der von oben Informationen vorgibt und steuert!

Lebensfähige Organisationen sind, analog zu Systemen in der Natur, so konzipiert, dass sie in der Lage sind, sich an veränderte Rahmenbedingungen anzupassen. Leben bedeutet entweder eine permanente Anpassung an Veränderungen der Umweltstrukturen oder das Beibehalten eines Standard, der sich in der gegebenen Umwelt als optimal erwiesen hat (vgl. Gomez 1981, S. 111). Lebensfähige Systeme tauschen Energie und Materie mit der Umwelt aus, d. h. sie sind energetisch offen. Gleichzeitig stellen sie organisatorisch geschlossene Einheiten dar. Diese Geschlossenheit bedingt ihre relative Autonomie gegenüber ihrer Umwelt. Man kann sie deshalb auch als „autopoietisch" bezeichnen. Autopoietische Systeme sind selbstbezogen, selbstreferenziell, selbsterhaltend und selbstorganisierend (vgl. Kolhoff 1997, S. 89 ff.).

8.2.1 Gestaltungsprinzipien lebensfähiger Systeme

Lebensfähige Systeme verfügen über die drei Gestaltungsprinzipien: Viabilität, Autonomie und Rekursivität (vgl. Gomez 1981, S. 87 ff.; Malik 2015, S. 86 ff.):

Das Prinzip der Lebensfähigkeit (Viabilitätsprinzip) besagt, dass lebensfähige Systeme eigenständige Subsysteme aufweisen, die in ihrer Umwelt selbstständig existieren können (vgl. Malik 2015, S. 87). Diese Subsysteme sind in der Lage, sich an neue Rahmenbedingungen schneller anzupassen als ein großes System oder ersetzt zu werden. Somit gefährden Veränderungen der Umwelt nicht sofort das Gesamtsystem. Lebensfähige Systeme können nicht willkürlich gegliedert werden, sondern nur aus Bereichen bestehen, die selbst wiederum lebensfähig sind (vgl. Hoverstadt 2008, S. 88).

Das Prinzip der Autonomie: Die einzelnen Subsysteme müssen, um lebensfähig zu sein (vgl. Gomez 1981, S. 110), einen weiten, eigenen Verantwortungsbereich haben. Dieses Prinzip entspricht in Organisationen, wie weiter unten am Beispiel eines Wohlfahrtsverbandes erläutert wird, am ehesten der divisionalen Gliederung.

8.2 „Lebensfähige Organisationen"

Das Prinzip der Rekursivität besagt, dass jedes Subsystem die gleiche Struktur aufweisen muss, wie das Gesamtsystem. Es ist also sozusagen eine strukturelle Kopie des Gesamtsystems. Auch dieses Prinzip wird für soziale Organisationen weiter unten anhand eines Wohlfahrtsverbandes und seiner Kreisstellen erläutert.

Organisationsentwicklungsprozesse, die sich am Konzept der lebensfähigen Organisation orientieren, haben das Ziel, die tiefgegliederten technostrukturierten Hierarchien sozialer Träger umzubauen und eigenständige, anpassungsfähige Subsysteme aufzubauen (Autonomieprinzip, Viabilitätsprinzip), die gemäß dem Rekursivitätsprinzip, über fünf Strukturebenen verfügen, die im Folgenden erläutert werden.

Beer (1972, S. 129) benennt, ausgehend von einer Analyse des zentralen Nervensystems, fünf Ebenen (vgl. Abb. 8.7), über die jedes lebensfähige System – ob Sub- oder Gesamtsystem – verfügen muss (Rekursivitätsprinzip). Malik und Gomez stellen die These auf, dass auch Organisationen über diese fünf Ebenen verfügen müssen, wenn sie lebensfähig sein wollen (vgl. Malik 2015, S. 85 ff.; Gomez 1981, S. 89 ff.).

Die erste Ebene umfasst autonome Organe oder Organisationseinheiten, die selbsttätig handeln, in Kontakt mit der sie umgebenden Aufgabenumwelt stehen

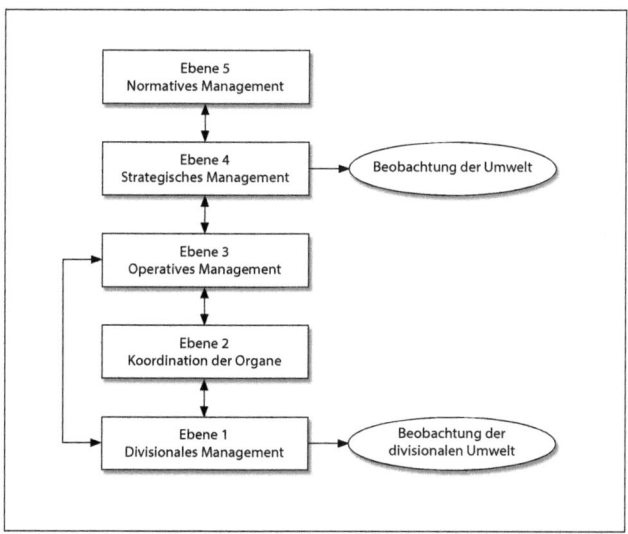

Abb. 8.7 Überblick über die fünf Strukturelemente lebensfähiger Systeme. (Eigene Darstellung)

und für einen bestimmten Ausschnitt der Gesamtaufgabe der Unternehmung zuständig sind (vgl. Gomez 1981, S. 89; Malik 2015, S. 86; Hoverstadt 2008, S. 89). Diese quasiautonomen Unternehmensbereiche (vgl. Malik 2015, S. 6 ff.) sind, wie das Gesamtsystem, wiederum als lebensfähige Systeme organisiert (Prinzip der Rekursivität) und werden vom divisionalen Management (vgl. Gomez 1981, S. 75) gesteuert. Jedes Organ der Ebene Eins ist allerdings nur innerhalb der Grenzen autonom, die ihm durch die übergeordnete Unternehmungspolitik gesetzt sind; deshalb müssen sich die Organe abstimmen.

Hierfür ist die Ebene Zwei zuständig, die die Organe der Ebene Eins koordiniert (vgl. Gomez 1981, S. 76, 93 ff.; Malik 2015, S. 87 ff.). In der Organisation entspricht dies dem Controlling, das Abweichungen im Verhalten der einzelnen Divisionen und Informationen über kurzfristige Planänderungen der Divisionen erfasst, damit das Gesamtsystem koordinierend eingreifen kann (vgl. Malik 2015, S. 128).

Die Ebene Drei bildet das operative Management. Es soll die interne Stabilität des Gesamtsystems sicherstellen und die Prozesse des Gesamtsystems optimieren. Hierzu werden die vom Controlling erfassten Informationen, z. B. über die Einhaltung der Unternehmenspolitik, über Synergien oder Überlastungen abgeglichen. Um optimierend auf die Subsysteme einzuwirken, werden Konferenzen durchgeführt und Ressourcen den Subsystemen gewährt oder entzogen (vgl. Gomez 1981, S. 76, 95 ff.; Malik 2015, S. 13 ff.).

Während die Ebene Drei sich auf den aktuellen Zeitpunkt bezieht, dient die Ebene Vier der Erfassung zukünftiger Entwicklungen. Hierzu wird die Makroumwelt beobachtet und analysiert (vgl. Gomez 1981, S. 76, 98 ff.; Malik 2015, S. 90). Das strategische Management setzt sich auf dieser Ebene mit der zukünftigen Entwicklung des Unternehmens auseinander und versucht ein Gleichgewicht der Unternehmung mit der Umwelt herzustellen. Probleme ergeben sich aus der Art und den Möglichkeiten der Zukunftsprognosen und den Grenzen der Informationsgewinnung (vgl. Gomez 1981, S. 76).

Auf der fünften Ebene werden grundlegende Entscheidungen gefällt, die für die zukünftige Entwicklung der Organisation von Bedeutung sind. Das normative Management fällt auf dieser Ebene seine Entscheidungen auf Grundlage von Informationen, die ihm von der Ebene Vier zur Verfügung gestellt werden. Es entwickelt Leitbilder und determiniert die Unternehmenskultur und die übergeordnete Unternehmenspolitik (vgl. Gomez 1981, S. 77, 101 ff.; Malik 2015, S. 91). Hierzu werden Ressourcen, Potenziale, Restriktionen und Entwicklungsmöglichkeiten miteinander ins Verhältnis gesetzt, analysiert und Zielsysteme aufgestellt. Dies geschieht in Abstimmung mit den Ebenen des strategischen und operativen Managements, um ein optimales Gleichgewicht zwischen interner und externer Stabilität zu finden.

8.2 „Lebensfähige Organisationen"

Viele erwerbswirtschaftliche Unternehmen werden als lebensfähige Systeme konzipiert, indem einzelne Unternehmenseinheiten weitgehend eigenständig agieren.
Auch in den Arbeitsfeldern der Sozialen Arbeit ist der Aufbau lebensfähiger Systeme möglich, wie im Folgenden das Beispiel eines Wohlfahrtsverbandes verdeutlicht.

Beispiel

In Abb. 8.8 werden die fünf Ebenen einer lebensfähigen Organisation bei einem Wohlfahrtsverband, hier beispielhaft bei einem Landesverband des Diakonischen Werkes dargestellt. Das Diakonische Werk ist ein Verein. Das oberste beschlussfassende Gremium des Vereins ist die Mitgliederversammlung. Vertreten wird der Verein durch den Vorstand. Der Direktor, in der Regel ein Landespfarrer fungiert als geschäftsführendes Vorstandsmitglied. Im Innenverhältnis sind Diakonische Werke als Linien- oder Stablinienorganisationen aufgebaut. Die Organisationsstruktur wird im folgenden Beispiel so verändert, dass weitgehend autonome Einheiten auf lokaler Ebene gebildet werden. ◄

Kreisstellen des Wohlfahrtsverbandes
Gemäß dem Prinzip der Rekursivität besteht das Gesamtsystem aus lebensfähigen Subsystemen. Hierzu gehören die Kreisstellen, die folglich als autonome Einheiten aufgebaut und von einem – mit Handlungsvollmachten versehen – Kreisgeschäftsführer geleitet werden (Prinzip der Autonomie). Die Koordination der verschiedenen Kreisstellen obliegt einem Koordinationsgremium (Abb. 8.9).
Lebensfähige Organisationen können nicht „von oben" durch eine reine Veränderung der Aufbauorganisation geschaffen werden. Die technokratischen Palastorganisationen der Sozialwirtschaft verfügen über Eigendynamiken und Eigenlogiken, die den bestehenden Status quo konservieren und sich nur begrenzt durch Training, Aufklärung oder Appelle beeinflussen lassen. Daher muss die Organisationsentwicklung in einem ersten Schritt durch eine differenzierte Diagnose der Wahrnehmungsmuster und Wirklichkeitskonstruktionen eine strukturelle Kopplung mit der sozialen Einrichtung erreichen. Sie soll konstruktive Irritationen auslösen, um Entwicklungsprozesse zu fördern. Hierfür ist ein systemisches Handeln erforderlich, dessen Rahmenbedingungen im Folgenden erläutert werden. Zu beachten sind hierbei eine Berücksichtigung des Viabilitäts-, Autonomie- und Rekursivitätsprinzip.

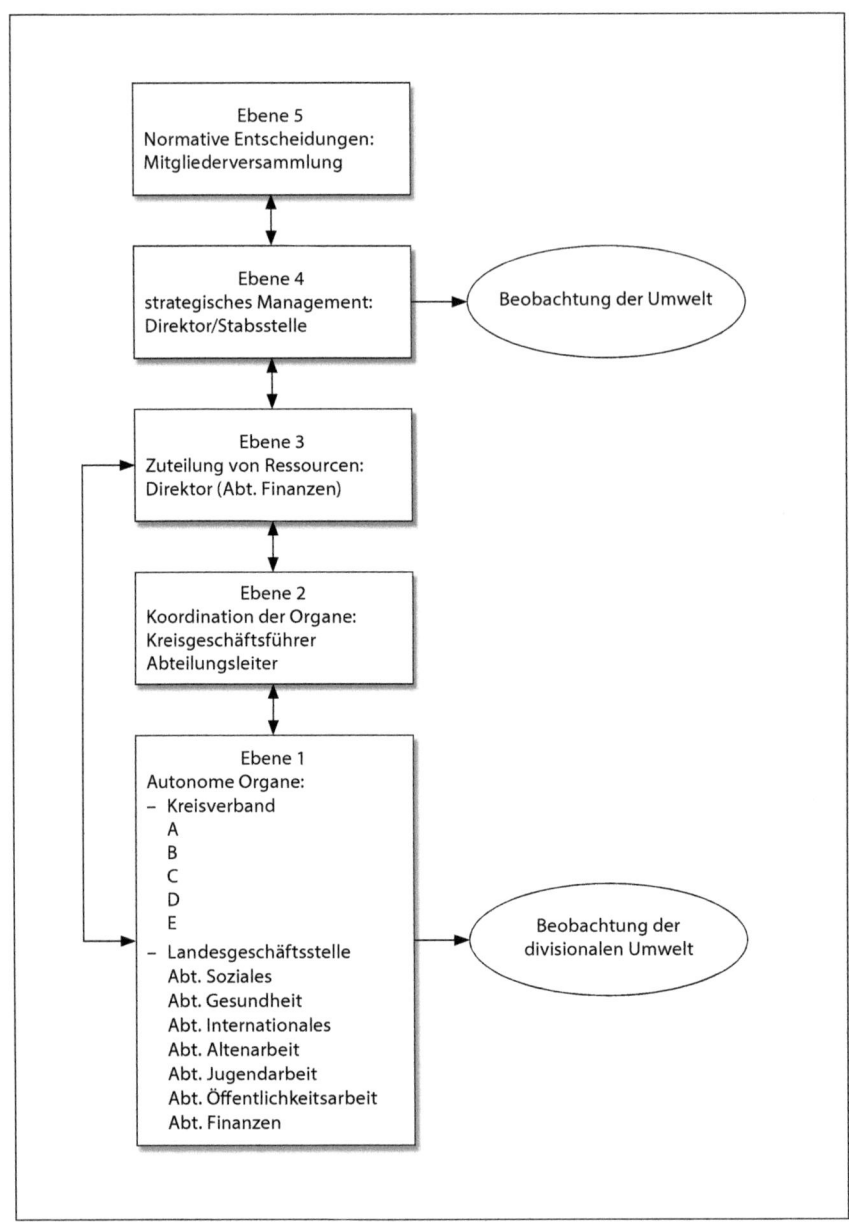

Abb. 8.8 Wohlfahrtsverband. (Eigene Darstellung)

8.2 „Lebensfähige Organisationen"

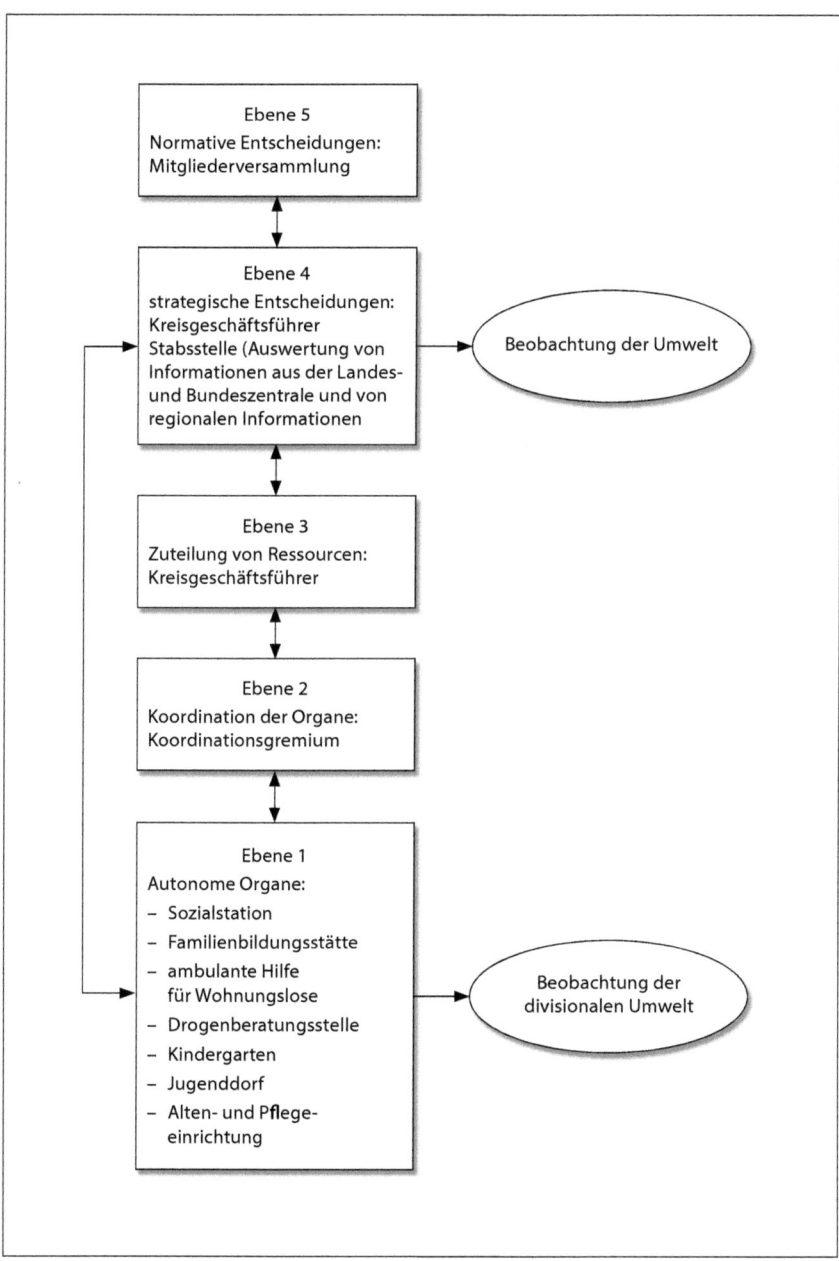

Abb. 8.9 Kreisstellen des Wohlfahrtsverbandes. (Eigene Darstellung)

8.2.2 Systemisches Handeln in lebensfähigen Organisationen

Lebensfähige Systeme sind mit der Umwelt, in der sie existieren, strukturell gekoppelt (vgl. Kolhoff 2000, S. 208–214). Diese Kopplung bedeutet, dass sie nicht unabhängig von äußeren Einflüssen existieren können, sondern in einem ständigen Austausch mit ihrer Umwelt stehen. Analog zu biologischen Systemen, die kontinuierlich Energie und Materie benötigen (z. B. Nahrung und Wärme), brauchen Organisationen Ressourcen in Form von Geld, Personal, Räumen, Zeit und Sachmitteln, um ihre Aufgaben erfüllen zu können.

Energiezufuhr und andere Umweltbedingungen werden als Kontrollparameter (Haken 1994, 1995) bezeichnet. Sie bestimmen die Struktur von Systemen, die von ihrer Umwelt abhängig sind. Solange die Kontrollparameter stabil sind, bleiben es auch die Systeme. Wenn sich die Umweltbedingungen, also die Kontrollparameter ändern, verändern sich auch die Systeme. Dies gilt auch für soziale Organisationen (Abb. 8.10).

Derzeit erleben soziale Organisationen umfassende Transformationsprozesse. Die gesellschaftlichen Rahmenbedingungen ändern sich in rasantem Tempo: Digitalisierung, Klimakrise, demografischer Wandel, Fachkräftemangel und politische Umstrukturierungen sind nur einige der Entwicklungen, die soziale Einrichtungen direkt betreffen. Daraus ergibt sich eine zentrale Anforderung: Organisationen müssen sich kontinuierlich anpassen, um handlungsfähig und relevant zu bleiben.

Systemisches Handeln bedeutet in diesem Zusammenhang, Umweltveränderungen bewusst wahrzunehmen, ihre Auswirkungen auf die Organisation zu analysieren und daraufhin gezielte Veränderungsprozesse anzustoßen. Eine solche Haltung erfordert die Fähigkeit, über die eigene Organisation hinauszublicken und Wechselwirkungen mit gesellschaftlichen, rechtlichen und ökonomischen Entwicklungen frühzeitig zu erkennen. Damit ist systemisches Handeln ein entscheidender Bestandteil strategischer Organisationsentwicklung.

Veränderungen in sozialen Organisationen entstehen insbesondere durch Anpassungen auf zwei Ebenen: der Anforderungen und der Ressourcen.

Auf der Anforderungsebene können sich neue gesetzliche Vorgaben, gesellschaftliche Erwartungen oder veränderte Bedarf der Adressaten bemerkbar machen.

> **Beispiel**
>
> Ein Beispiel ist die Einführung des Bundesteilhabegesetzes (BTHG), das neue Anforderungen an Leistungsträger in der Eingliederungshilfe stellt. Die Wirksamkeit von Maßnahmen rückt stärker in den Fokus, was bedeutet, dass Daten

8.2 „Lebensfähige Organisationen"

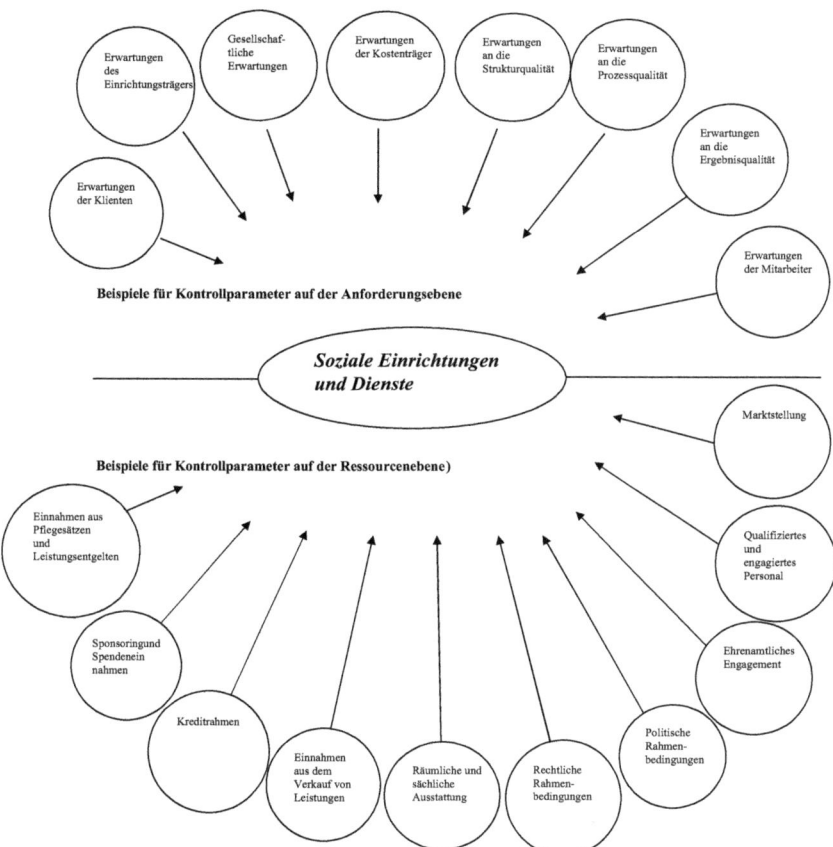

Abb. 8.10 Beispiele für Kontrollparameter

systematisch erhoben und ausgewertet werden müssen. Daraus ergeben sich neue Aufgabenprofile, etwa die Einstellung forschungsaffiner Fachkräfte oder die Weiterqualifizierung des bestehenden Personals (vgl. Bunt 2019, S. 19). ◄

Auf der Ressourcenebene sind vor allem finanzielle Engpässe und der Fachkräftemangel relevante Faktoren. Haushaltskürzungen zwingen viele soziale Einrichtungen dazu, ihre Angebote zu reduzieren oder umzustrukturieren. Gleichzeitig erschwert der Mangel an qualifiziertem Personal die Umsetzung vieler Projekte.

> **Beispiel**
>
> Deutlich wird dies am Beispiel des Ehrenamts bei der Tafel e. V. Wie im Jahresbericht 2023 dargestellt, sieht sich die Organisation mit einem drastischen Anstieg der Nachfrage – unter anderem durch die Auswirkungen des Ukrainekriegs und der steigenden Lebenshaltungskosten – konfrontiert. Gleichzeitig stagnieren die Lebensmittelspenden. Viele Tafeln mussten daher Aufnahmestopps einführen oder Ausgabemengen begrenzen (vgl. Die Tafel e.V. 2023, S. 29). Hinzu kommen strukturelle Probleme beim Ehrenamt. Rund 95 % der Mitarbeitenden bei der Tafel engagieren sich freiwillig, ein Großteil davon ist über 65 Jahre alt. Es wird zunehmend schwieriger, junge Menschen für eine langfristige Mitarbeit zu gewinnen. Die Konfrontation mit existenziellen Notlagen führt zudem bei vielen Engagierten zu psychischen Belastungen. Die Organisation reagiert mit vielfältigen Maßnahmen – darunter Beratungsangebote, gezielte Bildungsformate über die Tafel Akademie und Programme zur Nachwuchsgewinnung wie das Projekt „Engagement – Neudenken!" (vgl. Die Tafel e.V. 2023, S. 38). ◄

Nicht jede Organisation muss sich automatisch verändern. Vielmehr hängt der Bedarf an Organisationsentwicklung davon ab, ob und wie stark sich die jeweiligen Kontrollparameter verändern. In manchen Bereichen der Sozialen Arbeit sind Anforderungen und Ressourcen stabil geblieben – hier besteht kein unmittelbarer Handlungsdruck. Es ist daher notwendig, auf der Grundlage einer differenzierten Analyse die Frage zu beantworten, ob und in welchem Ausmaß Veränderungsprozesse sinnvoll und notwendig sind. Dabei gilt es, lokale Rahmenbedingungen, trägerspezifische Strukturen und bestehende Handlungsspielräume in die Überlegungen einzubeziehen. Systemisches Handeln erfordert somit nicht nur Wachsamkeit gegenüber Umweltveränderungen, sondern auch die Fähigkeit, passgenaue Strategien für die jeweilige Organisation zu entwickeln.

Die zentrale Energiezufuhr – und somit der wohl bedeutendste Kontrollparameter – für soziale Organisationen sind die zur Verfügung stehenden finanziellen Mittel. Veränderungen in den Geldflüssen können nicht nur instabile Entwicklungen innerhalb einer Organisation auslösen, sondern ebenso dazu beitragen, bestehende Instabilitäten abzufedern oder gar zu verhindern (Kolhoff 2025). In der Vergangenheit war das Finanzmanagement sozialer Träger stark politisch und administrativ geprägt. Die Mittelvergabe unterlag überwiegend politischen Entscheidungsträgern sowie der öffentlichen Verwaltung. Der „klassische" Sozialmanager galt daher als fachlich qualifizierte Verwaltungskraft, die sowohl den sachlich und rech-

8.2 „Lebensfähige Organisationen"

nerisch korrekten Einsatz der Mittel gewährleisten musste als auch über gute Kontakte zu politischen Instanzen verfügen sollte – etwa um Projekte, Maßnahmen und Ressourcenflüsse strategisch zu sichern.

Doch dieses Bild hat sich grundlegend gewandelt. Die Einführung von Steuerungsmechanismen mit marktwirtschaftlichen Elementen, wie etwa Ausschreibungsverfahren, Leistungsentgelte oder wettbewerbliche Finanzierungsmodelle, hat eine neue Art von Führung in sozialen Organisationen erfordert. Der klassische Sozialadministrator wird heute ergänzt durch Rollen wie Ökonom, Controller und strategischer Betriebswirt. Die Anforderungen an Führungskräfte in der Sozialwirtschaft haben sich erweitert: Neben verwalterischer Kompetenz sind betriebswirtschaftliches Denken, strategisches Handeln und politische Sensibilität gefragt.

Dabei sind finanzielle Mittel oft stark von politischen Entscheidungen abhängig – sowohl in Bezug auf ihren Umfang als auch auf ihre Verfügbarkeit. Nicht selten werden Gelder kurzfristig bewilligt, gekürzt oder an neue politische Programme geknüpft, die viele Träger zu kurzfristigem Umsteuern zwingen.

Doch nicht nur finanzielle, auch personelle Ressourcen müssen im Zuge veränderter Kontrollparameter neu bewertet werden. Der Fachkräftemangel hat dazu geführt, dass soziale Organisationen nicht ausreichend personelle Ressourcen zur Verfügung haben.

Verändern sich die Kontrollparameter – sei es im Bereich der Strukturen oder der Ressourcen –, dann bewegt sich eine Organisation an einen instabilen Punkt. In solchen Situationen gibt es grundsätzlich zwei Handlungsmöglichkeiten: Zum einen kann versucht werden, durch gezielte Interventionen ein labiles Gleichgewicht wiederherzustellen. Dieses Bild lässt sich mit einem Ball vergleichen, der auf einem Hügel gehalten werden soll – ein ständiges Nachjustieren ist nötig, um das Abrutschen zu verhindern. Ähnlich agieren Sozialmanager in der Praxis, wenn sie versuchen, kurzfristige Finanzierungsengpässe zu überbrücken oder personelle Engpässe auszugleichen. Diese tägliche Arbeit in einem Zustand relativer Instabilität gehört in vielen sozialen Organisationen zum Alltag.

Die zweite Möglichkeit besteht darin, Instabilität nicht zu verhindern, sondern gezielt zu nutzen. Wenn das bestehende Gleichgewicht nicht mehr tragfähig ist, kann ein sogenannter Phasenübergang eingeleitet werden – ein tiefgreifender Wandel, durch den sich die Organisation neu strukturiert. In solchen Momenten kann aus dem Chaos ein neuer, stabiler Zustand entstehen. Diese Punkte, an denen Veränderung möglich ist, werden als Instabilitätspunkte oder auch „Push-Buttons" bezeichnet. Gerade an solchen Stellen können durch gezielte Organisationsentwicklungsmaßnahmen neue Ordnungen geschaffen werden. Entscheidend ist es, Instabilität nicht als Versagen zu deuten, sondern als Chance zur Veränderung zu erkennen. Denn oft entsteht Veränderungsbereitschaft erst dann, wenn eine Organisation unter Druck gerät – etwa durch finanzielle Notlagen oder strukturelle Dysfunktionalität.

Der Sozialmanager muss deshalb in der Lage sein, das eigene System teilnehmend zu beobachten und zugleich gezielt Impulse zu setzen. Es reicht nicht, nur auf Veränderungen zu reagieren – vielmehr müssen Instabilitäten teilweise bewusst herbeigeführt werden, um Veränderungsprozesse zu initiieren. Nur wenn bestehende, oft erstarrte Strukturen in Bewegung geraten, kann Neues entstehen.

Veränderung in sozialen Organisationen geschieht häufig nicht durch große Strategiepapiere, sondern durch kleine Impulse: ein innovatives Team, das ein neues Vorgehen testet, oder ein Mitarbeitender, der einen Prozess neu denkt. Diese Keime für Veränderung können, wenn sie gefördert und weiterentwickelt werden, am Übergang zu einem neuen Ordnungszustand für die gesamte Organisation prägend werden. Sie zeigen, dass Wandel auch mit wenigen Ressourcen und in kleinen Schritten möglich ist – wenn man die systemischen Dynamiken zu nutzen weiß.

Am Instabilitätspunkt können neue Ordnungen aus zufälligen Impulsen, konzentrischen Aktivitäten oder sogenannten Keimen entstehen. So kommen Konzepte oder Maßnahmen, die schon vor längerem angedacht wurden, zum Zuge, wenn unerwartet Restmittel zur Verfügung stehen und dadurch ganz neue Arbeitssektoren entstehen, oder eine von Teams entwickelte neue Herangehensweise an einen Sachverhalt erweist sich in einer veränderten Situation und Modifikation als passungsfähig (Viabilitätsprinzip).

Organisationen, die sich nicht den „Luxus" leisten, Keimbildungen zuzulassen, stehen an Phasenübergängen ohne neue Konzepte (Muster) da, und geraten in Gefahr, den Anschluss zu verlieren. Deshalb sollte es auch in sozialen Organisationen Möglichkeiten geben, neben dem „Mainstream" etwas Neues auszuprobieren (Autonomieprinzip). Aufgabe der Organisationsentwicklung in lebensfähigen Organisationen ist es, diese Keimbildung zielgerichtet zu fördern. So sollten z. B. Teams die Möglichkeit erhalten, neue Strategien zur Qualitätsentwicklung und -sicherung zu entwickeln und zu erproben. Diese Keime können am Phasenübergang für die ganze Organisation strukturprägend wirken[1] und einen neuen Ordner kreieren, womit zum nächsten Begriff übergeleitet wird.

---

[1] Phasenübergänge können aber auch bewusst verzögert werden, indem eine Keimbildung gezielt verhindert wird. Dies geschieht beispielsweise, wenn erfolgreiche Teams, deren Vorschläge unerwünschte Veränderungen nach sich ziehen könnten, von oben zerschlagen oder von unten gemobbt werden. Eine weitere Möglichkeit besteht darin, gezielt Redundanzen herbeizuführen, indem immer mehr Vorschläge eingefordert oder entwickelt werden, sodass nicht gewünschte Veränderungsansätze in einer Flut von Vorschlägen untergehen.

8.2 „Lebensfähige Organisationen"

Hermann Haken (1994) zeigte anhand seiner Forschungen zur Selbstorganisation in der Natur – insbesondere am Beispiel von Lasersystemen – auf, dass wenige sogenannte Ordnungsparameter in der Nähe eines Instabilitätspunktes das Verhalten eines Gesamtsystems dominieren können. Dieses Phänomen wird als „Versklavungsprinzip" bezeichnet: Es besagt, dass nicht jedes einzelne Element eines komplexen Systems separat gesteuert wird, sondern dass wenige dominante Faktoren („Ordner") die Dynamik und Koordination des Gesamtsystems bestimmen.

Auch in wirtschaftlichen Kontexten lässt sich die Wirkung solcher Ordnungsparameter beobachten. Ein prominentes Beispiel ist Google, das über viele Jahre hinweg den Markt für Internetsuchmaschinen nahezu vollständig dominiert hat. Der Google-Algorithmus fungierte dabei als strukturgebendes Element für die Online-Informationssuche weltweit. Diese monopolartige Stellung ermöglichte es dem Unternehmen, nicht nur technologische Standards zu setzen, sondern auch das Nutzerverhalten auf globaler Ebene maßgeblich zu beeinflussen – vergleichbar mit einem systeminternen Ordnungsparameter.

In der Sozialwirtschaft kann die Bismarck'sche Sozialgesetzgebung als ein historisch gewachsener Ordnungsparameter betrachtet werden. Sie bildet die Grundlage für die deutsche Sozialstaatsstruktur und beeinflusst bis heute die organisatorischen Rahmenbedingungen der Sozialen Arbeit. Auch das Subsidiaritätsprinzip, das den Spitzenverbänden der Freien Wohlfahrtspflege Vorrang gegenüber staatlichen Trägern einräumt, prägt das System nachhaltig. Doch insbesondere die rechtlichen Rahmenbedingungen steuern maßgeblich die Ausgestaltung sozialer Dienstleistungen. Die Strukturen und Arbeitsformen in sozialen Organisationen orientieren sich stark an diesen Vorgaben.

Allerdings lassen sich auch hier Transformationsprozesse erkennen. Im Zuge der Ökonomisierung des Sozialen wurde durch die Einführung von Wettbewerbsstrukturen der Markt zunehmend als neuer Ordnungsparameter etabliert. Ausschreibungen, Effizienzvorgaben und Wirkungsorientierung gewinnen an Bedeutung, während klassische wohlfahrtsstaatliche Leitbilder an Gewicht verlieren. Damit verschiebt sich das Gleichgewicht zwischen normativen und ökonomischen Steuerungsgrößen.

Die systemische Selbstorganisationsforschung belegt, dass eine Veränderung sogenannter Kontrollparameter – auch als „Störungen" (Piaget 1992) oder „Perturbationen" (Maturana und Varela 2009) bezeichnet – strukturelle Veränderungen in einem System auslösen kann (vgl. Haken 1994, S. 168, 179). Ein neu auftretender Ordnungsparameter kann dabei zu einem neuen stabilen Zustand führen.

Ein konkretes Beispiel hierfür findet sich im öffentlichen Sektor: Die zunehmenden finanziellen Belastungen der Kommunen führten in den letzten Jahrzehnten dazu, dass sich Städte und Gemeinden von der klassischen, inputorientierten Kameralistik verabschiedet haben. Stattdessen wurde das Neue Steuerungsmodell (NSM) implementiert, das auf betriebswirtschaftlichen Prinzipien beruht. Dazu zählen die Einführung der Doppik (doppelte Buchführung) sowie eine verstärkte Orientierung an Konzernstrukturen, Leistungskennzahlen und Zielvereinbarungen – und damit ein Paradigmenwechsel von Verwaltungs- zu Managementlogik.

In der Natur sind Ordnungsparameter langlebige Größen, die kurzlebigere Elemente „versklaven". Sie kehren nach einer Störung langsamer in ihren ursprünglichen Zustand zurück. Übertragen auf Organisationsentwicklungsprozesse in der Sozialen Arbeit bedeutet dies, dass Elemente mit innerer Stabilität, die dennoch auf Störungen reagieren können, als potenzielle Ordnungsparameter fungieren. Diese Elemente – seien es Einzelpersonen, Teams oder Abteilungen – gilt es zu identifizieren und zu analysieren. Die bewusste Initiierung von Störungen, beispielsweise durch organisationsinterne Evaluationen, kann hilfreich sein, um diese Ordnungsparameter zu lokalisieren. Auch die Einführung von Best-Practice-Modellen, etwa durch ein internes Benchmarking-System oder regelmäßige Präsentationen von Arbeitsergebnissen, kann dazu beitragen.

Zudem sollten informelle Führungspersonen, die sogenannten „High Potentials", erkannt und gefördert werden. Diese Personen verfügen über eine klare innere Orientierung und können veränderte Anforderungen meistern, was sie für das Überleben von Organisationen im Wandel besonders wertvoll macht. Zur Identifikation solcher informellen Führungskräfte können Mitglieder des Systems im Sinne eines Soziogramms befragt werden, um herauszufinden, wer als besonders kompetent wahrgenommen wird (Autonomieprinzip). Darüber hinaus sollten vorhandene Potenziale durch gezielte Personalentwicklungsmaßnahmen gefördert und die Mitglieder der Organisation regelmäßig in moderierten Workshops an der Zukunftsentwicklung beteiligt werden, beispielsweise in Form von Zukunftswerkstätten.

Damit sich Ordnungsparameter an einem Instabilitätspunkt entfalten und ein neuer stabiler Zustand entwickelt werden kann, müssen Rückbezüglichkeiten im System bestehen (Rekursivitätsprinzip). Im Sinne eines Feedbacks gilt es, vorhandene Keime zu stärken und zu stabilisieren. Daher sollte die Organisationsentwicklung eine Spiegelfunktion übernehmen. Organisationsinterne Evaluationen, Besprechungen, moderierte Workshops und Präsentationen, in denen Erkenntnisse, Vorschläge und neue Handlungsansätze in das System zurückgekoppelt werden, sind hilfreich, damit sich selbstorganisiert der Ordnungsparameter herausbildet, der im Sinne einer lebensfähigen Organisation am besten zur Systemumwelt passt. Dieser kann in einer hierarchisch geprägten Organisation ein anderer sein als in

8.2 „Lebensfähige Organisationen"

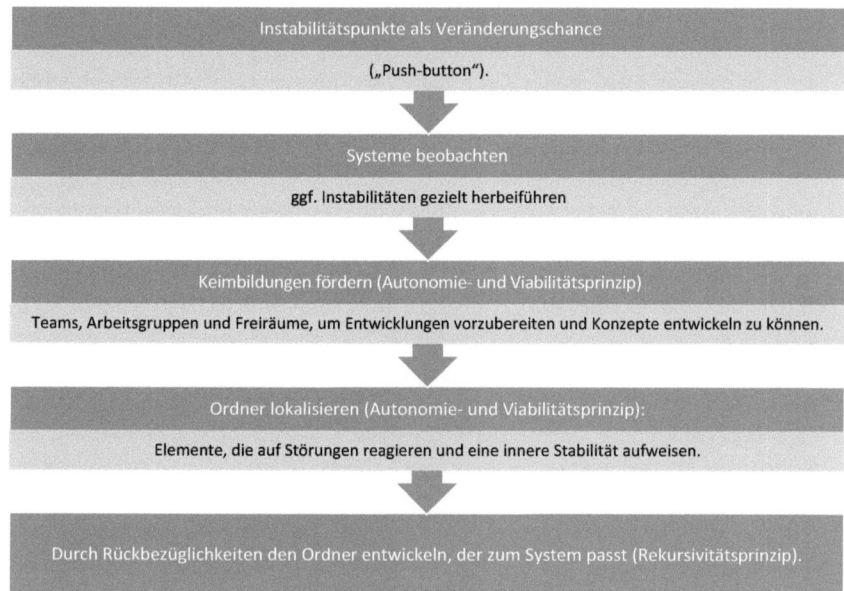

Abb. 8.11 Systemisches Handeln. (Eigene Darstellung)

einer teamorientierten, und in einer Verwaltung ein anderer als in einer marktorientierten Organisation. Da der Aufwand, von außen neue Strukturen und Ordnungsparameter zu schaffen, sehr groß ist, sollten die im System entstandenen und zur Systemumwelt passenden Ordnungsparameter gefördert werden.

Statt also am „grünen Tisch" neue Organisationsmuster zu entwickeln und der Organisation aufzuzwingen, sollten Ansätze, die sich in Krisensituationen herausbilden und bewähren, analysiert, in das System zurückgekoppelt und unterstützt werden.

In der Abb. 8.11 sind die Grundelemente des systemischen Handelns aufgelistet.

Beispiel

Ein Beispiel für einen systemisch begleiteten Organisationsentwicklungsprozess in der Sozialwirtschaft zeigt sich in der strukturellen und strategischen Neuausrichtung eines freien Trägers. Ausgangspunkt für die Veränderung war ein markanter Instabilitätspunkt: die interne Umstellung von einem ehrenamtlich geführten auf einen hauptamtlich besetzten Vorstand in den Jahren 2010 bis 2012. Mit der Neueinstellung von zwei hauptamtlichen Führungskräften war ein Veränderungsimpuls gesetzt, der als Katalysator für die nachfolgende Organisationsentwicklung wirkte. Infolgedessen erfolgte eine Neuausrichtung der inhaltlichen Zielsetzungen, um auf zukünftige gesellschaftliche und strukturelle Herausforderungen vorbereitet zu sein. Im Rahmen dieser Neuausrichtung wurden erste Keimbildungen sichtbar: Im Jahr 2012 wurde ein Workshop zur strategischen und fachlich-konzeptionellen Weiterentwicklung durchgeführt. Beteiligt waren neben der Leitungsebene auch weitere Entscheidungsträger und Fachverantwortliche. Im Zuge dieses partizipativen Prozesses wurde die Orientierung am Sozialraum als strategisches Leitbild für die zukünftige Ausrichtung der Organisation definiert. Die gemeinsame Reflexion über gesellschaftliche Entwicklungen, Bedarfe in den Regionen sowie die Rolle der eigenen Organisation förderte den Wandel von einem traditionell verwaltenden zu einem aktiv steuernden Selbstverständnis. Gleichzeitig wurde deutlich, dass der bisherige strukturelle Aufbau der Organisation mit der neuen Zielsetzung nur bedingt kompatibel war. Die bislang eher konservativ geprägte Verbandsstruktur war stark formalisiert und orientierte sich nicht an sozialräumlichen Bezugssystemen. Eine gezielte Organisationsstrategie war in der bestehenden Aufbauorganisation nicht erkennbar. Das bestehende System stabilisierte vielmehr das bisherige Handeln, ohne Impulse für Weiterentwicklung zu geben – eine typische Rolle des sogenannten Ordners im Sinne der Selbstorganisationsforschung. In einem nächsten Schritt wurde der Ordnungsparameter weiterentwickelt. Dies geschah unter anderem durch die Anpassung des Organigramms und die Einrichtung eines neuen Fachbereichs für sozialraumorientierte Steuerung. In diesem Zuge wurden auch die bestehenden Sozialräume, in denen die Einrichtungen tätig waren, erstmals explizit in der Struktur abgebildet. Der neue Fachbereich übernahm eine zentrale Rolle als Koordinationsstelle für sozialräumliche Fragen. Zu den Aufgaben zählten die Initiierung von Sozialraumkonferenzen, die systematische Sammlung und Auswertung demografischer und sozialer Daten sowie die Entwicklung von Entscheidungsgrundlagen für die strategische Planung. Darüber hinaus fungierte der Fachbereich als interne Schnittstelle und vermittelnde Instanz – sowohl zwischen verschiedenen Abteilungen der Organisation als auch im Austausch mit externen Partnern wie kommunalen Akteuren oder Initiativen der Stadtteil- und Dorfentwicklung. Damit wurde eine Brückenfunktion geschaffen, die das Zusammenspiel zwischen internen Veränderungsprozessen und externen Anforderungen erleichterte.

Die Organisationsentwicklung in diesem Beispiel bezog sich somit nicht nur auf die strategisch-inhaltliche Ebene, sondern auch auf den strukturellen Aufbau der Organisation. Es wurde deutlich, dass eine Neuausrichtung von Zielen und Leitbildern nur dann wirksam werden kann, wenn sie durch passende strukturelle Rahmenbedingungen gestützt wird. Der Fall verdeutlicht exemplarisch, wie im Sinne systemischen Denkens ein Instabilitätspunkt als Anlass zur Veränderung genutzt werden kann – durch gezielte Beobachtung, Förderung von Keimen, Identifikation und Entwicklung neuer Ordnungsparameter – hin zu einer anpassungsfähigeren und zukunftsorientierten Organisationsstruktur. ◄

9 Schlussbetrachtung

Wie lassen sich zentrale Erkenntnisse des Buches zusammenfassen?

Zusammenfassung

In der Schlussbetrachtung werden zentrale Erkenntnisse zusammengeführt und Perspektiven für das eigene Handeln aufgezeigt. Reflexion, Analysekompetenz und Gestaltungskraft sind Schlüsselkompetenzen.

Organisationen in der Sozialwirtschaft befinden sich in einem Umfeld, das zunehmend von Komplexität, Dynamik und Widersprüchen geprägt ist. Politische Steuerungsimpulse, ökonomische Rationalisierungszwänge, demografische Veränderungen sowie sich wandelnde gesellschaftliche Bedarfe und Erwartungen schaffen ein Spannungsfeld, das kontinuierlich strukturelle und kulturelle Anpassungen notwendig macht. Die Erbringung sozialer Dienstleistungen kann dabei nicht auf eine rein administrative oder rein marktwirtschaftliche Logik reduziert werden. Vielmehr bewegen sich diese Organisationen ständig im Spannungsfeld zwischen fachlicher Professionalität, wirtschaftlicher Effizienz und klarer Orientierung am Gemeinwohl.

Ein vertieftes Verständnis der Rahmenbedingungen, unter denen soziale Organisationen agieren, erfordert zunächst eine differenzierte Auseinandersetzung mit der Sozialwirtschaft und ihren Akteuren. Das Verhältnis zwischen staatlicher Steuerung und freier Trägerkompetenz, das sich im Prinzip der Subsidiarität widerspiegelt, stellt eine historisch gewachsene, jedoch auch konflikthafte Konstellation dar. Dabei ist zu betonen, dass diese Strukturen keineswegs statisch sind, sondern ständigem Wandel unterliegen. Neue Konzepte der Governance wie Contracting,

Outputorientierung, Wirkungskontrolle und Wettbewerbsorientierung haben dazu beigetragen, die Anforderungen an Organisationen im sozialen Bereich grundlegend zu verändern.

In diesem Kontext gewinnt die Organisationsanalyse eine zentrale Bedeutung. Sie versteht sich nicht als Top-down-Ansatz, bei dem Lösungen von der Leitungsebene vorgegeben werden, sondern als ein strukturierter und partizipativer Prozess, in dem gemeinsam Problemlagen erkannt und Lösungen erarbeitet werden. Ausgangspunkt einer jeden Organisationsanalyse ist die präzise Bestimmung des Ausgangsproblems. Dies beinhaltet die Definition des Analyseauftrags sowie die Festlegung des Kreises der Beteiligten. Besonders wichtig ist dabei, dass Fach- und Führungskräfte, die direkt von den Veränderungen betroffen sind, aktiv in den Prozess einbezogen werden – etwa im Rahmen einer Steuerungsgruppe.

Die Organisationsanalyse kann sich auf unterschiedliche Aspekte der Organisation beziehen. So kann sie eine Bestandsaufnahme der Aufbauorganisation beinhalten – also der formalen Strukturen, Funktionen und organisatorischen Gliederungen –, oder sie richtet sich auf die Ablauforganisation, das heißt auf Arbeitsprozesse und Verfahrensstandards. Ebenso kann das Verhalten der Mitarbeitenden und Führungskräfte, die Identifikation von Kostentreibern, die Analyse vorhandener Potenziale, Ziele, Programme und Strategien sowie eine Untersuchung der organisationalen Umwelt – etwa das Verhalten von Nachfragergruppen oder Wettbewerbern – im Zentrum stehen. Da es den Rahmen vieler Untersuchungen sprengen würde, sämtliche potenzielle Felder umfassend zu analysieren, empfiehlt es sich, sich auf die zentralen Aspekte zu konzentrieren, die für die jeweilige Organisation besonders relevant sind.

Organisationsentwicklung – sei es in klassischer Form, als lernende Organisation oder als sogenanntes lebensfähiges System – basiert auf einem systemischen Denkansatz. Dieser erfordert die aktive Mitwirkung aller Beteiligten, um nachhaltige Veränderungen zu ermöglichen. Voraussetzung dafür ist ein gemeinsames Problembewusstsein. Ohne dieses kann keine echte Mitwirkung entstehen. Ziel der Organisationsentwicklung ist es, Herausforderungen und Problemlagen nicht nur zu identifizieren, sondern für alle Beteiligten verständlich und greifbar zu machen. Nur so lässt sich eine motivierte, verantwortungsvolle Mitgestaltung ermöglichen. Die Umsetzung von Organisationsentwicklung berührt somit zentrale soziale Prozesse wie Motivation, Kommunikation, Interaktion und partizipative Entscheidungsfindung.

Dabei ist zu berücksichtigen, dass soziale Organisationen komplexe Systeme darstellen, deren innere Funktionsweise nicht vollständig vorhersehbar ist. In Anlehnung an Heinz von Foerster (von Foerster und Pörksen 2022) kann gesagt werden, dass soziale Systeme nicht trivial sind. Ihre Dynamik wird nicht allein von äu-

9 Schlussbetrachtung

ßeren Einflüssen, sondern wesentlich von internen, selbstreferenziellen Prozessen bestimmt. Ein Bild zur Verdeutlichung dieses Unterschieds ist der Vergleich zwischen einem Ball und einem Hund: Während sich die Flugbahn eines Balles exakt berechnen lässt, reagiert ein Hund auf einen Tritt mit unvorhersehbaren Verhaltensweisen – er könnte etwa beißen. Genauso wenig wie man das Verhalten eines Hundes genau vorhersagen kann, lassen sich die Reaktionen sozialer Systeme auf Veränderungsimpulse vollständig planen oder kontrollieren.

Klassische Organisationstechniken, wie sie oft von der sogenannten Technostruktur bereitgestellt werden, greifen in solchen Fällen zu kurz. Sie basieren auf der Annahme, dass Organisationen berechen- und steuerbar sind – eine Annahme, die nur unter Bedingungen stabiler Umweltparameter zutrifft. In volatilen, komplexen Umwelten hingegen sind andere Steuerungsprinzipien gefragt. Kybernetische Steuerungstechniken stoßen hier an ihre Grenzen. Notwendig ist vielmehr ein flexibles, beobachtendes und adaptives Vorgehens, das der Komplexität sozialer Systeme gerecht wird.

Diese theoretischen und methodischen Überlegungen lassen sich in eine praxisbezogene Handlungsperspektive überführen. Erstens erfordert professionelles Handeln in der Sozialwirtschaft die Fähigkeit zur Analyse und Einordnung komplexer systemischer Zusammenhänge. Dies bedeutet, gesellschaftliche Strukturen, politische Steuerungsimpulse und ökonomische Rahmenbedingungen nicht nur zu verstehen, sondern kritisch zu reflektieren. Zweitens ist ein erweitertes Kompetenzprofil notwendig, das über Fachwissen hinaus Analysefähigkeit, Selbstreflexion, Kommunikationsstärke und Gestaltungswille einschließt. Drittens bedarf es der Bereitschaft, Verantwortung zu übernehmen – sowohl auf der Ebene der eigenen Berufsausübung als auch in der Mitgestaltung organisationaler Transformationsprozesse.

Ein anschauliches Beispiel für die Notwendigkeit aktiven, zielgerichteten Handelns liefert die Geschichte von den drei Fröschen in der Milch: Drei Frösche fallen in einen Topf voller Milch. Der erste gibt sich seinem Schicksal hin und ertrinkt. Der zweite genießt die angenehme Umgebung und ertrinkt ebenfalls. Nur der dritte Frosch beginnt zu strampeln, unermüdlich und ohne zu wissen, ob seine Anstrengung Erfolg haben wird – bis aus der Milch Butter wird und er sich befreien kann. Diese Metapher zeigt eindrücklich, dass Veränderung nur durch aktives, beharrliches Handeln möglich wird.

Anlage: Interview-Leitfaden zur Organisationsanalyse (Becker und Langosch 2002, S. 234)

Frage 1

Welches Ziel verfolgen Sie mit Ihrer Abteilung/an Ihrem Arbeitsplatz?
Welche Aufgaben nehmen Sie dazu im Einzelnen wahr? Wo haben Sie sich Arbeitsschwerpunkte gesetzt?

Sinn der Fragen:

Sammlung von Hinweisen und Fakten für die Analyse der Aufgabenverteilung und -abgrenzung
Aussagen über das Vorhandensein von Zielsetzungen sowie deren Erreichungsgrad
Übereinstimmung mit den Systemzielen
Abgleich zwischen offizieller Aufgabenstellung und individuellen Inhalten des Arbeitsplatzes

Frage 2

Wer sind Ihre häufigsten/wichtigsten Gesprächspartner innerhalb Ihrer Organisationseinheit und was ist jeweils der Anlass?

Sinn der Frage:

Feststellen der formellen und informellen Beziehungen
Erkennen von Kommunikationsschwerpunkten und der Opinion-leader
Feststellen der Art der Beziehungen, wie z. B. einseitig/gegenseitig, aufgabenbezogen/persönlich

Frage 3

Wie läuft in Ihrer Organisationseinheit/bei Ihnen der Prozess der Informationsauswahl, -bearbeitung und -weitergabe ab? Was ist der Anlass?

Sinn der Fragen:

Sammlung von Hinweisen und Fakten für die Analyse der Aufgabenverteilung und der Abläufe
Fakten über Art und Ablauf der Entscheidungsfindung
Aussagen über die Art der ausgeübten Tätigkeit in Bezug auf ein Agieren und/oder Reagieren
Feststellen der vorhandenen Beziehungssysteme

Frage 4

Wie erfolgt die Abstimmung mit den vor- und nachgelagerten oder gleichartigen Stellen des Systems?

Sinn der Frage:

Sammlung von Fakten und Hinweisen für die Analyse der Aufgabenverteilung und -abgrenzung
Fakten über Art und Ablauf der Entscheidungsfindung

Frage 5

Nennen Sie die häufigsten/wichtigsten Gesprächspartner außerhalb Ihrer Organisationseinheit und was ist jeweils der Anlass?

Sinn der Frage:

Feststellen der formellen und informellen Beziehungen außerhalb der Organisationseinheit (systemintern und -extern)

Erkennen von Kommunikationsschwerpunkten
Feststellen der Art der Beziehungen, wie z. B. einseitig/gegenseitig, aufgabenbezogen/persönlich

Frage 6

Entspricht die derzeitige Struktur Ihrer Organisationseinheit sowohl den internen als auch den externen Anforderungen?

Sinn der Frage:

Hinweise auf die Leistungsfähigkeit der Organisationseinheit
Kritik (positiv/negativ) an Aufgabenabgrenzung und Entscheidungsfindung
Aussagen zum Organisationsklima
Aussagen zu Kongruenz der Zielsetzungen

Frage 7

Wenn Sie die Möglichkeit hätten, Ihre Organisationseinheit neu zu gestalten, was würden Sie vom Bisherigen übernehmen und was gerne neu einführen?

Sinn der Frage:

Aussagen des Befragten zum derzeitigen Zustand
Abfragen vorhandener Ideen bezogen auf eigenen Arbeitsplatz/ Organisationseinheit

Frage 8

Wie, glauben Sie, ist das Image Ihrer Organisationseinheit und worauf ist dies zurückzuführen?

Sinn der Frage:

Hinweise auf Leistungsbereitschaft der Organisationseinheit
Aussagen zur Kooperationsbereitschaft und Informationsoffenheit
Hinweise und Fakten zum Organisationsklima und zur Motivation
Hinweise auf Schwachstellen und Problemfelder

Frage 9

Wie würden Sie spontan in wenigen Schlagworten den Alltag Ihrer Organisationseinheit beschreiben?

Sinn der Frage:

Hinweise auf Unbehagen, persönliche Konflikte, Führungsverhalten
Aussagen zu versteckten Schwachstellen.

Literatur

Achouri, C. (2022): Human Resources: Lehrbuch. 2. Auflage, Stuttgart: Verlag W. Kohlhammer. https://doi.org/10.17433/978-3-17-041345-0

Akademie für öffentliches Gesundheitswesen in Düsseldorf: Der Sozialpsychiatrische Dienst – Lehrbuch für den Öffentlichen Gesundheitsdienst. Zuletzt abgerufen am 05.05.2025 unter: https://akademie-oeffentliches-gesundheitswesen.github.io/SpDi/chapter_5.html.

Aner K.; Hammerschmidt, P. (2018): Arbeitsfelder und Organisationen der Sozialen Arbeit. Basiswissen Soziale Arbeit 6. Wiesbaden: Springer Fachmedien.

Arnold, U., Grunwald, K., Maelicke, B. (Hrsg.). (2014). *Lehrbuch der Sozialwirtschaft* (4., überarb. Aufl.). Nomos.

Atteslander, P. (2010): Methoden der empirischen Sozialforschung, 13. Auflage, Berlin: Erich Schmidt Verlag.

Arbeiterwohlfahrt Bezirksverband Westliches Westfalen e.V. (o.J.): Organigramm. Zuletzt abgerufen am 11.04.2025 unter: https://awo-ww.de/organigramm.

Argyris, C.; Schön, D. A. (2024): Die lernende Organisation. Grundlagen, Methode, Praxis. 3. Auflage, Stuttgart: Schäffer-Poeschel Verlag.

AWO Bildungswerk (o.J.): Personlaentwicklung. Coaching. Zuletzt abgerufen am 07.07.2025 unter: https://bildungswerk-rheinland.de/personalentwicklung/#coaching.

BAGFW- Bundesarbeitsgemeinschaft der Freien Wohlfahrtspflege (2023): Gesamtstatistik 2020. Einrichtungen und Dienste der Freien Wohlfahrtspflege. Zuletzt abgerufen am 10.02.2025 unter: https://www.bagfw.de/fileadmin/user_upload/Veroeffentlichungen/Publikationen/Statistik_2020/Einzelseiten/BAGFW_Gesamtstatistik_2020_2023-12-14_ES.pdf.

Bateson, G. (1964): Die logischen Kategorien von Lernen und Kommunikation. In: Bateson, G. (1988) (Hrsg.): Ökologie des Geistes. Frankfurt am Main: Suhrkamp. S. 362–399.

Bauer, R.; Dahme, H.-J.; Wohlfahrt, N. (2012): Freie Träger. In: Thole, W. (Hrsg.): Grundriss Soziale Arbeit. Ein einführendes Handbuch. 4 Auflage. Wiesbaden: Springer Fachmedien.

Beck, R.; Schwarz, G. (2016): Personalentwicklung, 2. Auflage, Regensburg: Walhalla Fachverlag.

Becker, H., Langosch, I. (2002): Produktivität und Menschlichkeit: Organisationsentwicklung und ihre Anwendung in der Praxis. 5. Auflage, Berlin: Lucius & Lucius DE.

Beer, S.: Brain of the Firm (1972): The Managerial Cybernetics of Organization. London: Herder and Herder.

Bertelsmann Stiftung (2023): Ländermonitor Frühkindliche Bildungssysteme. KiTas nach Träger. Zuletzt abgerufen am 11.02.2025 unter: https://www.laendermonitor.de/de/vergleich-bundeslaender-daten/personal-und-einrichtungen/traeger/kitas-nach-traeger-1.

Bezirksamt Mitte von Berlin (o.J.): Die wirtschaftliche Jugendhilfe. Zuletzt abgerufen am 07.03.2025 unter: https://www.berlin.de/ba-mitte/politik-und-verwaltung/aemter/jugendamt/jugendamt-a-z/artikel.1091723.php.

Bieniek, T. (2023): Die Stiftungsrechtsreform kommt – Was können und müssen Stiftungen tun? Zuletzt abgerufen am 18.02.2024 unter: https://www.haufe.de/recht/weitere-rechtsgebiete/wirtschaftsrecht/stiftungsreform-was-koennen-und-muessen-stiftungen-tun_210_591646.html.

Bildungsteam Berlin Brandenburg e.V. (o.J.): Leitbildentwicklung. Zuletzt abgerufen am 11.04.2025 unter: https://diversity-jugendhilfe.de/leitbildentwicklung-2/.

Bleicher, Knut (1991): Organisation, Strategien, Strukturen, Kulturen. 2. Auflage, Wiesbaden: Gabler.

Blog der Lösungsfabrik (2017): Vorlage Prozesslandschaft/Prozesslandkarte. Zuletzt abgerufen am 06.07.2025 unter: http://www.blog.loesungsfabrik.de/vorlage-prozesslandschaft-prozesslandkarte/.

Bögenhold, D. (2020): Taylor, Frederick Winslow: The Principles of Scientific Management. In: Arnold, H.L. (Hrsg.): Kindlers Literatur Lexikon (KLL). J.B. Metzler, Stuttgart. https://doi.org/10.1007/978-3-476-05728-0_21318-.

Bosetzky, H. (1992): Mikropolitik, Machiavellismus und Machtkumulation. In: Küpper, Ortmann (Hrsg.): Mikropolitik. Wiesbaden: Springer VS. S. 27–37.

Bundesministerium für Arbeit und Soziales (2024a): Sozialbudget 2023, S. 5. Zuletzt abgerufen am 05.07.2025 unter: https://www.bmas.de/SharedDocs/Downloads/DE/Publikationen/a230-24-sozialbudget-2023.pdf?__blob=publicationFile&v=1.

Bundesministerium für Arbeit und Soziales (2024b): Sozialbudget 2024. Verteilung der Sozialleistungen in Deutschland nach Mittelherkunft im Jahr 2023. Zuletzt abgerufen am 07.07.2025 unter: https://de.statista.com/statistik/daten/studie/1079127/umfrage/finanzierung-des-sozialbudgets-in-deutschland/.

Bundesministerium für Justiz und Verbraucherschutz (2016): Leitfaden zum Vereinsrecht. Zuletzt abgerufen am 11.02.2025 unter: https://www.bmj.de/SharedDocs/Publikationen/DE/Broschueren/Leitfaden_Vereinsrecht.pdf?__blob=publicationFile&v=5.

Bussiek. J. (1993): Unternehmensanalyse mit Kennzahlen. Wiesbaden: Springer Gabler.

Bunt, S. (2019): Wirksame Hilfen und Recovery. In: Deutscher Paritätischer Wohlfahrtsverband – Gesamtverband e. V. (Hrsg.): Wirkungen und Nebenwirkungen des Bundesteilhabegesetz. Berlin. S. 18–22.

Buurtzorg. (n.d.). Buurtzorg Model. Zuletzt abgerufen am 07.07.2025 unter: https://www.buurtzorg.com/about-us/buurtzorgmodel/.

BWL-Lexikon.de (o.J.): Unternehmergesellschaft (UG). Zuletzt abgerufen am 25.02.2025 unter: https://www.bwl-lexikon.de/wiki/unternehmergesellschaft/.

Literatur

Caillois, R. (1960): Die Spiele und die Menschen. Stuttgart: Schwab Verlag.

Caritasverband für die Stadt Köln e.V. (Hrsg.) (2013): Konzept. Strategische Personalentwicklung im Caritasverband für die Stadt Köln e.V. Köln. https://www.caritas-koeln.de/export/sites/ocv/.content/.galleries/downloads/personalentwicklung.pdf.

Crozier, M.; Friedberg, E. (1993): Macht und Organisation. Die Zwänge kollektiven Handelns. Frankfurt am Main: Hain.

Cuofano, G. (2024): Was ist Single-Loop-Lernen? Das Single-Loop-Lernen auf den Punkt gebracht. Zuletzt abgerufen am 07.07.2025 unter: https://fourweekmba.com/de/Single-Loop-Lernen/.

Diakonische Stiftung Ummeln (2025): Historie. Vom Gestern zum Heute – Die Geschichte der Diakonischen Stiftung Ummeln in Schlaglichtern. Zuletzt abgerufen am 11.04.2025 unter: https://www.ummeln.de/historie/.

Die Tafel e.V. (Hrsg.) (2023): 30 Jahre Verbundenheit. Jahresbericht 2023. Berlin: Tafel Deutschland e.V.

Dehn, C.; Schwarzer, L. (2018): Qualitätsentwicklung in der Kinder- und Jugendhilfe. Anregungen und Empfehlungen für die Niedersächsischen Jugendämter. Hannover: Niedersächsisches Landesamt für Soziales, Jugend und Familie.

Drucker, P. F. (1954). *The practice of management*. Harper & Row.

Engelhardt, C. (2020): Die GmbH. Ein Überblick von Gründung bis Liquidation. Wiesbaden: Springer Gabler.

Engelhardt, H. D.; Graf, P.; Schwarz, G. (2000): Organisationsentwicklung. 2. Auflage, Augsburg: ZIEL Verlag.

Evangelische Jugendhilfe Geltow (o.J.): Der Qualitätszirkel. Zuletzt abgerufen am 04.05.2025 unter: https://www.ejh-geltow.de/de/article/8.wir-als-arbeitgeber.html.

Fayol, H. (1916): Administration industrielle et générale. Paris: Dunod.

Fiedler, F. (1995): Führungstheorie, Kontingenztheorie. In: Kieser, A.; Reber, G.; Wonderer, R.; (Hrsg.): Handwörterbuch der Führung. 2. Auflage, Stuttgart: Schaffer-Poeschel-Verlag. S. 940–953.

Fischer, M.; Graf, P. (2000): Coaching. 2. Auflage, Augsburg: ZIEL Verlag.

Fischer, P. (2021): Der Förderverein – Gründen, Tätigkeiten, Gemeinnützigkeit und Gestaltung. Zuletzt abgerufen am 11.02.2025 unter: https://www.vereinsrecht.de/derfoerderverein.html.

French, W. L., Bell, C. H. (1994): Organisationsentwicklung. Sozialwissenschaftliche Strategien zur Organisationsveränderung. 4. Auflage Bern, Stuttgart, Wien: UTB Verlag.

Gairing, F. (2008): Organisationsentwicklung als Lernprozess von Menschen und Systemen. 4. Auflage Weinheim: Beltz Verlag.

Gemeindeordnung für das Land Nordrhein-Westfalen (GO NRW), § 8 Abs. 1.

Glasersfeld, v., E. (1985): Konstruktion der Wirklichkeit und des Begriffs der Objektivität. In: Foerster, v. H. (Hrsg.): Einführung in den Konstruktivismus. München: R. Oldenbourg.

Gomez, P. (1981): Modelle und Methoden des systemorientierten Managements. Bern/Stuttgart: P. Haupt.

Gomez, P. (1987): Problemlösung-, Zielsetzungs- und Entscheidungssystematik in der Führungspraxis. In: Schweizer Volksbank (Hrsg.): Die Orientierung Nr. 90. Bern: Schweizerische Volksbank.

Gomez, P.; Zimmermann, T. (1993): Unternehmensorganisation, Profile, Dynamik, Methodik, 2. Auflage, Frankfurt/Main, New York: Campus-Verlag.

Graf, P.; Spengler, M. (2013): Leitbild- und Konzeptentwicklung. 6. Auflage, Augsburg: ZIEL Verlag.

Gray, B. H.; Sarnak, D. O.; Burgers, J. S. (2020): Home care by self-governing nursing teams: The Netherlands' Buurtzorg model. The Commonwealth Fund. Zuletzt abgerufen am 07.07.2025 unter: https://www.commonwealthfund.org/publications/case-study/2015/may/home-care-self-governing-nursing-teams-netherlands-buurtzorg-model.

Grundgesetz für die Bundesrepublik Deutschland (GG), Art. 20 Abs. 3, Art. 28 Abs. 2.

Grundschule Hennstedt Dithmarschen (o.J.): Schutzkonzept der Grundschule Hennstedt. Zuletzt abgerufen am 30.04.2025 unter: https://grundschule-hennstedt-dithm.lernnetz.de/konzepte/schutzkonzept.html.

Haberland, G. (1993): Checkliste Unternehmensanalyse, 2. Auflage, Landsberg/Lech: Verlag Moderne Industrie.

Haken, H. (1994): Erfolgsgeheimnisse der Wahrnehmung, Synergetik als Schlüssel zum Gehirn. Frankfurt/Berlin: Ullstein Verlag.

Haken, H. (1995). Erfolgsgeheimnisse der Natur: Synergetik: die Lehre vom Zusammenwirken. 2. Auflage, Reinbek bei Hamburg: Rowohlt Verlag.

Hebammenteam Paderborn (o.J.): Wir stellen uns vor. Zuletzt abgerufen am 07.07.2025 unter: https://hebammenteam-paderborn.de/.

Heeg, F.-J.; Münch, J. (Hrsg.) (1993): Handbuch Personal und Organisationsentwicklung. Stuttgart: Ernst Klett Verlag.

Heimlich, U.; Ueffing, C. M. (2018): Leitfaden für inklusive Kindertageseinrichtungen. Bestandsaufnahme und Entwicklung. eine Expertise der Weiterbildungsinitiative Frühpädagogische Fachkräfte (WiFF). München: Deutsches Jugendinstitut e.V.

Hentze, J. (2005): Personalführungslehre. Grundlagen, Funktionen und Modelle der Führung. 4. Auflage, Bern/Stuttgart/Wien: Haupt Verlag.

Herzberg, F., Mausner, B., Snyderman, B. (1959): Motivation, The Motivation to Work, New York: John Wiley.

Horcher, G. (2014): Das System öffentlicher und freier Träger sozialer (Dienst) Leistungen. Lehrbuch der Sozialwirtschaft. Baden-Baden: Nomos Verlag.

Hoverstadt, P. (2008): The viable system model. In: M. Reynolds and S. Holwell (Hrsg.): Systems Approaches to Managing Change: A Practical Guide. London: Springer. S. 87–133 https://doi.org/10.1007/978-1-84882-809-4_3.

Huizinga, J. (2004): Homo Ludens. Vom Ursprung der Kultur im Spiel. 19. Auflage, Reinbek bei Hamburg: Rowohlt Taschenbuch Verlag. Erstauflage 1938.

IAQ Uni Duisburg-Essen (2024): IAQ Uni Duisburg-Essen. Beitragssätze zur Sozialversicherung in Deutschland von 1970 bis 2024 (in Prozent) In: Statista. Zuletzt abgerufen am 07.07.2025 unter: https://de.statista.com/statistik/daten/studie/505975/umfrage/beitragssaetze-zur-sozialversicherung-in-deutschland/.

INFOSYSTEM Kinder- und Jugendhilfe in Deutschland (o.J.): Zuletzt abgerufen am 03.02.2025 unter: https://www.kinder-jugendhilfe.info/strukturen/traegerstrukturen-der-kinder-und-jugendhilfe#breadcrumb.

Jacobs, K.; Kuhlmey, A.; Greß, S.; Klauber, J.; Schwinger, A. (2020): Pflege-Report 2020. Neuausrichtung von Versorgung und Finanzierung. Berlin: Springer Verlag.

Kauffeld, S.; Endrejat, P. C.; Richter, H. (2019): Organisationsentwicklung. In: Kauffeld, S. (Hrsg.): Arbeits-, Organisations- und Personalpsychologie für Bachelor. Berlin: Springer. https://doi.org/10.1007/978-3-662-56013-6_4.

Kiessling, W. F.; Spannagl, P. (2011): Corporate Identity. 4. Auflage, Augsburg: ZIEL Verlag.
Kolhoff, L. (1997): Nichttriviale Steuerungsansätze im sozialen Sektor, In: Luthe, E.-W. (Hrsg.): Autonomie des Helfens. Baden-Baden: Nomos Verlag. S. 78–108.
Kolhoff, L. (1999): Grundelemente des sozialen Managements III und IV, Projekt und Personalmanagement in sozialen Einrichtungen. Schriftenreihe des Instituts für Fort- und Weiterbildung sozialer Berufe e.V. Band VII. Braunschweig.
Kolhoff, L. (2000): Schlüsselbegriffe des systemischen Sozialmanagements. In: Soziale Arbeit: Zeitschrift für soziale und sozialverwandte Gebiete Jg. 49, Nr. 6. S. 208–214.
Kolhoff, L. (2003): Analyse und Entwicklung von Organisationen im sozialen Sektor, Augsburg: ZIEL Verlag.
Kolhoff, L. (2005): Organisationsanalyse. 2. Auflage, Brandenburg: Service-Agentur des Hochschulverbandes Distance Learning.
Kolhoff L. (2009): Ziele, Modelle und Methoden der Organisationsentwicklung, 2. Auflage, Brandenburg: Service-Agentur des Hochschulverbandes Distance Learning.
Kolhoff, L. (2021): Qualität-Qualitätsmanagement. In: Wöhrle, A.; Boecker, M.; Brandl, P.; Grunwald, K.; Kolhoff, L.; Noll, S.; Ribbeck, J.; Sagmeister, M. (Hrsg.): Qualitätsmanagement – Qualitätsentwicklung. Nomos Verlag. S. 25–46.
Kolhoff, L. (2025): Finanzierung der Sozialwirtschaft. 3. Auflage. Wiesbaden: Springer VS.
Konto.org (o.J.): Stiftung gründen – so geht das. Zuletzt abgerufen am 12.02.2025 unter: https://www.konto.org/ratgeber/allgemein/stiftung-gruenden/.
Landes, B.; Keil, E. (2015): Organisatorische Verortung des ASD. In: Merchel, J. (Hrsg.): Handbuch Allgemeine Soziale Dienste (ASD). 2. Auflage, München: Reinhardt Verlag. S. 34–46.
Landeshauptstadt Hannover (2025a): Beschäftigungsförderung. Der Sozialdienst Hölderlinstraße. Zuletzt abgerufen am 06.02.2025 unter: https://www.hannover.de/Wirtschaft-Wissenschaft/Arbeit/Besch%c3%a4ftigung/Besch%c3%a4ftigungsf%c3%b6rderung-der-Landeshauptstadt-Hannover/Arbeitsgebiete/Besch%c3%a4ftigungs%c2%ad%c2%adf%c3%b6rderung/Der-Sozialdienst-H%c3%b6lderlinstra%c3%9fe.
Landeshauptstadt Hannover (2025b): Organigramm Fachbereich Soziales. Zuletzt abgerufen am 05.02.2025 unter: https://www.hannover.de/Media/01-DATA-Neu/Downloads/Landeshauptstadt-Hannover/Verwaltung/Organigramme/Organigramm-Fachbereich-Soziales.
Lesjak, B. (2009): Gruppendynamik als Interventionswissenschaft eine neue Herausforderung? In Gruppendynamik und Organisationsberatung. Jg. 40, S. 7–21. https://doi.org/10.1007/s11612-009-0049-z.
Lewin, K. (1942): Field Theory and Learning in Social Sciences. In: Cartwright, D. (Hrsg.): Field Theory in Social Science, Selected Theoretical Papers. Washington DC: American Psychological Association. S. 212–230.
Lewin, K. (1963): Feldtheorie in den Sozialwissenschaften. Bern/Stuttgart: Huber.
Lewin, K. (1981): Feldtheorie des Lernens (1942). In: Lewin, K., Werkausgabe Band IV. Bern/Stuttgart: Huber.
Ley, T.; Mohr, S. (2018): Die Organisationen der Sozialen Arbeit erforschen. In: Lochner, B.; Bastian, P. (Hrsg.): Forschungsfelder der Sozialen Arbeit (S. 71–98). Baltmannsweiler: Schneider Verlag Hohengehren.
Lippold, D. (2016): Organisationsstrukturen von Stabsfunktionen: Ein Überblick. Wiesbaden: Springer Fachmedien.

Loth, W. (2005): Rezensionsessay zu: Hermann Haken, Günter Schiepek: Synergetik in der Psychologie. Selbstorganisation verstehen und gestalten. In: Systeme. Jg.19, Nr. 2, S. 274–279.

Luhmann, N. (2021): Soziale Systeme. Grundriss einer allgemeinen Theorie. Frankfurt am Main: Suhrkamp. Erstauflage 1987.

Lukas, H. (2017): Aktenanalyse. In: Deutscher Verein für öffentliche und private Fürsorge Fachlexikon der Sozialen Arbeit. Baden-Baden: Nomos Verlag.

Maaz, H.-J. (2010): Der Gefühlsstau. 2. Auflage, Berlin: C.H.Beck.

Malik, F. (2015): Strategie des Managements komplexer Systeme. 11. Auflage, Bern: Haupt Verlag.

Maslow, A.H. (1954): Motivation and Personality. New York: Harper and Brothers.

Maslow, A.H. (2018): Motivation und Persönlichkeit. 17. Auflage, Reinbek bei Hamburg: Rowohlt Verlag.

Maturana, H. R.; Varela, F. J. (2009): Der Baum der Erkenntnis. Frankfurt: Fischer Verlag.

Mayo, E. (1945): Civilisation. The Social Problems of an Industrial Civilisation. Boston: Division of research, Graduate school of business administration, Harvard university.

Merchel, J. (2008): Trägerstrukturen in der sozialen Arbeit. 2. Auflage, Weinheim, München: Juventa Verlag.

Merchel, J.; Berghaus, M.; Khalaf, A. (2023): Profil und Profilentwicklung im Allgemeinen Sozialen Dienst (ASD). München: Ernst Reinhardt Verlag.

Meyer, J. (2018): Wirtschaftsrecht: Handels- und Gesellschaftsrecht. Studienwissen kompakt. Wiesbaden: Springer Fachmedien.

Mieth, C. (2018): Organisationsentwicklung in Kitas – Beispiele gelungener Praxis. Hildesheim: Universitätsverlag Hildesheim.

Ministerium für Schule und Bildung des Landes Nordrhein-Westfalen (2017): Kompetenzraster zur Entwicklung sozialpädagogischer Handlungskompetenz. Arbeitsmaterial für die Ausbildung von Erzieherinnen und Erziehern. Zuletzt abgerufen am 04.04.2025 unter: https://www.berufsbildung.nrw.de/cms/upload/fs/download/sozial/kompetenzraster_heft9053.pdf.

Mintzberg, H. (1991): Mintzberg über Management: Führung und Organisation, Mythos und Realität. Wiesbaden: Springer VS.

Moreno, J. L. (2008): Gruppentherapie und Psychodrama, 6. Auflage, Stuttgart: Thieme.

Mörtl, M. (2024): Was ist ein Stiftungsverein? Zuletzt abgerufen am 07.07.2025 unter: https://www.npo-experts.de/news-wissen/blog/was-ist-ein-stiftungsverein/.

Muldoon, J. (2020): Kurt Lewin: Organizational Change. In: Bowden, B.; Muldoon, J.; Gould, A. M.; McMurray, A. J. (Hrsg.): The Palgrave Handbook of Management History. Cham: Springer Nature Switzerland. S. 615–632. https://doi.org/10.1007/978-3-319-62114-2

Müller-Schöll, A.; Priepke, M. (1983): Sozialmanagement. Zur Förderung systematischen Entscheidens, Planens, Organisierens, Führens und Kontrollierens in Gruppen. Frankfurt am Main/Berlin/München: Diesterweg.

Münch, J. (1997): Personal und Organisation als unternehmerische Erfolgsfaktoren, Hochheim am Main: Neres.

Neuberger, O. (1992): Spiele in Organisationen, Organisationen als Spiele. In: Küpper, Ortmann (Hrsg.): Mikropolitik – Rationalität, Macht und Spiele in Organisationen. 2. Auflage, Wiesbaden: Springer VS. S. 53–86.

Neuberger, O. (2006): Mikropolitik und Moral in Organisationen. 2. Auflage, Stuttgart: Lucius & Lucius.

Olfert, K.; Steinbuch, P. A. (2003): Organisation. 13. Auflage, Ludwigshafen (Rhein): Kiehl Verlag.

Ortmann, F. (1994): Öffentliche Verwaltung und Sozialarbeit – Lehrbuch zu Strukturen, bürokratischer Aufgabenbewältigung und sozialpädagogischem Handeln der Sozialverwaltung. Weinheim und München: Juventa Verlag.

Ortmann, F. (2012): Organisation und „Verwaltung" des Sozialen. In: Thole, W. (Hrsg.): Grundriss Soziale Arbeit. Ein einführendes Handbuch (S. 763–776). 4. Auflage, Wiesbaden: Springer VS.

Ossola-Haring (Hrsg.) (1998): Die 499 besten Checklisten für Ihr Unternehmen. 3. Auflage, Landsberg/Lech: Moderne Industrie.

Owen, H. (2008): Open Space Technology: A User's Guide. Berrett-Koehler Publishers.

Peterke, J. (2022) (Hrsg.): Grundlagen der Matrixorganisation. In: Erfolgreich führen und arbeiten in einer Matrixorganisation: Grundlagen, Zusammenarbeit, Kultur und Kommunikation Wiesbaden: Springer Fachmedien. S. 17–32.

Piaget, J. (1992): Biologie und Erkenntnis. Frankfurt am Main: Fischer Verlag.

PPM PRO PflegeManagement Verlag & Akademie (o.J.): Qualitätszirkel in der ambulanten Pflege. Zuletzt abgerufen am 05.05.2025 unter: https://www.ppm-online.org/ambulante-pflege/qualitaetszirkel-ambulante-pflege/.

Pundt, L. (2023): Demografischer Wandel und Demografiemanagement. In: Werkmann-Karcher, B.; Müller, A.; Zbinden, T. (Hrsg.): Personalpsychologie für das Human Resource Management. Berlin: Springer Verlag. S. 57–72.

Reichard, C. (1987): Betriebswirtschaftslehre der öffentlichen Verwaltung. 2. Auflage, Berlin: De Gruyter.

Rieger, Bernhard (2022): „‚Florida-Rolf' lässt grüßen: Soziale Dämonen, Auslandssozialhilfe und die Debatte um den Wohlfahrtsstaat in der Ära Schröder". In: Vierteljahrshefte für Zeitgeschichte. Jg. 70, Nr. 2, S. 361–389. https://doi.org/10.1515/vfzg-2022-0020.

Ritz, A.; Thom, N. (2019): Public Management. Erfolgreiche Steuerung öffentlicher Organisationen. 6. Überarbeitete Auflage. Wiesbaden: Springer Gabler.

Robert Bosch Stiftung (o.J.): Robert Bosch: Stiftung und Unternehmen. Zuletzt abgerufen am 12.02.2025 unter: https://www.bosch-stiftung.de/de/robert-bosch-stiftung-und-unternehmen.

Rosa-Luxemburg-Stiftung (o.J.): Mehr über uns. Zuletzt abgerufen am 12.02.2025 unter: https://www.rosalux.de/stiftung/mehr-ueber-uns.

Rosa-Luxemburg-Stiftung (2025): Was sind eigentlich politische Stiftungen? Zuletzt abgerufen am 12.02.2025 unter: https://www.rosalux.de/news/id/53081/was-sind-eigentlich-politische-stiftungen.

Rothenhorst, C. (2023): Was ist eine 1-Mann AG? Unser Leitfaden für Gründer. Zuletzt abgerufen am 25.02.2025 unter: https://www.newsinbusiness.com/was-ist-eine-1-mann-ag/#:~:text=Es%20gibt%20verschiedene%20M%C3%B6glichkeiten%2C%20eine%201-Mann%20AG%20zu,AG.%20Das%20erforderliche%20Grundkapital%20betr%C3%A4gt%20mindestens%2012.500%20Euro.

Rowold, J. (2015): Human Ressource Management. Lehrbuch für Bachelor und Master. 2. Auflage. Berlin, Heidelberg: Springer Verlag.

Ruzanski, C. (2024): Die kleine Aktiengesellschaft. Zuletzt abgerufen am 25.02.2025 unter: https://www.gruendung.de/rechtsformen/ag/kleine-aktiengesellschaft/.

Schein, E. H. (1995): Unternehmenskultur – ein Handbuch für Führungskräfte. Frankfurt am Main, New York: Campus Verlag.

Schinnerl, R. (2021): Erfolgreich in die Selbstständigkeit. Von der Geschäftsidee über den Businessplan zur nachhaltigen Existenzgründung. 2. Auflage, Wiesbaden: Springer Gabler. https://doi.org/10.1007/978-3-658-33528-1.

Schlee, T.; Jepkins, K. (2023): Nutzer*innen- und Sozialraumforschung im Kontext Sozialer Arbeit. „INTESO – Integration im Sozialraum. Working Paper Nr. 2: Lokale Netzwerke in der sozialräumlichen Arbeit mit Geflüchteten.". Düsseldorf: Forschungsstelle für sozialräumliche Praxisforschung und Entwicklung. Hochschule Düsseldorf.

Schmidt, G. (2014): Methode und Techniken der Organisation. 15. Auflage, Gießen: Verlag Dr. Götz Schmidt.

Schneider, G.; Toyka-Seid, C. (2025): Das junge Politik-Lexikon von www.hanisauland.de, Bonn: Bundeszentrale für politische Bildung 2025. Zuletzt abgerufen am 04.02.2025 unter: https://www.hanisauland.de/wissen/lexikon/grosses-lexikon/s/sozialamt.html.

Schreyögg, G. (2012): Grundlagen der Organisation. Basiswissen für Studium und Praxis. Wiesbaden: Springer Gabler.

Schreyögg, G.; Geiger, D. (2016) (Hrsg.): Strukturierung von Aufgaben. In: Organisation: Grundlagen moderner Organisationsgestaltung. Mit Fallstudien. Wiesbaden: Springer Fachmedien. S. 23–119.

Schreyögg, G.; Geiger, D. (2024): Organisation: Grundlagen moderner Organisationsgestaltung. Mit Fallstudien. Wiesbaden: Springer-Verlag.

Schwarz, G. (2001): Sozialmanagement. 4. Auflage, Augsburg: ZIEL Verlag.

Schwarz, H. (1987): Arbeitsplatzbeschreibungen. 10. Auflage, Freiburg i. Br.: Rudolf Haufe Verlag.

Sell, S. (2023): Über die eigene Welt der Bundeszuschüsse und sonstiger Steuermittel für die Rentenversicherung. Von „nicht beitragsgedeckten" Leistungen und Verschiebebahnhöfen. Zuletzt abgerufen am 07.07.2025 unter: https://aktuelle-sozialpolitik.de/2023/12/16/die-eigene-welt-der-bundesmittel-fuer-die-rentenversicherung/.

Senge, P. M. (1993): Die fünfte Diszplin – die lernfähige Organisation. In: Fatzer, G. (Hrsg.): Organisationsentwicklung für die Zukunft. Köln: EHP-Verlag Andreas Kohlhage.

Senge, P. M. (2017): Die fünfte Disziplin. Kunst und Praxis der lernenden Organisation, 11. Auflage, Freiburg: Schäffer-Poeschel Verlag.

Siedenbiedel, G. (2020): Zum Gegenstandsbereich der Organisationslehre. Organisationale Gestaltung: Einführung in Grundelemente und charakteristische Ausgestaltungen. Wiesbaden: Springer Gabler.

Sievers, B. (1977) (Hrsg.): Organisationsentwicklung als Problem. Stuttgart: Klett Cotta Verlag.

Stadt Berlin Pankow (2024): Jugendamt Pankow. Über uns. Organigramm. Zuletzt abgerufen am 05.07.2025 unter: https://www.berlin.de/jugendamt-pankow/ueber-uns/organigramm/.

Statistisches Bundesamt (2024a): Grunddaten der Krankenhäuser 2023. Zuletzt abgerufen am 11.02.2025 unter: https://www.destatis.de/DE/Themen/Gesellschaft-Umwelt/Gesundheit/Krankenhaeuser/Methoden/krankenhausstatistik.html.

Statistisches Bundesamt (2024b): Pflegestatistik. Pflege im Rahmen der Pflegeversicherung. Zuletzt abgerufen am 11.02.2025 unter: https://www.destatis.de/DE/Themen/Gesellschaft-Umwelt/Gesundheit/Pflege/_inhalt.html#_z0f85s6rj.

Steinort, A. (2025): Pflegezeitbemessung: Pflege, Zeitaufwand, Tabelle 2025. Zuletzt abgerufen am 11.04.2025 unter: https://sanubi.de/pflegegrade/pflegezeitbemessung?.

Tabatt-Hirschfeldt, A. (2018): Die Ökonomisierung der Sozialen Arbeit und der Umgang damit. In: Kolhoff, L.; Grunwald, K. (Hrsg.): Aktuelle Diskurse in der Sozialwirtschaft I. Wiesbaden: Springer VS.

Tausche Bildung für Wohnen e. V. (Hrsg.) (2023): Tausche Bildung für Wohnen e. V. Wirkungs- und Jahresbericht 2022. Witten. https://tauschebildung.org/wp-content/uploads/2023/11/TBFW_SRS-Bericht_2022.pdf.

Taylor, F. (1911): The Principles of Scientific Management. New York/London: Harper and Brothers.

Thom, N.; Nesemann, K. (2011): Talententwicklung durch Trainee- Programme. In: Ritz, A.; Thom, N. (Hrsg.): Talent Management. Gabler. S.25–38. https://doi.org/10.1007/978-3-8349-6954-5_2.

Vaudt, S. (2022): Sozialökonomie. Eine kritische Einführung. Wiesbaden: Springer VS.

Verspay, H.-P. (2024): GmbH Handbuch für den Mittelstand. 3. Auflage. Berlin: Springer Vieweg.

Verwaltungsgericht Hannover (o.J.): Sozialhilfeempfänger („Florida-Rolf") klagt auf weitere Unterstützung in Florida. Zuletzt abgerufen am 05.07.2025 unter: https://www.verwaltungsgericht-hannover.niedersachsen.de/aktuelles/pressemitteilungen/-71412.html.

Wiegand, K.; Haase-Theobald, C.; Heuel, M.; Stolte, S. (2015): Stiftungen in der Praxis. Recht, Steuern, Beratung. 4. Auflage, Wiesbaden: Springer Gabler VL. https://doi.org/10.1007/978-3-658-06104-3.

Vester, F. (2002): Unsere Welt – ein vernetztes System, 11. Auflage, München: DTV-Verlag.

Volkelt, L. (2022): Die Unternehmergesellschaft (UG). Wiesbaden: Springer Fachmedien. https://doi.org/10.1007/978-3-658-39191-1_2.

Von Foerster, H.; Pörksen, B. (2022): Wahrheit ist die Erfindung eines Lügners: Gespräche für Skeptiker. Heidelberg: Carl-Auer Verlag.

Vroom, V.H. (1964): Work and Motivation. New York: John Wiley.

Walter-Busch, E. (2021): Organisationstheorien von Weber bis Weick. 2. Auflage, Wiesbaden: Springer VS.

Wanner, M. (2000): Die lernende Organisation. Lernen und Veränderungsbereitschaft und Fähigkeit der Mitarbeiter sowie der Organisation erhöhen. In: Handbuch Sozialmanagement, B 3.9. Düsseldorf:

Watzlawick, P.; Freese, I.; Henschen, H. (Hrsg.) (1995): Die erfundene Wirklichkeit: Wie wissen wir, was wir zu wissen glauben? Beiträge zum Konstruktivismus. 9. Auflage, München: Piper Verlag.

Weber, M. (1922). *Wirtschaft und Gesellschaft: Grundriss der verstehenden Soziologie.* Tübingen, Deutschland: J. C. B. Mohr (Paul Siebeck).

Weidmann, C.; Kohlhepp, R. (2020): Die gemeinnützige GmbH. Errichtung, Geschäftstätigkeit und Besteuerung einer gGmbH. 4. Auflage, Wiesbaden: Springer Gabler.

Weinbach, H.; Geese, N.; Rohrmann, A.; Schulte, D. (2023): Formen und Folgen von Schulbegleitung. Ethnografische Erkundungen im Alltag außerhalb des Unterrichts. Zeitschrift Erziehungswissenschaften. Jg. 26. S. 975–996 (2023). https://doi.org/10.1007/s11618-023-01148-w.

Wien, A. (2013): Handels- und Gesellschaftsrecht. Eine praxisorientierte Einführung. Wiesbaden: Springer Gabler.

Willi, J. (1994): Ko-Evolution: die Kunst gemeinsamen Wachsens. 2. Auflage. Reinbek bei Hamburg: Herder Verlag.

Wolff, R.; Flick, U.; Ackermann, T.; Biesel, K.; Brandhorst, F.; Heinitz, S.; Patschke, M.; Robin, P. (2016): Contributions to Quality Development in Child Protection. Children in Child Protection. Köln: Nationales Zentrum Frühe Hilfen (NZFH).

Zell, H. (2019): Die Grundlagen der Organisation – lernen und lehren. Zuletzt abgerufen am 07.07.2025 unter: https://www.ibim.de/pl%2Borga/3-3.htm.

Zieger, B. (2024): Es ist nicht alles Pflege. In: Pflegezeitschrift. Jg. 77, Nr. 7, S. 17–19.

Zielasek, G. (1995): Projektmanagement: erfolgreich durch Aktivierung aller Unternehmensebenen. Berlin/Heidelberg: Springer Verlag.

MIX
Papier aus verantwortungsvollen Quellen
Paper from responsible sources
FSC® C105338

If you have any concerns about our products,
you can contact us on
ProductSafety@springernature.com

In case Publisher is established outside the EU,
the EU authorized representative is:
**Springer Nature Customer Service Center GmbH
Europaplatz 3, 69115 Heidelberg, Germany**

Printed by Libri Plureos GmbH
in Hamburg, Germany